甘肃省非物质文化遗产与旅游融合发展

欧阳正宇 陈娟娟 编著

中国社会科学出版社

图书在版编目（CIP）数据

甘肃省非物质文化遗产与旅游融合发展／欧阳正宇，陈娟娟编著．—北京：中国社会科学出版社，2022.3

ISBN 978-7-5203-9890-9

Ⅰ.①甘⋯ Ⅱ.①欧⋯②陈⋯ Ⅲ.①非物质文化遗产—关系—旅游业发展—研究—甘肃 Ⅳ.①G127.42②F592.742

中国版本图书馆 CIP 数据核字（2022）第 041167 号

出 版 人	赵剑英
责任编辑	孙　萍
责任校对	李　莉
责任印制	王　超

出　　版	中国社会科学出版社
社　　址	北京鼓楼西大街甲 158 号
邮　　编	100720
网　　址	http://www.csspw.cn
发 行 部	010-84083685
门 市 部	010-84029450
经　　销	新华书店及其他书店

印　　刷	北京明恒达印务有限公司
装　　订	廊坊市广阳区广增装订厂
版　　次	2022 年 3 月第 1 版
印　　次	2022 年 3 月第 1 次印刷

开　　本	710×1000　1/16
印　　张	20
插　　页	2
字　　数	318 千字
定　　价	109.00 元

凡购买中国社会科学出版社图书，如有质量问题请与本社营销中心联系调换
电话：010-84083683
版权所有　侵权必究

前　言

大力促进文化产业与旅游产业融合发展，探索非物质文化遗产传承、保护的新路径，在理论和实践上都还有许多问题值得探讨和研究。本书以此为宗旨，在文献梳理和实践考查调研的基础上，以甘肃省非物质文化遗产保护为研究对象，以实现非物质文化遗产保护和旅游发展联袂并进、互利共赢为目标，对非物质文化遗产与旅游融合发展中亟须明确和解决的几个问题做了研究。

本书分为基础篇、理论篇、资源篇、实践篇四部分。第一篇基础篇，厘清有关非物质文化遗产、文化产业、旅游产业等基本概念，这是研究得以开展的前提。结合国际社会相关文件、国内外著名学者的研究论述，对非物质文化遗产、文化、旅游、文化产业、旅游产业等概念的界定和演变进行了梳理，对非物质文化遗产保护的紧迫性、文化产业与旅游产业的交叉、相斥、协调促进等相互关系进行了分析，为进一步展开研究奠定基础。

第二篇理论篇，探讨非物质文化遗产与旅游融合发展的理论基础和模型建构。借鉴人类学、社会学、文化学、管理学、旅游地理学等相关学科的研究，着重从文化变迁理论、文化资本理论、文化分层理论、文化空间理论、舞台真实理论，以及数字化档案、SECI 模型、贝尔品牌形象模型、情景再造展示空间模型、旅游 IP 模型等方面探讨了非物质文化遗产与旅游融合发展实践的理论支撑。

第三篇资源篇，从数量、结构、空间分布、类型、价值、特点等方面系统梳理了甘肃省非物质文化遗产的赋存状况，特别是对甘肃省非物质文化遗产的保护和传承过程中面临的困境，分别从理论和现实层面进行了分析，对如何走出困境进行了探讨。

第四篇实践篇，本书立足于产业融合的相关理论分析，提出了开发型融合、体验型融合、功能型融合、创新型融合等四种非物质文化遗产与旅游融合发展的模式，并以甘肃省非物质文化遗产保护实践的案例出发，对非遗+博物馆、非遗+主题公园、非遗+景区、非遗+民俗村、非遗+校园、非遗+产业园、非遗+研学、非遗+文创、非遗+民俗、非遗+演艺、非遗+古镇、非遗+节庆、非遗+自媒体、非遗+扶贫、非遗+特色街区、非遗+康养等非物质文化遗产与旅游融合发展的路径进行了详细分析。

非物质文化遗产积累着人类文明的智慧和经验，是民族文化的瑰宝，展现着世界文化多样性。根据非物质文化遗产的类型及特点，采取不同的方式与旅游相融合，为非物质文化的传承保护提供了新的舞台，也极大地促进了旅游的发展。本书仅罗列了一部分非物质文化遗产融合发展的路径，随着旅游实践的不断发展，除了本书所展示的旅游与非物质文化遗产融合的方式以及路径之外，许多新的方式将不断涌现，进一步推动非物质文化遗产的传承与保护。

本书绪论、第一、三、七、八章由欧阳正宇撰写，第五、六章及附录由陈娟娟撰写并整理，第二章由张宽撰写，第四章由赵小翠撰写。全书由欧阳正宇负责统稿。西北师大旅游学院研究生张宽、赵小翠、胡镜斌、崔迪等参与了资料搜集、调研和数据统计工作。

尽管在研究和撰写过程中力求论述清晰、分析透彻，以期对甘肃省非物质文化遗产与旅游融合发展提供有意义的借鉴和思考，但由于笔者水平所限，本书还存在一些不足，希望读者不吝赐教，以便在日后更加完善。

目 录

绪 论 ……………………………………………………………………(1)

第一篇　基础篇

第一章　非物质文化遗产概念辨析 ……………………………………(11)
第一节　非物质文化遗产概念的由来与辨析 ………………………(11)
　　一　文化遗产概念的提出 …………………………………………(11)
　　二　国际社会对非物质文化遗产的界定 …………………………(13)
　　三　中国对非物质文化遗产概念的引进与解读 …………………(16)
　　四　非物质文化遗产与其他遗产的概念辨析 ……………………(18)
第二节　非物质文化遗产的特征 ……………………………………(19)
　　一　无形性 …………………………………………………………(20)
　　二　集体性 …………………………………………………………(20)
　　三　独特性 …………………………………………………………(21)
　　四　活态性 …………………………………………………………(22)
　　五　传承性 …………………………………………………………(23)
　　六　民族性 …………………………………………………………(23)
　　七　地域性 …………………………………………………………(24)
第三节　非物质文化遗产的分类 ……………………………………(25)
　　一　世界遗产的分类 ………………………………………………(25)
　　二　国际上关于非物质文化遗产分类的探索 ……………………(28)
　　三　中国关于非物质文化遗产分类的探索 ………………………(29)

第四节 非物质文化遗产的保护 ……………………………… (30)
  一 古代对非物质文化遗产的保护 ………………………… (31)
  二 二战后对非物质文化遗产的保护 ……………………… (31)
  三 非物质文化遗产保护的意义 …………………………… (35)
  四 保护非物质文化遗产的紧迫性 ………………………… (37)

第二章 文化产业与旅游产业 …………………………………… (39)
第一节 文化产业概述 ……………………………………… (39)
  一 什么是文化 ……………………………………………… (39)
  二 什么是产业 ……………………………………………… (42)
  三 文化产业的定义 ………………………………………… (43)
  四 文化产业的分类 ………………………………………… (45)
第二节 旅游产业概述 ……………………………………… (46)
  一 什么是旅游 ……………………………………………… (46)
  二 什么是旅游产业 ………………………………………… (48)
第三节 文化产业与旅游产业的关系 ……………………… (50)
  一 文化产业与旅游产业的交叉关系 ……………………… (50)
  二 文化产业与旅游产业的协调促进关系 ………………… (51)
  三 文化产业与旅游产业的相斥关系 ……………………… (52)

第二篇 理论篇

第三章 非物质文化遗产与旅游融合发展的理论基础 ………… (57)
第一节 文化变迁理论 ……………………………………… (57)
第二节 文化资本理论 ……………………………………… (61)
第三节 舞台真实理论 ……………………………………… (62)
  一 对"真实性"的不同诠释 ……………………………… (62)
  二 "舞台真实"诠释 ……………………………………… (65)
  三 遗产旅游真实性的路径依赖 …………………………… (68)
第四节 旅游地理学理论 …………………………………… (69)

第五节　文化空间理论 …………………………………………… (71)
第六节　文化分层理论 …………………………………………… (75)
　　一　文化分层的概念与内涵 ………………………………… (75)
　　二　19世纪以来传统与现代文化分层模式的变化 ………… (77)

第四章　非物质文化遗产与旅游融合发展的模型 ………………… (80)
第一节　数字化档案 ……………………………………………… (80)
第二节　SECI模型 ………………………………………………… (83)
　　一　概念 ……………………………………………………… (83)
　　二　非物质文化遗产传播的四个阶段 ……………………… (87)
第三节　贝尔品牌形象模型 ……………………………………… (90)
第四节　情景再造式展示空间模型 ……………………………… (91)
　　一　展示空间的概念 ………………………………………… (92)
　　二　非物质文化遗产展示空间设计中的情景再造方式 …… (92)
第五节　旅游IP模型 ……………………………………………… (93)
　　一　旅游IP的性质 …………………………………………… (94)
　　二　IP的知名度 ……………………………………………… (95)
　　三　IP的依托类型 …………………………………………… (95)
　　四　旅游IP的打造 …………………………………………… (98)

第三篇　资源篇

第五章　甘肃省非物质文化遗产资源赋存 ………………………… (103)
第一节　甘肃省非物质文化遗产数量分析 ……………………… (103)
第二节　甘肃省非物质文化遗产结构分析 ……………………… (105)
第三节　甘肃省非物质文化遗产区域分布特征 ………………… (107)
　　一　按六大旅游线路区域分析 ……………………………… (107)
　　二　按行政区域分析 ………………………………………… (112)
第四节　甘肃省非物质文化遗产类型分析 ……………………… (115)
　　一　民间文学 ………………………………………………… (115)

二　传统音乐 …………………………………………… (117)
　　三　传统舞蹈 …………………………………………… (124)
　　四　传统戏剧 …………………………………………… (130)
　　五　曲艺 ………………………………………………… (138)
　　六　传统美术 …………………………………………… (142)
　　七　传统技艺 …………………………………………… (146)
　　八　民俗 ………………………………………………… (152)
　　九　传统医药 …………………………………………… (158)
　　十　传统体育、游艺与杂技 …………………………… (161)
　第五节　甘肃省非物质文化遗产特色分析 ……………… (165)
　　一　文化底蕴深厚 ……………………………………… (165)
　　二　地方特色鲜明 ……………………………………… (166)
　　三　民族特色浓郁 ……………………………………… (167)
　　四　生活气息浓厚 ……………………………………… (168)

第六章　甘肃非物质文化遗产的价值与困境 ……………… (170)
　第一节　甘肃省非物质文化遗产的价值 ………………… (170)
　　一　历史价值 …………………………………………… (171)
　　二　文学价值 …………………………………………… (171)
　　三　艺术价值 …………………………………………… (172)
　　四　科学价值 …………………………………………… (172)
　　五　经济价值 …………………………………………… (173)
　　六　教育价值 …………………………………………… (174)
　　七　社会价值 …………………………………………… (175)
　第二节　非物质文化遗产保护与传承的困境 …………… (176)
　　一　理论层面 …………………………………………… (177)
　　二　现实层面 …………………………………………… (182)
　第三节　非物质文化遗产保护与传承走出困境的对策 …… (188)
　　一　理论层面 …………………………………………… (188)
　　二　现实层面 …………………………………………… (191)

第四篇　实践篇

第七章　非物质文化遗产与旅游融合发展路径研究 …………（199）
第一节　产业融合相关理论 …………………………………（199）
　　一　产业融合的概念 ……………………………………（199）
　　二　产业融合的类型 ……………………………………（200）
　　三　产业融合的效应 ……………………………………（201）
　　四　旅游产业融合的相关理论 …………………………（202）
第二节　文化产业与旅游产业的融合 ………………………（205）
　　一　文化旅游的内涵研究 ………………………………（205）
　　二　文化产业与旅游产业融合研究 ……………………（207）
第三节　非物质文化遗产与旅游融合发展研究 ……………（212）
第四节　非物质文化遗产与旅游融合发展的路径 …………（214）
　　一　开发型融合 …………………………………………（214）
　　二　体验型融合 …………………………………………（218）
　　三　功能型融合 …………………………………………（221）
　　四　创新型融合 …………………………………………（224）
第五节　非物质文化遗产与旅游融合发展路径
　　　　　解析 ………………………………………………（227）

第八章　甘肃省非物质文化遗产与旅游融合发展实践 ………（230）
第一节　非物质文化遗产+博物馆 …………………………（230）
第二节　非物质文化遗产+主题公园 ………………………（234）
第三节　非物质文化遗产+景区 ……………………………（236）
第四节　非物质文化遗产+民俗村 …………………………（239）
第五节　非物质文化遗产+校园 ……………………………（241）
　　一　非物质文化遗产走进中小学校园 …………………（242）
　　二　非物质文化遗产走进大学校园 ……………………（242）
第六节　非物质文化遗产+产业园 …………………………（246）

第七节　非物质文化遗产+研学旅行 …………………（247）
第八节　非物质文化遗产+文创 ………………………（249）
第九节　非物质文化遗产+民俗 ………………………（250）
第十节　非物质文化遗产+演艺 ………………………（252）
第十一节　非物质文化遗产+古镇 ……………………（255）
第十二节　非物质文化遗产+节庆 ……………………（258）
　　一　中国的"女儿节"——西和乞巧节 ……………（258）
　　二　庆阳香包文化节 …………………………………（261）
第十三节　非物质文化遗产+自媒体 …………………（262）
第十四节　非物质文化遗产+扶贫工坊 ………………（264）
　　一　山丹县"非物质文化遗产+扶贫"工作创新模式 ……（265）
　　二　临夏州"非物质文化遗产+扶贫" ………………（265）
第十五节　非物质文化遗产+特色街区 ………………（266）
第十六节　非物质文化遗产+康养 ……………………（267）

结　语 ……………………………………………………（270）

参考文献 …………………………………………………（271）

附录一　甘肃省国家级非物质文化遗产一览表 ……（281）

附录二　甘肃省省级非物质文化遗产一览表 ………（285）

后　记 ……………………………………………………（310）

绪　　论

一　研究背景

1. 文旅融合发展的大趋势

文化对一个国家和民族的凝聚力和竞争力的形成有着至关重要的作用，中华民族拥有五千年的悠久历史和博大精深的文化，大量文化资源、文化遗产亟待挖掘、保护、传承、发展和弘扬。特别是在经济全球化时代，人员、信息与货物跨国流动，利用文化特别是非物质文化遗产实现人们的身份认同、文化认同和国家认同日益成为现代民族国家的核心利益所在。大力发展文化产业，继承和弘扬优秀传统文化，全面提高我国的文化话语权和竞争力，增强中华文化的国际影响力，建设中华民族共有的精神家园，为人类文明进步做出更大贡献。

文化是旅游的灵魂。在旅游产业的各个环节中展示民族和地方的优秀文化是旅游管理和旅游规划者、旅游开发者、旅游经营者的重要工作内容和应尽的责任。在现代旅游产业的发展中，文旅融合发展已经是一个重要的发展趋势，各个旅游目的地都在不遗余力地展示自身特色鲜明的文化，各类具有文化观赏性和体验性的文化旅游产品层出不穷，文化产业和旅游产业已经紧密地结合起来。然而，旅游与文化产业如何进行融合，其融合的内在机制和发展路径或模式是什么，虽然在实践中已有不少探索，但在学术上还缺乏系统的总结与论述。因而，探讨文化产业和旅游产业融合发展问题具有非常重要的理论价值和现实意义。

2. 非物质文化遗产受到国际社会的高度关注

非物质文化遗产作为人类文明的重要载体，凸显着人类高度的生命力和创造力，体现了世界文化的多样性，传承着一个国家和民族的历史文化和价值观念，同时也关乎国家的文化主权和话语权。非物质文化遗产的濒危甚至灭失必将成为一个国家或民族永远的遗憾。20世纪80年代以来，国际社会特别是联合国教科文组织以及世界各国对非物质文化遗产给予极大的关注，相继出台了一系列文件强调其保护的重要性，呼吁在全球化形势下，共同保护和发展非物质文化遗产，促进文明的多样化进程。2003年，联合国教科文组织通过了《保护非物质文化遗产公约》，从国际准则的角度明确了非物质文化遗产的概念和范围，强调了非物质文化遗产对促进文化多样性的基本贡献以及保护非物质文化遗产的重要性，"非物质文化遗产"的名称和概念在国际性标准法律文件中被正式确立，由此世界各国掀起了非物质文化遗产申报和研究的热潮。

自从2001年第一批人类口头和非物质遗产代表作公布之后，非物质文化遗产的申报在许多国家受到了越来越多的关注，成为保护和宣传本国非物质文化遗产的一种重要方式。到2020年，已有178个缔约国，联合国教科文组织已先后公布了非物质文化遗产代表作名录共549项。截至2018年12月，中国列入联合国教科文组织非物质文化遗产名录（名册）项目共计40项，总数位居世界第一。其中，人类非物质文化遗产代表作32项（含昆曲、古琴艺术、新疆维吾尔木卡姆艺术和蒙古族长调民歌）；亟须保护的非物质文化遗产名录7项；优秀实践名册1项。40个项目入选人类非物质文化遗产名录，体现了中国日益提高的履约能力和非物质文化遗产保护水平，对于增强遗产实践社区、群体和个人的认同感和自豪感，激发传承保护的自觉性和积极性，在国际层面宣传和弘扬博大精深的中华文化、中国精神和中国智慧，都具有重要意义。

3. 非物质文化遗产受到中国社会各界的广泛关注

联合国教科文组织在过去的多年间先后通过了一系列重要的国际文件，推动世界各国对文化遗产保护和文化多样性的重视，在全球范围内兴起了"文化热"。进入21世纪，现代化进程加快，全球化浪潮愈演愈烈，传统文化和文化多样性受到更严峻的挑战。作为对传统文化的重视和对文化安全的担忧以及对"文化热"的回应，我国越来越重视非物质文化遗产的保护工作。

首先是各级政府的高度重视。中华民族历来有保护非物质文化遗产的优良传统，从我国古代《诗经》的采集、整理、传承到20世纪初兴起的民族、民间、民俗文化的搜集保存，特别是民俗学建设的成就，都为丰富中华文明延续的灵魂——不竭的文化传统和文化精神做出了贡献。20世纪80年代，文化部、国家民委、中国文联共同发起了被誉为"文化长城"的"十部中国民族民间文艺集成志书"的编纂工作，通过对民族民间文化艺术的抢救、发掘、整理和研究，不仅保存了大量珍贵的文化资源，也造就了一支有相当学术积累的科研队伍，为非物质文化遗产保护工作奠定了坚实的基础；2002年被誉为中国文化发展史上的"民间文化年"，中国民间文艺家协会发起实施"中国民间文化遗产抢救工程"；2003年，中国文化部、财政部、国家民委、中国文联等单位联合推出了"中国民族民间文化遗产保护工程"，采取试点先行、以点带面的工作方式，推动民族民间文化的保护和发展。中国民间文化遗产抢救工程和中国民族民间文化遗产保护工程是全球性的人类口头和非物质遗产保护工程的重要组成部分；2004年8月28日，第十届全国人大常委会议表决通过了全国人大常委会关于批准《保护非物质文化遗产公约》的决定，我国成为第8个批准《公约》的国家；2005年3月，国务院办公厅印发《关于加强我国非物质文化遗产保护工作的意见》，明确了我国非物质文化遗产保护工作的目标、指导方针、基本原则和保护措施，建立了非物质文化遗产名录体系，标志着我国非物质文化遗产的保护工作进入全面、科学、规范有序的发展阶段；2011年，《中华人民共和国非物质文化遗产法》在第十一届人大第十九次会议上通过，这意味着我国对非物质文化遗产的保护提至法律层面，这是我国文化领域继文物保护法之后又一项重要法律，在文化法制建设中具有里程碑的意义。国务院于2006年、2008年、2010年、2014年先后公布了四批国家级非物质文化遗产名录共1372项，3145个子项。非物质文化遗产是以其传承人的实践活动为主要载体的"活"的文化形态。确保非物质文化遗产的传承性，是《中华人民共和国非物质文化遗产法》所规定的非物质文化遗产保护工作的重要原则之一。各级非物质文化遗产代表性传承人不仅肩负着延续传统文脉的使命，彰显着遗产实践能力的最高水平，还不断地将天才般的个性创造融入传承实践活动中，对确保非物质文化遗产的持久传承发挥着不可替代的作用。因此，保护代表性传承人是非物质文化遗产保护工作的重要内容。2007年、2008年、2009年、

2012年、2018年，国家文化主管部门先后命名了五批国家级非物质文化遗产代表性项目代表性传承人，共计3068人。

为使我国的非物质文化遗产保护工作规范化，文化部规划建立了国家、省、市、县各级保护体系。近年来，各省、直辖市、自治区也都先后建立了自己的非物质文化遗产保护名录体系，并逐步向市县扩展。伴随着非物质文化遗产申报热，各级政府积极进行非物质文化遗产的全面普查，建立非物质文化遗产档案库，举办非物质文化成果展，建立各级非物质文化遗产保护中心等，各种形式保护活动的开展产生了巨大的社会影响，社会各界和广大民众保护非物质文化遗产的意识大大增强了。

其次是专家学者的关注。进入21世纪以来，"非物质文化遗产"逐渐进入国内学者的视野，早期的论文主要是一些文化工作者对其基本概念、国际规范进行介绍、引进。随着政府重视程度、社会关注程度的逐步提高，自2003年后进入一个研究热潮，研究领域也逐渐拓宽，研究者队伍进一步充实，学术文献数量逐年激增。一些高校、高等教育机构设立了非物质文化遗产这一门课程，同时一些研究机构和部分院校成立非物质文化遗产研究中心。截至2020年7月，通过百链云图书馆平台对国内外多家图书馆的馆藏和电子资源以"非物质文化遗产"为名进行搜索，找到与"非物质文化遗产"相关的中文图书13646种，学位论文8573篇，期刊论文78661篇，非物质文化遗产保护和开发逐渐有了理论支撑。

同时，随着我国入选联合国非物质文化遗产代表项目的增加，政府部门对非物质文化遗产保护工作的重视及相关教育、科研的普及和深入，非物质文化遗产得到报刊、网络等媒介的关注，受到前所未有的重视，频频出现在各种媒体上，并在广大民众中迅速传播。2020年7月中旬以"非物质文化遗产"为主题，在360资讯找到相关结果266010条，该数据说明了各地报刊、网络媒介对非物质文化遗产的关注程度可见一斑。

非物质文化遗产在民众中的广泛传播，客观上为非物质文化遗产旅游的出现与发展进行了宣传与造势，为非物质文化遗产与旅游融合发展提供了可能。

4. 非物质文化遗产已进入旅游市场

伴随着这股热潮，新疆首家非物质文化遗产项目保护园区挂牌，这标志着新疆非物质文化的保护已经搭上旅游的快车，实现了非物质文化保护与旅游市场的对接；国内第一个非物质文化遗产主题公园落户成都，公园按照"传承历史文脉、保护文化遗产、融入生活方式、守望精神家园"的要求，坚持"与生态保护相结合、与产业化相结合、与市场化相结合"，形成文化内涵丰富、生态环境优美、人文与自然交相辉映的主题公园，成为国家级文化旅游景区。另外，如昆曲对于周庄旅游、刘三姐民歌对于桂林山水、纳西古乐对于丽江旅游产品的提升，各城市竞相依托景区举办当地富有特色的非物质文化遗产展以丰富旅游活动等现象的出现，都说明了非物质文化遗产的保护已经逐步有了旅游市场介入的空间。

非物质文化遗产的旅游利用是一个颇具争议的话题，主要源于近年来一些旅游开发对于文化遗产造成的负面影响。开发者保护意识淡薄，急功近利，开发利用方式水平低，法规制度不健全，政府监管力度不严等造成的一些不良后果都使得人们对旅游开发产生了片面的看法。但是，旅游开发与遗产保护本身并不相悖。在一些发达国家，文化遗产的保护与旅游发展已形成了很好的互动机制。

例如日本、韩国积极发掘本国民俗文化资源，保护、恢复传统礼仪节庆仪式，吸引大批国内外游客，创造了可观的经济收入。在意大利，文化遗产保护工作已不仅是单一的政府行为，而是一项全民的事业，文化遗产产业化已经成为意大利文化遗产保护工作的基本走向，文化遗产已不再是"死"的文物，而是一种重要的旅游资源与文化资源。在联合国教科文组织业已批准的非物质文化遗产当中，日本的能剧与歌舞伎，印尼爪哇的哇扬皮影戏、意大利西西里岛的傀儡戏等富有当地民族特色的传统戏剧，都已成为所在国家用以吸引游客的一项利器。有较多国际旅行经验的游客都深有体会：了解其他民族的文化，领略其风情和习俗，无异于用崇敬的心理去浏览当地的非物质文化遗产。所以，如何在科学方法的指导下，通过非物质文化遗产与旅游融合发展，使非物质文化遗产的保护和旅游事业的发展相互促进、相得益彰是具有重大的理论意义和实践意义的研究课题。

二 研究意义

1. 理论意义

拓展非物质文化遗产学术研究视角，丰富其理论内涵。

中国非物质文化遗产历经数千年积累传承至今，凝聚着中华民族的智慧与情感，昭示着炎黄子孙的文化身份，联结着中华文化的过去与未来。如何保护和传承这些珍贵遗产，捍卫国家文化主权，维护世界文化多样性，是政府、社会、学界和业界共同关注的重大课题。随着非物质文化遗产的保护热潮席卷全球，学术界对非物质文化遗产的研究也逐渐走向深入，从最初的概念解析、内涵和外延的探讨到非物质文化遗产的保护形式和措施，再到非物质文化遗产的价值评估、活化方式，各方专家学者都进行了多方面的研究。本书从文旅融合的视角切入，借鉴国内外相关领域（地理学、旅游学、民俗学、民族学、文化学、经济学等）的研究成果，进行系统的理论与评价方法探讨，将有利于学科之间的渗透与整合，有利于新学科增长点的产生。与蓬勃兴起的文旅融合发展热潮相适应，一定程度上丰富了非物质文化遗产研究的理论，拓展了学术视角。

2. 实践意义

首先，探索保护、传承地方文脉与民族文化的新途径，拓展文旅融合发展的新路径。

非物质文化遗产的保护势在必行已经成为世界各国的共识。非物质文化遗产承载着一个国家、一个民族、一代代人共有的文化记忆，而这些记忆随着时间的推移又很容易被忽视和忘却。较之有形遗产而言，非物质文化遗产更为脆弱和不可再生，非物质文化的保护与传承任重道远。本书以甘肃省非物质文化遗产为例，对甘肃省非物质文化遗产资源的赋存、分布、类型、特点和旅游开发可行性等进行系统分析，将有助于明晰人们对甘肃省非物质文化遗产与旅游融合发展的深入认识，有助于保护、传承地方文脉与民族文化，并积极探索其延续与拓展的新途径。

其次，提升旅游产品内涵，丰富旅游体验层次，推进区域社会可持续发展。

随着中国现代旅游业四十多年的发展，现代旅游者对旅游的认识已趋于成熟，不再满足于"走马观花"式的旅游方式，在旅游过程中追寻文化的价值和品位是旅游者的重要需求之一。因而，非物质文化旅游资源在进行外形展现的同时更需要内在文化精神的开发和展示。另外，通过对一些无形的非物质文化的开发和展现，才能深入中国传统文化的核心，从而可以部分解决当前文化旅游产品由于文化含量较低难以满足旅游者的日益增长的文化需求的问题，并起到引导旅游者进行更高层次旅游的作用。非物质文化遗产旅游开发将进一步提升旅游资源品级，使旅游产品具有更高的观赏性，深厚的文化底蕴，独特的地域色彩，浓郁的历史意味和文化审美韵味，从而使游客能够丰富人生阅历，增加学识，置身于浓郁地域文化氛围中，获得新奇、震撼、悠闲的生活体验。

非物质文化遗产与旅游融合发展具有广泛的社会效益、经济效益，在合理恰当的旅游利用方式下，非物质文化遗产与旅游相结合能够有效地提升旅游资源的文化内涵，丰富游客的体验层次，并且延长产业链条，提高文化产业和旅游产业综合效益，促进地方经济社会的可持续发展。

第一篇 基础篇

第一章

非物质文化遗产概念辨析

第一节 非物质文化遗产概念的由来与辨析

一 文化遗产概念的提出

人类注重"文化遗产"的保护是从近代开始的。两次世界大战，无数的文化古迹遭到摧残，到20世纪50年代，战火逐渐平息，本该对文物进行修护，但是各国为了发展经济恢复生产而兴修水利、开山掘矿、发展旅游等，对文化古迹的破坏甚至比战争时期更为严重。影响较大的是埃及的阿斯旺大坝，曾引起世界范围内的关注。20世纪50年代，埃及政府为了控制尼罗河的河水，决定修建阿斯旺大坝，按照修建规划，大坝的修建将淹没位于阿斯旺大坝上游的努比亚遗址。努比亚遗址是由古埃及十九世王朝著名法老姆西斯二世于公元前8世纪建造的，是埃及南部最为宏大的建筑遗址，其中阿布辛贝的拉美西斯二世神庙和菲莱岛上的伊西斯圣地最为著名。虽然有众多反对修建大坝的呼声，但也无济于事。为了保护这个古埃及文明的宝贵财富，埃及政府及苏丹政府向联合国求助。为了使损失最小化，应埃及和苏丹两国政府要求，联合国教科文组织发表了一份国际倡议书，呼吁世界各国共同努力以挽救努比亚文化遗址。这一倡议得到世界各国的积极响应，各国为保护遗址提供人才、技术、资金等方面的支持。在各国的共同努力下，努比亚遗址的重要文物通过切割重组被成功迁往他处，此次文物抢救运动持续十几年。阿斯旺大坝的文物抢救运动加深了全球对文化遗产保护的关注。

美国是第一个在国际上提议通过国际间合作来保护世界各国历史遗产的国家。1965年，美国提出了设立"世界遗产信托基金"的建议案，倡导通过国际合作保护"世界杰出的自然风景区和历史遗迹"。1970年美国将其保护世界历史遗迹的设想纳入本国《国家环境政策法》。此后，美国先后颁布《人类环境宣言》《人类环境行动计划》等文件，突出强调人类生活的环境包括"自然环境""人文环境"两个部分，并提出制定《保护世界文化遗产与自然遗产公约》的建议。美国的这些建议非常具有前瞻性，很快得到联合国教科文组织的采纳，1972年11月16日，《保护世界文化和自然遗产公约》以及《关于国家一级保护文化和自然遗产建议案》这两个对于世界遗产保护具有跨时代意义的国际性法案在法国巴黎通过。《保护世界文化和自然遗产公约》提出加强国际间交流与合作，将对人类有特殊意义的人文景观、自然景观以及文化与自然景观列入世界遗产名录。同时还规定了保护世界遗产的相关措施，对"文化遗产"以及"自然遗产"的概念与范畴进行清晰的界定，如：文化遗产包括文物（从历史、艺术或科学角度看，具有突出的普遍价值的建筑物、雕刻和绘画以及具有考古意义的成分或结构的铭文、洞穴、住区及各类文物的综合体）、建筑群（从历史、艺术或科学角度看，因其建筑的形式、同一性及其在景观中的地位，具有突出的普遍价值的单独或相互联系的建筑群）、遗址（从历史、美学、人种学或人类学角度看，具有突出、普遍价值的人造工程或人与自然的共同杰作以及考古遗址）等。自然遗产包括从美学或科学角度看，具有突出、普遍价值的由地质和生物结构或这类结构群组成的自然面貌；从科学或保护角度看，具有突出、普遍价值的地质和自然地理结构以及明确规定的濒危动植物物种生境区；从科学、保护或自然美角度看，具有突出、普遍价值的天然名胜或明确划定的自然地带等。同时部分满足文化遗产和自然遗产定义的遗产项目称为"文化与自然双重遗产"。自此，"文化遗产""自然遗产"开始在世界范围内流行。1992年联合国教科文组织第16届世界遗产委员会，对"文化景观遗产"的概念进行重新界定，将"文化景观遗产"定义为：人类罕见的、目前无法替代的文化景观，是全人类公认的具有突出意义和普遍价值的"自然和人类的共同作品"。会议提出将"文化景观遗产"纳入《世界遗产名录》之中。根据现今学者们对于"文化"的界定，"文化"应该包括"有形文化"与"无形文化"，但是根据1972年《保护世界文化与自然遗产公约》中对"世界文化遗产"的概念界定可知，公约中界定的"世界文化遗产"只概括了有形的"文化遗产"，而忽略了无形的"文化遗产"。

二　国际社会对非物质文化遗产的界定

东西方理念不同，所以对"遗产"的保护认识也存在差异，东方将保护的对象称为"财"。从18世纪70年代日本就开始对"有形文化财"进行制度化保护，1871年日本颁布了太政官公告《古器具保护方案》，1897年颁布了《古寺庙保护法》对"有形文化财"的保护作了相应的规定。1950年日本京都金阁寺被一场大火烧毁，使得日本深刻认识到通过颁布法律对"文化财"进行法律保护的迫切性。日本政府当年就在综合《国宝保护法》与《史迹名胜天然纪念物保存法》的基础上颁布了《文化财保护法》，日本因此成为世界范围内第一个在国家层面上对"文化遗产"进行立法保护的国家。"无形文化"这一概念也首次出现在《文化财保护法》之中。《文化财保护法》将"文化财"划分为"有形文化财""无形文化财""民俗文化财""史迹名胜""天然纪念物""传统建筑物群""文化财保存技术""埋藏文化财"等几类。此后，日本文化财保护委员会又对《文化财保护法》进行多次修订，1954年，文件对"有形文化财"与"无形文化财"的范畴作了明确的界定，"有形文化财"指建筑物、绘画、雕塑、书法、典籍、古文书等具有历史价值或艺术价值的文化财，包括与之成为一体、对其价值的形成有意义的土地及其他物品，包括考古资料及其他具有较高学术价值的历史资料；"无形文化财"指戏曲、传统工艺技术及其他无形的文化资产中具有较高历史价值的事物。1975年《文化财保护法》又将"文物保护技术"增加进去。日本是第一个认识到"无形文化财（非物质文化遗产）"的价值并对其进行立法保护的国家。韩国在非物质文化遗产的保护中受到日本的影响，于1962年颁布了自己国家的《文化财保护法》，法律中对于"文化财"范畴的界定以及分类方式基本上沿用了日本的观点。继韩国之后，"无形文化财"的概念也逐渐被一些亚洲及欧美国家所接受，各国也制定出"非物质文化遗产"保护的相应措施。

随着各国逐渐意识到"非物质文化遗产"的重要性，联合国教科文组织也认识到对"非物质文化遗产"保护的紧迫性。但是，对于

"非物质文化遗产"概念的规范及《保护非物质文化遗产公约》的颁布却经历了一个漫长的阶段。1977年,联合国教科文组织在第一个《中期规划》中指出:"从广泛的角度而言,文化遗产的概念涵盖的不单单是物质的和有形的遗产——特别是纪念物——也包括表达民族或国家精神的口头传说、音乐的和人类学的遗产、民间文化,当然规则、习俗以及生活方式也包含在内。"①《中期规划》承认了"文化遗产"应当包含"有形文化遗产""无形文化遗产"两部分。1982年,为使"无形文化"的保护工作落到实处,联合国教科文组织专门成立保护民俗专家委员会并建立了"非物质遗产处",处理"非物质文化遗产"的相关事务。1984年,联合国教科文组织在第二个《中期规划》中明确指出了物质文化遗产与非物质文化遗产所包含的范畴,并且指出"非物质的文化遗产"与"物质文化遗产"具有同等重要地位。从表面上来看,联合国教科文组织不但用"非物质文化遗产"命名"文化遗产"的扩展部分,还举例说明了它所包括的内容,似乎已经接纳了这一概念,但事实并非如此,因为在《中期规划》中,他们时常混淆"非物质文化遗产"与"非物质遗产"这两个概念。如果我们结合这一规划中的内容和术语使用情况来分析的话,不难发现,其实这里的"非物质文化遗产"概念并不表示它的真正含义,只是作为与"物质遗产"相对的概念而被使用,这说明它真正的所指是"非物质遗产",并非"非物质文化遗产"。准确地说,该术语是教科文组织在没有厘清"非物质文化遗产"和"非物质遗产"这两个概念的情况下,在起草文件时所使用的一个所指不清的能指。换句话说,此时"非物质文化遗产"的真正身份还没有被国际组织所认定,其真实面目还没有浮出历史的地表,其后联合国教科文组织多次对"非物质文化遗产"这一术语的变更就说明了这一点。

1989年11月,第25届联合国教科文组织巴黎大会通过了《保护民间创作建议案》。该议案对"民间传统文化"的概念做出界定,指出:"民间创作"是指来自某一文化社区的全部创作,这些创作以传统为依据、由某一群体或一些个体所表达并被认为是符合社区期望的作为

---

① 参见1977年联合国教科文组织的第一个《中期规划》。

其文化和社会特性的表达形式；其准则和价值通过模仿或其他方式口头相传。"民间创作"的范畴包括语言、文学、音乐、舞蹈、游戏、神话、礼仪、习惯、手工艺、建筑及其他艺术。[①] 从建议案对于"民间创作"概念的界定可知，这里的"民间创作"指的就是"非物质文化遗产"。

1997年6月，联合国教科文组织与摩洛哥教科文组织全国委员会对民间文化场所保护问题举行专家会谈，提出"非物质文化遗产"相关的重要概念——"口头遗产"。会议专家认为，应当赋予一些被认为对人类具有普遍价值的民间文化以相应的国际荣誉，即"人类口头遗产代表作"。随后，在联合国教科文第154次会议上，总干事松浦晃一郎组织起草了《人类口头遗产代表作条例》草案。《人类口头遗产代表作条例》中对于"人类口头和非物质遗产"的概念界定与范畴界定基本上和"民间传统文化"的概念和范畴无较大差异。

2001年，联合国教科文组织第31届大会通过《文化多样性宣言》，强调文化多样性对人类的重要影响，并且肯定世界各族群文化的平等地位，并表示非物质文化遗产是世界文化多样性的重要组成部分。《文化多样性宣言》的颁布对从世界范围内保护"非物质文化遗产"是极为重要的一步，该宣言的意义重大，它表达了世界各国、各民族的传统文化都是人类共同的财富，具有同等的地位，彼此之间需要相互尊重，需要共同努力来保护我们的传统文化。同年，联合国教科文组织开展第一次"人类口头和非物质遗产代表作"申报工作，我国积极报送优秀非物质文化遗产项目。随后，我国的昆曲艺术成功入选，我国的"非物质文化遗产"保护工作开始与国际接轨。

2003年是"非物质文化遗产"保护工作最重要的一年，联合国教科文组织第32届大会在巴黎举行，会议通过了《保护非物质文化遗产公约》（Contention for the Safeguarding of the Intangible Cultural Heritage），该公约界定了非物质文化遗产的概念及其范畴，指出："非物质文化遗产，指被各社区、群体，有时是个人，视为其文化遗产组成部分的各种

[①] 参见1989年11月第25届联合国教科文组织巴黎大会通过的《保护民间创作建议案》。

社会实践、观念表述、表现形式、知识、技能以及相关的工具、实物、手工艺品和文化场所。"[①] 非物质文化遗产的范围主要包括：（1）口头传统和表现形式，包括作为文化载体的语言；（2）传统表演艺术；（3）关于风俗、礼仪、节庆的活动和社会实践；（4）有关自然界和宇宙的民间传统知识和实践；（5）传统手工艺技能；（6）与上述表现形式相关的文化空间。《保护非物质文化遗产公约》的颁布对"非物质文化遗产"的保护具有重大意义，结束了对"非物质文化遗产"概念和范畴的讨论，使得"非物质文化遗产"这个概念正式被确立下来。《保护非物质文化遗产公约》为各成员国提供了申报细则，使"非物质文化遗产"受到各成员国的重视，这标志着联合国教科文组织主导的、联合世界各国对世界范围内的"非物质文化遗产"进行保护的工作进入一个新的历史阶段。

三　中国对非物质文化遗产概念的引进与解读

2001年我国报送的昆曲项目成功入选联合国教科文组织的第一批人类口头和非物质遗产代表作名录，2003年我国的古琴艺术再次入选，这逐渐引起了我国对非物质文化遗产保护工作的重视。2004年8月，我国加入《保护非物质文化遗产公约》，之后我国不断有报送项目入选。非物质文化遗产也逐渐进入学术界的视野，我国学者如杨怡[②]、刘魁立[③]、宋俊华[④]、向云驹[⑤]、费安玲[⑥]、齐爱民[⑦]、王文章[⑧]等纷纷发表自己对于非物质文化遗产的见解，虽然由于学者们学科背景的不同对非物质文化遗产的解读略有差异，但是基本上都认可联合国教科文组织制定的《保护非物质文化遗产公约》对非物质文化遗产的界定。例如，

---

① 参见《保护非物质文化遗产公约》。
② 杨怡：《非物质文化遗产概念的缘起、现状及相关问题》，《文物世界》2003年第2期。
③ 刘魁立：《从人的本质看非物质文化遗产》，《江西社会科学》2006年第1期。
④ 宋俊华：《非物质文化遗产概念的诠释与重构》，《学术研究》2006年第9期。
⑤ 向云驹：《论"口头和非物质遗产"的概念与范畴》，《民间文化论坛》2004年第3期。
⑥ 费安玲：《非物质文化遗产法律保护的基本思考》，《江西社会科学》2006年第5期。
⑦ 齐爱民：《非物质文化遗产的概念与构成要件》，《电子知识产权》2007年第4期。
⑧ 王文章：《非物质文化遗产概论》，教育科学出版社2013年版，第45页。

宋俊华认为："非物质文化遗产是作为人类文化遗产中与物质文化遗产相对应的一个范畴，是指人类集体、群体或个人创造的以非物质方式被后代所认可与继承的文化财富。"费安玲则认为："非物质文化遗产应当是指借助媒介所表现的世代传承的特定民族的文化信息利益。"

2005年是我国非物质文化遗产保护工作非常重要的一年，3月31日，国务院办公厅颁布了《关于加强我国非物质文化遗产保护工作的意见》，在其附件《国家级非物质文化遗产代表作申报评定暂行办法》中对非物质文化遗产的概念及范畴进行明确界定，指出非物质文化遗产是："指各族人民世代相承的、与群众生活密切相关的各种传统文化表现形式（如民俗活动、表演艺术、传统知识和技能，以及与之相关的器具、实物、手工制品等）和文化空间"[1]。这里的"文化空间"指的是定期举行传统文化活动或集中展现传统文化的场所（兼具空间性和时间性）。2011年2月25日，第十一届全国人民代表大会常务委员会第十九次会议通过了《中华人民共和国非物质文化遗产法》，这是我国为"非物质文化遗产"保护工作颁布的第一部法律性文件，从此我国"非物质文化遗产"正式得到了法律的保障。同时，遗产法也将"非物质文化遗产"的概念界定为："非物质文化遗产是指各族人民世代相传并视为其文化遗产组成部分的各种传统文化表现形式，以及与传统文化表现形式相关的实物和场所"[2]。非物质文化遗产的范畴包括：（1）传统口头文学以及作为其载体的语言；（2）传统美术、书法、音乐、舞蹈、戏剧、曲艺和杂技；（3）传统技艺、医药和历法；（4）传统礼仪、节庆等民俗；（5）传统体育和游艺；（6）其他非物质文化遗产。

通过对比我国政府颁布的文件及我国学者的观点，我们可以发现，学者们对非物质文化遗产概念的认识大同小异，我国的国家文件在界定"非物质文化遗产"概念和制定保护范畴时也基本以《保护世界文化遗产公约》为基础，根据本国国情稍微改变。这进一步说明我国政府及学

---

[1] 中华人民共和国国务院办公厅：《国家级非物质文化遗产代表作申报评定暂行办法》，2005年3月。

[2] 参见2011年2月25日，第十一届全国人民代表大会常务委员会第十九次会议通过的《中华人民共和国非物质文化遗产法》。

者普遍认同联合国教科文组织对非物质文化遗产概念的界定。

四 非物质文化遗产与其他遗产的概念辨析

1. 非物质文化遗产与自然遗产

根据《保护世界文化和自然遗产公约》对自然遗产的界定："自然遗产是由大自然的力量作用而形成的具有科学价值、审美价值或者因濒危稀少而需要保护的自然对象。"① 自然遗产与文化遗产相对，强调非人为因素。《保护非物质文化遗产公约》对非物质文化遗产的概念界定为："非物质文化遗产"指被各社区、群体，有时是个人，视为其文化遗产组成部分的各种社会实践、观念表述、表现形式、知识、技能以及相关的工具、实物、手工艺品和文化场所。② 由此可知，非物质文化遗产与自然遗产相反，强调的是由人在具体的社会实践中的创造，离不开人的因素作用，属于人文范畴。此外"非物质文化遗产"关注的是人为创造中的精神、实践，以及寄存于创造物中的技艺，关注的是非物质形态的文化。

2. 非物质文化遗产与世界文化遗产

从《保护世界文化和自然遗产公约》中对"文化遗产"的界定可知，"文化遗产"专指人为创造的、物质形态的遗产，其保护的物质对象是不可再生的。根据非物质文化遗产的定义可知，非物质文化遗产是人为创造的，更多关注的是精神、实践，寄存于物质中的技艺等方面，这些精神、实践、技艺都是不可再生的，但是这些精神、实践、技艺所寄存的物质是可以再生产的。对比"非物质文化遗产"与"世界文化遗产"的定义可知，两者都强调人为创造，都属于文化遗产范畴，但是两种遗产的关注点是相对的，非物质文化遗产关注的是无形的文化，而《保护世界文化和自然遗产公约》中的"世界文化遗产"关注的只是有形的文化实物，文化遗产中的有形文化遗产部分。

3. 非物质文化遗产与文化空间

"文化空间"也称作"文化场所"，是联合国教科文组织在保护非

---

① 参见《保护世界文化和自然遗产公约》。
② 参见《保护非物质文化遗产公约》。

物质文化遗产过程中经常使用的一个专业术语。在1998年颁布的《宣布人类口头和非物质遗产代表作条例》中,联合国教科文组织将"人类口头和非物质遗产"分为"文化表现形式"和"文化空间"两种形式。"文化空间"源于人类学,指的是集中民间和传统文化活动的地点,也指以某一周期或某一事件为特点的一段时间。这段时间和地点取决于传统方式进行的文化活动本身。也就是说,"文化空间"并不单指空间向度上的某一场所,也可以指时间向度上的某一个周期,它具有时间和空间上的双重指向性。[①] "文化空间"这个概念也被我国权威的《中国民族民间文化保护工程普查手册》所运用,该手册对"文化空间"的界定是:"定期举行传统文化活动或集中展现传统文化表现形式的场所,兼具空间性和时间性"[②]。根据对于"文化空间"的概念界定可知,"文化空间"是承载"非物质文化遗产"的场所,但也属于"非物质文化遗产"的一部分,也是"非物质文化遗产"所要保护的范畴。

第二节 非物质文化遗产的特征

非物质文化遗产品类繁多,表现出多种多样的特征,每种遗产的特点有所侧重,但所有的非物质文化遗产都有基本的、共通的特征。关于非物质文化遗产的特征,目前学者们根据不同的立场,提出了一些有见地的观点,龙先琼认为:非物质文化遗产具有本土性、民族性、整体性、传承性的特征;[③] 牟延林等认为:非物质文化遗产具有传承性、社会性、无形性、多元性和活态性的特征;王文章认为:非物质文化遗产具有独特性、活态性、传承性、流变性、综合性、民族性、地域性等方

[①] 乌丙安:《民俗文化空间:中国非物质文化遗产保护的重中之重》,《民间文化论坛》2007年第1期。

[②] 中国艺术研究院中国民族民间文化保护工程国家中心:《中国民族民间文化保护工程普查手册》,文化艺术出版社2005年版,第1页。

[③] 龙先琼:《关于非物质文化产的内涵、特征及其保护原则的理论思考》,《湖北民族学院学报》(哲学社会科学版)2006年第5期。

面的特征;[1] 徐凤则认为：非物质文化遗产有集体性、活态性、民族性、地域性、传承性与传播性、变异性与稳定性等基本特征。[2] 从以上学者们对非物质文化遗产特征的论述可知，虽然由于学者们的视角的不同，归纳方式略有不同，但是差异并不大。本书则综合前面学者的观点，再结合联合国教科文组织对非物质文化遗产的定义将非物质文化遗产的特征归纳为无形性、集体性、独特性、活态性、传承性、地域性与民族性等特征。(因本书主要探讨甘肃省非物质文化遗产与旅游的融合，故下面的相关案例多使用甘肃省的非物质文化遗产。)

一 无形性

相对于物质文化遗产来说，非物质文化遗产并不以某种具体的"物质"形式表现出来，而是呈现于某些物质中，人们需要透过具体的物质才能去认识这些无形的知识。对非物质文化遗产的保护，实际上是对这些无形的知识的保护，物质缺少了与之制造相关的技艺，失去了其背后的意涵，物质则失去了灵魂。对非物质文化遗产的传承也是对这些无形知识的传承，只要这些无形的知识能传承下来，就能根据相关知识创造出具体的物质形态文化，物质价值才能体现。

戏曲是非物质文化遗产中重要的一类，虽然现在为了传承保护的需要，将戏曲中的戏词写在了纸上，将戏曲表演所需的道具也进行了保护以及文字记录，但是非物质文化遗产并非那些纸上的文字以及表演道具，非物质文化遗产的精髓在于戏曲所表达的情感、观念及戏曲背后反映的劳动人民的生产生活状态。酒泉夜光杯的营造技艺体现在具体的夜光杯成品上，但是非物质文化遗产指的是营造夜光杯的技术，夜光杯相关的诗词以及神话传说等，只要拥有这些无形的技术，夜光杯背后的文化内涵，人们就能够再创造出具体的物质形态的夜光杯。

二 集体性

首先，非物质文化遗产是劳动人民在生产生活实践中产生的，并非

---

[1] 王文章：《非物质文化遗产概论》，教育科学出版社2013年版，第53—60页。
[2] 徐凤：《甘肃非物质文化遗产概论》，甘肃人民出版社2014年版，第27—43页。

个人的创造，而是集体劳动、智慧的结晶。非物质文化遗产必有其丰富的内涵才能经受人民以及历史的检验流传至今，而其丰富的内涵绝非一人所能创造。其次，非物质文化遗产的生产目的是服务于人民的生产生活、服务于集体。最后，非物质文化遗产在集体中传承，非物质文化遗产正是因为在集体中传承，通过集体不断丰富其内涵，才能迎合集体的需要，才能有强大的生命力传承至今。

藏族史诗《格萨尔王传》是世界上迄今发现的演唱篇幅最长的史诗，不仅历史悠久，可追溯至公元前5、6世纪；篇幅宏大、流传区域广泛，遍及中国西藏、青海、甘肃、四川、云南、内蒙古等地；史诗内容丰富，融汇了众多神话、传说、故事、歌谣、谚语的"超级故事"，以及部分地方宗教知识、地理知识、民间智慧、族群集体记忆、地方语言的总汇；同时也是唐卡、藏戏等传统民间艺术的重要来源。如此篇幅浩大的民间文学创作，绝非个人所能完成，它是由青藏高原上一代代的游吟歌手世代承袭、吟唱和表演，并融入藏区动态变化的社会、科学、宗教、道德、风俗、文化、艺术，对史诗不断创作，逐步完善，以服务于藏区人民不断变化的需要。《格萨尔王传》是历代藏族人民集体智慧的结晶，服务于集体藏区人民，并由藏区集体所传承，具有典型集体性特征。

三　独特性

非物质文化遗产的产生具有独特的区域、历史条件、群体以及独特的社会环境，因此也就决定了每一种非物质文化遗产的表现形式，所呈现的内容具有独特性、唯一性和不可再生性。虽然为了保护的需要对非物质文化遗产进行归类，将性质相似的非物质文化遗产划分为一类，比如我国将非物质文化遗产划分为传统音乐、传统戏剧、传统技艺等十大类，每一个类属中的非物质文化遗产虽然有共性，但是每一个类属下面的非物质文化遗产也都具有各自独特的特点。

兰州太平鼓流传在兰州市郊农村地区，属于传统舞蹈类。太平鼓的历史可追溯到明朝，据《皋兰县志》记载，明朝大将徐达西征时，在兰州受到阻拦，此时正值元宵佳节，徐达受水桶的启发，下令赶制一批长鼓，将兵器藏于鼓中，下令军士扮作社火表演队混入城中，里应外合,击败敌兵,攻克城池,自此兰州城获得太平,此鼓因此而得名"太平鼓"。太平鼓舞又在兰州地区独特的社会环境下,通过一群民间艺人不断传承与创新,形成今天我们所欣赏到的独特的太平鼓舞,如今兰州太平鼓舞被誉为"天下第一鼓"。太平鼓舞不只有兰州有,北京地区有京西太平鼓舞,但是其起源背景是完全不一样的,兰州太平鼓舞与战争相关,京西太平鼓舞则起源于宫廷,而后由宫廷传入民间,两者的表演形式、演奏特点、舞蹈习俗也都大有不同。因此,不同的非物质文化遗产都有其独特的起源背景,独特的传承过程,独特的服务对象,因此形成了多种多样独一无二的非物质文化遗产。

四 活态性

非物质文化遗产注重人的价值。非物质文化遗产虽然借由具体的物质来表现,但是我们更注重非物质文化遗产活态的形式,制造技术的精湛,表演技术的高超,非物质文化遗产背后所表达的人的价值观念,民族情感等。从非物质文化遗产的产生,到它向大众中传播与传承,不断发展,直到现在呈现在大家面前,都是经过一代代人动态地创新创作的结果,且为了迎合未来人民大众的需要,它必将不断进行创新,非物质文化遗产的发展是一个动态的发展过程。

剪纸起源于古人祭祖祀神的活动,据考证,从商代开始就有人用金银箔、皮革或丝帛制作镂空刻花的装饰品。春秋战国时期,出现了雕、镂、剔、刻、剪等多样的剪刻饰品技法。西汉时期,人们用麻纤维造纸,随后出现了初具意义的剪纸。公元105年,蔡伦在前人的基础上发明了造纸术,生产出更加廉价的纸。随着纸张的普遍使用,镂花艺术找到了更容易获得的材料,具有现代意义的剪纸艺术便产生了。剪纸材料的易于获得使剪纸不再是庙堂上的奢侈品,功能也由祭祀为主转向普通百姓生活中的家居装饰,剪纸技艺也更加精湛,最后形成现在我们所看到的精美的品类繁多的剪纸。从剪纸的起源到现在我们所看到的剪纸,其发展是动态的过程,技术不断地改进,品类不断地创新。人们赋予剪纸的情感也从最早的敬畏自然、祈愿风调雨顺到后面表达吉祥如意、多子多福、招财进宝等多样化的意象。所以要真正了解非物质文化遗产,必须融入具体的情景之中,理解其活态变化的过程,理解其背后活态的情感表达。

五　传承性

非物质文化遗产的传承具有社会性传承与师徒传承两种方式，社会性传承是指个人在具体的社会中耳濡目染习得非物质文化遗产相关知识。比如甘肃的花儿，花儿是西北一些偏远地区流行的民歌，人们在田间劳作、山野放牧时听别人传唱便可习得；师徒传承是指通过拜师学艺习得非物质文化遗产相关知识，比如甘肃省的崆峒武术，崆峒武术技术性强，需拜师才能习得。这些传承活动都为非物质文化遗产从创造到流传至今提供了可能，非物质文化遗产在传承活动中向外传播，影响力不断增强，服务范围不断扩大；非物质文化遗产也在一次次传承的过程中不断创新，内涵不断丰富，形式更加多样。

非物质文化遗产传承至今大都经历了漫长的历史。但如今却面对着现代化的冲击，很多非物质文化遗产面临着传承的危机，这使得非物质文化遗产的传承问题成为国内外学者们关注的热点。市场经济的大背景下经济功能弱的非物质文化遗产的传承受到挑战，但是并不代表它就没有了传承价值，非物质文化遗产是我们祖辈智慧的结晶，在我们祖辈们的生产生活中扮演了重要的角色，一方面我们可以透过非物质文化遗产去了解祖辈的历史，另一方面可以通过适当的创新创造使其继续为人民服务。正因如此，我们需要运用科学的方式去整理，去保护，去传承非物质文化遗产。

六　民族性

民族性是指非物质文化遗产为特定一个或特定几个民族所有，比如人们看到锅庄舞就会想到藏族，看到保安腰刀就会联想到东乡族，听到花儿我们首先想到的是回族。非物质文化遗产是一种文化，体现了特定民族独特的价值观、思维方式，以及行为习惯。根据我国引用的斯大林对民族的定义："民族是人们在历史上形成的有共同语言、共同地域、共同经济生活以及表现于共同的民族文化特点上的共同心理素质这四个基本特征的稳定的共同体。"①

保安腰刀是保安族最具代表性的手工艺品，是保安族传统文化的象征。保安人打制腰刀的历史久远，保安族的民族形成与发展都与保安腰刀息息相关。保安族源于中亚，与军事活动密切相关。1227年，成吉思汗西征中亚归来，将东亚带来的官兵和工匠安置在青海同仁地区，为蒙军打造兵器。随着时间的推移，这部分人与当地汉、藏、回、蒙等民族相互融合，逐步形成了以打造金属器皿为主，兼制作其他手工艺品的工匠民族——保安民族。随后，战事逐渐平息，由于受生活所迫，保安族开始用自己制作的手工艺品交换牧民的牛羊和其他日常用品。从此，保安族腰刀和保安族的族群发展紧密联系在一起，保安腰刀成为保安族的族群象征，其民族精神也锻铸在保安腰刀上。比如保安腰刀上的"一把手"是为了纪念保安族一位不畏强权、坚持锻刀品质的民族英雄；"折花刀"代表保安族"千锤百炼成一刀"精益求精的工匠精神；刀把上镶嵌的"逊奈提"代表保安族的伊斯兰教信仰。此外，保安腰刀能历经七百余年而不衰，也代表着保安族在与其他民族交易时诚实守信、保证质量的商业精神。随着历史的发展，保安腰刀已成为保安族的代表，腰刀文化也成为保安族的代表文化。非物质文化遗产烙上了民族性的特性。

七 地域性

非物质文化遗产产生于特定区域，非物质文化遗产反映着特定区域的特征，服务于特定区域的人民，其传承与发展离不开特定的区域。非物质文化遗产的产生与其自然环境和人文环境息息相关，特定区域的自然环境与人文环境是非物质文化遗产的土壤，非物质文化遗产在这片土壤生根发芽生长，离开了这片土壤，非物质文化遗产就会消失或者发生变异。藏医药形成于青藏高原独特的环境，青藏高原与中原自然环境完全不同，中原地区人们的体质与藏区同胞也会存在差异，藏医药的原料基本取自藏区，藏医所需要的医药资源很多也是藏区所独有的，因此，

---

① 中共中央马克思恩格斯列宁斯大林著作编译局编：《斯大林选集》，人民出版社1979年版，第64页。

若离开青藏高原去到中原,藏医药在中原地区传承将面临困境。

第三节　非物质文化遗产的分类

非物质文化遗产由不同国家、不同民族,在不同地点、不同的时间所创造,它们形态各异、千差万别。仅就我国的非物质文化遗产而言,剪纸、中国篆刻、中国活字印刷技术等手工艺类遗产,花儿、福建南音、蒙古族呼麦等音乐类的遗产,端午节、元宵节、中秋节等传统节日类的遗产在表现形式上差异极大,在保护实践上也大不相同。因此,不管是出于对非物质文化遗产研究上的需要,还是对非物质文化遗产保护实践的管理需要,根据一定的标准和原则对非物质文化遗产进行系统的分类都有很大的必要性。对于非物质文化遗产的分类问题,本书首先探讨非物资文化遗产在世界遗产中的归属,再探讨非物质文化遗产内部的分类。对于非物质文化遗产的分类问题,国内外颁布的众多关于非物质文化遗产保护的相关文件为本节提供了重要参考。

一　世界遗产的分类

非物质文化遗产属于文化遗产,而文化遗产又是世界所有遗产中的一类。关于世界遗产的分类,本书主要参照联合国教科文组织颁布的相关文件(见表1—1)。

1. 世界文化遗产与世界自然遗产

1972年11月联合国教科文组织在法国巴黎举行第十七次会议,会议通过了《保护世界文化和自然遗产公约》,是对世界遗产进行分类的第一部公约。该公约忽略了非物质文化遗产,但是已经从人文与自然的角度明确将世界遗产分为"文化遗产"与"自然遗产"两大类。

2. 世界文化与自然双重遗产

但是在今后的申报实践中人们发现有些遗产同时包含自然遗产和文化遗产的特征,这要从世界上第一个文化与自然双重遗产泰山说起。1987年5月,在泰山申报世界遗产的过程中,联合国教科文组织派自然遗产协会副主席卢卡斯先生来中国泰山进行遗产鉴定时,发现泰山兼具世界文化遗产、自然遗产的特征,也同时符合两者的标准。于是,开历史之先河,泰山成为世界上第一个世界文化与自然双重遗产。截至2019年7月6日,中国有世界自然与文化双重遗产四项:泰山(1987,山东)、黄山(1990,安徽)、峨眉山和乐山大佛(1996,四川)、武夷山(1999,福建;2017,江西)。

3. 世界文化景观遗产

1992年12月,第16届联合国教科文组织世界遗产大会中提出"文化景观遗产"这一概念,并将其纳入《世界遗产名录》之中。《世界遗产名录》中又多了"文化景观遗产"这一类别。文化景观强调:"能够说明为人类社会在其自身制约下、在自然环境提供的条件下以及在内外社会经济文化力量的推动下发生的进化及时间的变迁。在选择时,必须同时以其突出的普遍价值和明确的地理文化区域内具有代表性为基础,使其能反映该区域本色的、独特的文化内涵"。截至2020年2月,我国共有文化景观遗产5项:庐山(江西,1996)、五台山(山西,2009)、杭州西湖文化景观(2011.6)、红河哈尼梯田(云南红河,2013)、花山岩画(广西,2016)。

4. 世界非物质文化遗产

2003年10月17日,联合国教科文组织第32届大会通过了《保护非物质文化遗产公约》,明确了对"非物质文化遗产"相关概念的探讨。至此,"非物质文化遗产"正式加入世界遗产大家庭。

5. 其他拓展遗产类型

除了以上几种世界遗产外,联合国教科文组织陆续纳入如下一些世界文化遗产的拓展项目。

线性遗产:始于1998年,主要指拥有特殊文化资源集合的线形或带状区域内的物质以及非物质文化遗产族群,主要形式包括运河、道路以及铁路线等。中国已通过的线性遗产(含跨国)有中国大运河、丝绸之路(长安—天山廊道的路网)。

世界记忆遗产:世界记忆遗产启动于1992年,主要是通过国际合作与使用最佳技术手段对世界范围内正在逐渐老化、损毁、消失的文献记录等进行抢救,从而使人类的记忆更加完整。中国的世界记忆遗产有南京大屠杀档案。

重要农业文化遗产：重要农业文化遗产始于2002年，联合国粮农组织联合国开发计划署和全球环境基金启动设立全球重要农业文化遗产项目。对全球受到威胁的重要传统农业文化与技术遗产进行保护。中国目前公布的四批重要农业文化遗产，包括云南红河哈尼稻作梯田系统、江西万年稻作文化系统、甘肃迭部扎尕那农林牧复合系统、云南普洱古茶园与茶文化系统以及重庆石柱黄连生产系统等。

世界灌溉工程遗产：世界灌溉工程遗产工作始于2014年，由国际灌溉与排水委员会（ICID）进行评选，主要目的是收集古代灌溉工程的相关资料，学习古人可持续性灌溉的理念及其进一步认识灌溉对世界文明的影响，以便更好地保护这一历史文化遗产。截至2019年，中国的世界灌溉工程遗产已达19处，包括四川乐山东风堰、浙江丽水通济堰、福建莆田木兰陂、湖南新化紫鹊界梯田、诸暨桔槔井灌工程、寿县芍陂、宁波它山堰、陕西泾阳郑国渠、江西吉安槎滩陂、浙江湖州溇港、宁夏引黄古灌区、陕西汉中三堰、福建黄鞠灌溉工程、四川都江堰、广西灵渠、浙江姜席堰、湖北长渠、内蒙古河套灌区、江西抚州千金陂。

表1—1　　　　　　　　世界遗产分类

根据遗产属性划分	世界遗产	文化遗产	物质文化遗产
			文化景观遗产
			非物质文化遗产
		自然遗产	
		自然与文化双重遗产	
	世界遗产拓展项目	线性遗产、世界记忆遗产、重要农业文化遗产、世界灌溉工程遗产	
根据遗产形态划分	世界遗产	有形遗产	物质文化遗产
			自然遗产
			自然与文化双重遗产
			文化景观遗产
		无形遗产	非物质文化遗产
	世界遗产拓展项目	线性遗产、世界记忆文献遗产、重要农业文化遗产、世界灌溉工程遗产	

二 国际上关于非物质文化遗产分类的探索

2003年联合国教科文组织颁布的《保护非物质文化遗产公约》中对非物质文化遗产的分类影响最为深远,但是在《保护非物质文化公约》颁布之前,国际上的一些文件就已经对非物质文化遗产的分类问题做了相关探讨。

1989年,联合国教科文组织通过了《保护民间创作建议案》,该建议案指出:"民间创作"的形式包括语言、文学、音乐、舞蹈、游戏、神话、礼仪、习惯、手工艺、建筑术及其他艺术。[①]

1998年,联合国教科文组织执委会第155次会议通过了《宣布人类口头和非物质遗产代表作条例》。该条例基本上沿用了《保护民间创作建议案》中对"传统民间文化"的界定。只是,该文件将非物质文化遗产分为两大类:一是各种"民间传统文化表现形式",这与《保护民间创作建议案》中的范畴基本一样;二是"文化空间","文化空间"是承载"非物质文化遗产"的场所,兼具时间性与空间性。

2003年10月17日,联合国教科文组织第32届大会通过了《保护非物质文化遗产公约》,公约最终确定了"非物质文化遗产"这个术语,并沿用至今。公约将非物质文化遗产划分为六大类(见表1—2),六大类中前五类属于传统文化表现形式,最后一类为承载非物质文化遗产的文化空间。

表1—2　　　　　　　　　非物质文化遗产分类

非物质文化遗产	传统文化表现形式	口头传统和表现形式,包括作为文化载体的语言
		传统表演艺术
		关于风俗、礼仪、节庆的活动和社会实践
		有关自然界和宇宙的民间传统知识和实践
		传统手工艺技能
	文化空间	定期举行传统文化活动或集中展现传统文化形式的场所

---

① 参见1989年联合国教科文组织通过的《保护民间创作建议案》。

三 中国关于非物质文化遗产分类的探索

联合国教科文组织颁布的《保护非物质文化遗产公约》对非物质文化遗产的分类的权威定义被世界各国广泛采用，也广泛使用于各国对非物质文化遗产的普查、研究以及保护实践。但是我国幅员辽阔，民族众多，拥有丰富多样的传统文化。很多专家学者意识到联合国教科文组织的分类方式虽具有指导意义和参考价值，但是也不能照单全收，应该根据我国具体国情对非物质文化遗产进行分类，指导我国具体的非物质文化遗产保护工作实践。

在根据我国国情，对我国非物质文化遗产分类，探寻符合我国国情的非物质文化遗产的分类方法方面，我国的民族学者与民俗学者进行了有益的尝试，取得了很多有建设性的成果。在国务院颁布《关于公布第一批国家级非物质文化遗产名录的通知》之前，原中国艺术研究院中国民族民间文化保护工程国家中心编写的《中国民族民间文化保护工程普查工作手册》中设计的"非物质文化遗产分类代码"影响巨大，按照学科领域将非物质文化遗产分为16个一级类别（见表1—3），每一大类下面按实际划分次级类别。

表1—3　　　　　　　　非物质文化遗产一级类别

1	民族语言	9	民间手工技艺
2	民间文学（口头文学）	10	生产商贸习俗
3	民间美术	11	消费习俗
4	民间音乐	12	人生习俗
5	民间舞蹈	13	岁时节令
6	戏曲	14	民间信仰
7	曲艺	15	民间知识
8	民间杂技	16	游艺、传统体育与竞技

联合国教科文组织颁布的《保护非物质文化遗产公约》对缔约国要求：各缔约国应根据自己的国情，拟定非物质文化遗产清单。我国作为缔约国之一，深刻认识到保护非物质文化遗产对我国传统文化复兴的

重要性，积极筹建我国自己的国家级非物质文化遗产名录清单。2006年5月20日，国务院颁布了《关于公布第一批国家级非物质文化遗产名录的通知》，公布了我国第一批国家级非物质文化遗产名录（共计518项）。第一批国家级非物质文化遗产名录中将我国非物质文化遗产划分为十大类（见表1—4）。

表1—4　　　　　我国非物质文化遗产代表作名录分类

1	民间文学	6	杂技与竞技
2	民间音乐	7	民间美术
3	民间舞蹈	8	传统手工技艺
4	传统戏剧	9	传统医药
5	曲艺	10	民俗

2008年，国家公布了《第二批国家级非物质文化遗产名录》，第二批在沿用第一批的分类方法的基础上做出一些改动，将第一批名录中的"民间音乐""民间舞蹈""民间美术"分别修改为"传统音乐""传统舞蹈""传统美术"；将第一批名录中的"杂技与竞技"和"传统手工技艺"修改为"传统体育、游艺与杂技"和"传统技艺"。虽然名称上有所改变，但是顺序与具体类别上还是和以前一致。2011年公布的《第三批国家级非物质文化遗产名录》，分类方式没有改变，2014年公布的第四批名录中，将名录名称改为《国家级非物质文化遗产代表性项目名录》，但分类方法仍然没有改变。

截至目前，我国共公布四批"名录"，并从第二批国家级项目名录开始设立了扩展项目名录。扩展项目与已经列入国家级非物质文化遗产名录的项目共用一个项目编号，但是在项目特征、项目传承状况方面存在不同，其负责的相应单位也不一样。

第四节　非物质文化遗产的保护

随着全球化进程的加快，全球经济技术一体化趋势明显，强势文化驱逐弱势文化，弱势文化的生存受到挑战。而伴随着经济社会的发展，人类整体文化涵养的提高，越来越多的人不满足于做被金钱奴役的经济人，而是希望追求能满足自己内心需求的精神文化。非物质文化遗产作为世界各民族的传统文化记忆，如今正遭受前所未有的传承危机，因此，保护非物质文化遗产对人类精神家园的重构具有重要意义。

一 古代对非物质文化遗产的保护

非物质文化遗产是人类长期智慧的结晶，从其起源到传承发展至今，少则有几百年，多则有几千年的历史。在古代社会，也存在战争、疾病、气候变化等天灾人祸威胁着非物质文化遗产的传承。非物质文化遗产在漫长的历史中能够传承至今，其实一直都存在非物质文化遗产传承与保护的相关措施，只是在非物质文化遗产概念未出现之前，人们还未形成明确的非物质文化遗产保护的概念。

在古代社会，科学技术尚不发达，尚不能借助音频视频等现代科技手段来对非物质文化遗产进行保护与传承，非物质文化遗产的传承主要还是口头相传、行为示范、心理影响等方式。但是为了使非物质文化遗产得以传承下去，也有相应的措施，这些措施包括严格的师徒传授制度、严格的工艺标准、与非物质文化遗产相关的乡规民约以及文字记录、社会教育等。比如，印度的《吠陀本集》保存了大量丰富的古代原始神话资料，这对于研究古代印度文化以及早期人类文明史，都是极为珍贵的参考文献。由于受到诗体本身的限制，许多神话情节只能依靠叙述来完成，并通过严格的口传心授方式代代传承下去。另外，其内容庞大复杂，朗诵人必须机智敏锐地掌握背诵技巧，同时为了保证每句话的声音保持不变的音调和发音，这就需要从他们的童年时代起，就对他们进行非常严格的训练。而在我国，早在西周时便设立了采诗观风制度，朝廷专门设立负责采诗的官员，搜集民间的歌谣，中国的《诗经》便是由此而来。此后各朝各代皆有类似的措施保护我国的传统文学。

二 二战后对非物质文化遗产的保护

人们真正有现代意义上非物质文化遗产保护的意识是在二战以后。在战争、工业化、旅游等活动的威胁下，不管是物质文化遗产还是非物质文化遗产都面临前所未有的威胁。相比物质文化遗产，非物质文化遗产的无形性使非物质文化遗产面临着更大的消亡危险，非物质文化遗产的传承与保护问题逐渐受到世界各国的重视。

1. 二战后国外对非物质文化遗产的保护

日本是世界上最早对非物质文化进行现代意义保护的国家。1949年至1950年日本有5件"国宝"损毁，其中就包括世界上现存的最古老的木结构建筑日本法隆寺金堂以及京都鹿苑寺金阁。这一系列事件引起了极大的反响，使得日本对文化遗产的保护感到忧心忡忡。基于此，1950年5月日本政府颁布《文化财保护法》。《文化财保护法》中规定了无形文化遗产所包含的范畴，这是在世界范围内首部关于保护非物质文化遗产的法律。1955年，为进一步对无形文化进行保护，日本将传承人认定为"人间国宝"，并提供补助金支持。日本创造的"人间国宝"制度对日本本国乃至全世界都有很大的影响。受日本的影响，20世纪60年代开始，韩国、菲律宾、法国、意大利等国家纷纷效仿，以设立法律或者对本国"非物质文化遗产"进行普查等方式对本国的"非物质文化遗产"进行保护。

联合国对非物质文化遗产的保护是一个渐进的过程，在1977年联合国教科文组织的第一个《中期规划》中承认了"文化遗产"应当包含非物质的部分，并且指出对这类非物质部分的遗产的保护方式应当有别于物质遗产的保护方式。联合国教科文组织在第二个《中期规划》中新增设"保护非物质遗产项目"，并将原先的"保护文化遗产项目"更名为"保护物质遗产项目"，二者共同构成"保护文化遗产总项目"。1989年，第25届联合国教科文组织巴黎大会通过《保护民间创作建议案》，该建议案呼吁世界各国采取行动，共同保护并传播"民间创作"这一全人类遗产。2001年，联合国教科文组织第31届大会通过了《文化多样性宣言》，188个国家承诺通过国际合作保护非物质文化遗产，联合国教科文组织的非物质文化遗产跨国家保护愿景取得巨大突破。2003年10月17日，联合国教科文组织第32届大会通过了《保护非物质文化遗产公约》，该公约旨在通过国际合作共同保护世界各地区的非物质文化遗产。公约指出：各缔约国有义务保护本国的非物质文化遗产并参与到国际非物质文化遗产的保护工作之中。① 《保护非物质文化遗产公约》的颁布，使非物质文化遗产保护正式走上国际联合保护的轨道，对以后世界各国的非物质文化遗产保护发挥着巨大作用。

2. 二战后我国对非物质文化遗产的保护

中华人民共和国成立后，百废待兴，政府深刻认识到文化对国家复兴的重要性，为保护中国传统文化做了大量的努力，并且成绩显著。1949 年以来，我国非物质文化遗产的保护工作可划分为三个时期：

第一个时期是 1949—1978 年。这个时期，以毛泽东同志为核心的国家领导人对传统文化保护相关工作做了重要指示。1949 年 9 月 21 日，毛泽东主席在中国人民政治协商会议第一届全体会议上明确提出："随着经济建设高潮的到来，不可避免地将出现一个文化建设的高潮。中国人被人视为不文明的时代已经过去了，我们将以一个具有高度文化的民族出现于世界。"1956 年 4 月 28 日，毛泽东主席在中央政治局扩大会议上的讲话正式提出"百花齐放、百家争鸣"方针，并将其作为发展社会主义文艺和科学文化的基本方针。1956 年 3 月 4 日，毛泽东主席在国务院有关部门汇报手工业工作情况的谈话中指出："手工业中许多好东西，不要搞掉了。王麻子、张小泉的刀剪一万年也不要搞掉。我们民族好的东西，搞掉了的，一定都要来一个恢复，而且要搞得更好一些。"这个时期的非物质文化遗产保护工作也取得了显著的成果，比如中国民间文艺研究会的成立以及各个地方的文艺组织的成立，对全国各地的民间文学、舞蹈、民歌、传统习俗进行较为全面的调查，搜集并整理出大量丰富的文本资料。此外，诸如《民间文艺集刊》《说说唱唱》《曲艺》等杂志的创办也让更多人认识非物质文化遗产。

第二个时期是 1978—2000 年。"文化大革命"期间，我国的文学艺术受到严重摧残，文艺工作被迫中止，以前的大量成果被毁坏。拨乱反正之后，中止的文艺工作逐渐恢复生机，党的十一届三中全会之后，中国实施改革开放，受外来思潮的影响以及中央政策的支持下，中国掀起了传统文艺复兴的高潮。这一阶段我国非物质文化遗产保护取得很大成效。首先，之前原有的文艺机构，报纸杂志恢复工作，并且有更多新的

---

① 参见《保护非物质文化遗产公约》。

机构成立，文艺机构诸如中国少数民族文学学会、中国神话学会、中国歌谣学会、中国楹联学会等各类别的文艺学会，以及苏州评弹研究会、辽宁抚顺市故事工作者协会等各地方文艺学会。文化报刊诸如中国文艺研究会主办的《民间文学》《民间文学论坛》，上海的《民间文艺季刊》《故事会》等各地方报刊及各种类报刊相继创办。此外，大学教育的复兴，文学文艺相关课程相继在中国各大高校开设，各地也专门设立文艺类科研机构，我国的文艺研究也逐渐走向科学和严谨。

　　第三个时期是 2000 年至今。2000 年联合国实施"人类口头和非物质文化遗产代表作"项目，我国报送的昆曲艺术成功入选代表作。2003 年 11 月，我国报送的古琴艺术项目再次入选。我国政府逐渐意识到保护非物质文化遗产的重要性，我国在积极响应联合国号召的同时也采取了一系列措施保护本国的非物质文化遗产。这个时期我国对非物质文化遗产保护做的工作主要分为对内和对外两部分：对外包括加入《保护非物质文化遗产公约》，参与到国际非物质文化遗产保护工作中去，为世界非物质文化遗产保护做出贡献的同时也积极汲取各国经验，为我国的非物质文化遗产保护工作提供借鉴；对内主要根据我国具体问题，采取相应措施，保护国内非物质文化遗产。第一，建立自己的非物质文化遗产代表作名录体系，2005 年 3 月 26 日，国务院办公厅颁发了《关于加强我国非物质文化遗产保护工作的意见》，该意见要求建立以国家、省、市、县等地区为单位的非物质文化遗产代表作名录体系，建立完备的非物质文化遗产保护制度。同时部署我国首次非物质文化遗产普查工作，至 2009 年，普查工作基本完成。从 2006 年我国开始第一批国家级非物质文化遗产申报工作至 2014 年第四批申报完成，我国先后公布了四批国家级非物质文化遗产代表作名录，分别为：2006 年第一批 518 项，2008 年第二批 510 项，2011 年第三批 191 项，2015 年第四批 153 项。第二，加强立法保护，建立严格的非物质文化遗产保护法律体系。我国的非物质文化遗产立法保护工作经历了漫长的阶段。自 2003 年 11 月起，全国人大教科文卫委员会先后组织起草了《中华人民共和国民族民间传统文化保护法（草案）》、《非物质文化遗产保护法（草案）》，并提交全国人大常委会审议。2011 年 2 月 25 日，第十一届全国人大常委会第十九次会议表决通过了《中华人民共和国非物质文化遗产法》，并于当年 6 月 1 日起正式施行。此外，各级地方政府也出台了相应保护各地方非物质文化遗产的法律文件，比如：2015 年甘肃省第十二届人民代表大会常务委员会第十五次会议通过了《甘肃省非物质文化遗产条例》。除了以上两项代表性工作外，我国在加强非物质文化遗产立法保护的同时还进行了其他方面的工作，比如设立我国的"非物质文化遗产日"，使非物质文化遗产深入人心；设立国家级文化生态保护区，对非物质文化遗产进行整体性的保护；设立"中国非物质文化遗产数据库管理中心"，对非物质文化遗产相关的图片、笔记、影像、传承人资料等进行建档保护等。

三 非物质文化遗产保护的意义

非物质文化遗产是民族文化的瑰宝，展现出不同民族的文化创造力，具有特殊的价值，对人类社会的发展具有重要意义。

1. 非物质文化遗产的保护有利于促进世界范围内的交流，维护世界和平，维护世界文化的多样性

首先，非物质文化遗产的保护工作有利于各国之间展开民间对话，促进世界各国的和平发展。从一开始的努比亚遗址全球性合作的移位保护工作，非物质文化遗产的保护活动就发挥了促进世界各国交流合作的重要价值。1966 年联合国教科文组织颁布的《国际文化合作原则宣言》就明确表达了希望世界各国通力合作保护非物质文化遗产的意愿。1998 年联合国秘书长安南在联合国大会中指出，多样性是不同文明之间对话的基础。2003 年通过的《保护非物质文化遗产公约》中指出："非物质文化遗产是密切人与人之间的关系以及他们之间进行交流和了解的要素，它的作用是不可估量的。"① 当今世界，众多的冲突起源于对文化方面、意识形态方面的不理解以及文化霸权主义的存在，而在世界范围内的非物质文化遗产的保护工作，可以促进世界范围内文化文明的交流合作，增进彼此之间的理解。因此非物质文化遗产的保护在维护世界和平方面发挥着巨大作用。其次，非物质文化遗产的保护对于维护世界文化的多样性具有重大意义。2001 年，《世界文化多样性宣言》指出：

---

① 参见《保护非物质文化遗产公约》。

"文化在不同的时代和不同的地方具有各种不同的表现形式。这种多样性的具体表现是构成人类各群体和各社会的特性所具有的独特性和多样化。文化多样性是交流、革新和创作的源泉，对人类来讲就像生物多样性对维持生态平衡那样必不可少。"[1] 2002 年，联合国教科文组织的《伊斯坦布尔宣言》强调："无形文化遗产的多种表现形式从主要方面体现了各民族和社会的文化特性，无形文化遗产是全人类的共同财富。"[2]

由众多国际文件可以看出，文化多样性对人类而言意义重大。非物质文化遗产是劳动人民生产生活实践的伟大产物，是世界各民族的精神家园，保护非物质文化遗产就是保护文化多样性。而在当今全球经济社会一体化趋势之下，强势文化驱逐弱势文化，我们更需要维护文化多样性，维护世界各民族的精神寄托。

2. 非物质文化遗产的保护有利于维护我国文化的多样性，促进我国民族团结，促进我国文化创新性发展

首先，我国幅员广阔，民族众多，东西南北差异大，有着多姿多彩且内涵丰富的传统文化。然而随着全球化与现代化进程的推进，中国的传统文化整体面临着西方文化和现代文化的冲击，文化多样性受到巨大挑战。中国是文明古国，是综合实力处于世界前列的大国，树立文化自信，我们需要保护多样性的优秀传统文化。

其次，保护非物质文化遗产有利于促进我国各民族的团结统一。我国居住着 56 个民族，但同属于中华民族，各民族虽然在文化上有差异，但是彼此间却有着千丝万缕的联系，保护各少数民族的传统文化，有利于增进我国各民族之间相互交流、相互理解，有利于我国民族政策的实施，实现各民族大团结。此外，我国台湾地区尚未回归，海外还分布着大量华人，中国的传统文化是联系两岸以及全球华人不可切割的情感纽带，保护非物质文化遗产有利于全球中华民族的大团结。

最后，保护非物质文化遗产有利于传承创新传统文化。中国的传统文化要想长盛不衰，必须适应时代的发展，不断进行创新。而非物质文

---

[1] 参见《世界文化多样性宣言》。
[2] 参见《伊斯坦布尔宣言》。

化遗产是中华民族劳动人民汗水与智慧的结晶，是中华民族传统文化的精华所在，是进行文化创新的源泉。我们对非物质文化遗产的保护与传承，并非一成不变地继承，而是创造性地传承，使非物质文化遗产为现代社会服务。

四 保护非物质文化遗产的紧迫性

从西方第一次工业革命至今，世界各地的文化先后发生快速的变迁，在快速变迁的社会中，非物质文化遗产的传承往往受到挑战。联合国教科文组织《宣布人类口头和非物质文化遗产代表作申报书编写指南》中指出："在世界全球化的今天，此种文化遗产的诸多形式受到文化单一化、武装冲突、旅游业、工业化、农业人口外流、移民和环境恶化的威胁，正面临消失的危险。"[①] 而我国自改革开放至今短短四十几年内，遭受了工业化、旅游大众化、文化单一化、农村人口向城市聚集、自然环境的恶化等重重冲击，我国的社会环境经历了快速的变迁。面对外部环境的变化，我国的很多非物质文化遗产缺乏应对，传承受到了巨大的挑战，许多具有巨大价值的非物质文化遗产正面临着生存的困境或者处在消亡的边缘。

随着我国逐渐认识到非物质文化遗产保护的重要性，并且采取了相应非物质文化遗产保护的有效措施，我国的非物质文化遗产保护工作取得了一定的成效，但是我国的非物质文化遗产保护与传承仍然存在一些问题。目前存在的问题有：第一，随着农村人口逐渐向城市汇集，农村出现空心化，而非物质文化遗产的传承需要特定的社会生态环境，非物质文化遗产失去了生长的土壤必然造成传承的困难。第二，随着现代化进程的加快，许多非物质文化遗产缺乏足够的弹性以适应快速变迁的社会，非物质文化遗产服务社会的功能被减弱，对非物质文化遗产需求的减少使非物质文化遗产经济价值降低，传承人失去传承的物质基础，非物质文化遗产的传承人面临断代危机。第三，有些非物质文化遗产可通过文本建档保存，但是其真正的文化价值也已经缺失，有些非物质文化遗产虽已建档，但是在文本解读时极易造成误解，而有些非物质文化遗

---

① 参见联合国教科文组织《宣布人类口头和非物质文化遗产代表作申报书编写指南》。

产则本身建档就存在困难。第四，随着各地旅游业的兴起，非物质文化遗产作为一种重要的旅游资源被不恰当地利用。旅游目的地是追逐游客利益，破坏性开发非物质文化遗产，或者使非物质文化遗产过度地商品化，或者为了迎合游客口味不适当篡改非物质文化遗产的内容等，使非物质文化遗产变得俗气平庸。第五，国家虽然制定一系列措施保护非物质文化遗产，但是因为各地情况不同，具体实施上还是存在困难，或者只流于形式，只做与政绩挂钩的工作而忽视保护工作实际的效果。比如在申遗时只重申报，但是申报成功后则不注重管理，具体的保护工作没有做到位。非物质文化遗产保护面临诸多问题，各地区非物质文化遗产存在诸多差异，各地区存在不同的威胁。我们要高度重视并认识到非物质文化遗产保护传承面临的威胁，高度重视科学开展非物质文化遗产保护的紧迫性，保护我们的精神财富，促进文化自信。

第二章

文化产业与旅游产业

第一节　文化产业概述

一　什么是文化

"什么是文化"是做文化相关研究不可避免要讨论的问题，我们无时无刻不提及文化，学识渊博的人我们称其"有文化"，特定的精神我们称为"精神文化"，特定区域的建筑我们称为"建筑文化"，此外还有制度文化、旅游文化、宗教文化、运动文化，文化貌似无处不在。因此，"文化"的定义也是让文化研究者最为头疼的问题，在英语世界，"culture"被认为是英语词汇中最为复杂的词汇之一。[1] 从古至今，无论在中国还是西方，"文化"的概念都在不断地被诠释，20世纪50年代，美国人类学家A. L. 克罗伯和K. 克拉克洪在《文化：关于概念和定义的探讨》一书中就列举了关于文化的160余种定义，后面随着对"文化"内涵探讨越来越激烈，对"文化"概念的解释更是让人眼花缭乱。本书无意参与"文化定义"的讨论，只列举中外较为有影响力的"文化"概念，希望能让读者对"文化"有更为全面的认识，进而能深入理解"非物质文化遗产"的内涵。

1. 中国传统文化对"文化"的探析

中国古代文献有不少关于文化的记载，但多是将"文"与"化"分开使用，《易·系辞下》云："物相杂，故曰文。"《礼记·乐记》曰：

---

[1] ［英］特瑞·伊格尔顿：《文化的观念》，方杰译，南京大学出版社2003年版，第1页。

"五色成文而不乱。"《说文解字》注释："文，错画也，象交叉。"《论语》称"质胜文则野，文胜质则史，文质彬彬，然后君子"。从最初的这些典籍中我们可以看出，早期的"文"通"纹"，指各色交错的纹理。而后，"文"又指各种人所创造的、所认识的符号，《周易·象传》曰："观乎天文，以察时变；观乎人文，以化成天下。"唐代学者孔颖达注《尚书·舜典》曰："经天纬地曰文。"天文指人类所认识的自然界，人文指人类实践的社会关系。

"化"，早期指阴阳两极的转化，亦表示事物本身的变化过程，在《周易·系辞下》中曾指出："男女构精，万物化生"；《黄帝内经·素问》："化不可代，时不可违。"而后又引申为教化，驯化之意，强调人的教化的意义，如《礼记·中庸》："可以赞天地之化育"；《礼记·学记》："九年知类通达，强立而不反，谓之大成；夫然后足以化民易俗，近者悦服而远者怀之，此大学之道也。"《管子·七法》："尺寸也，绳墨也，规矩也，衡君也，斗斛也，角量也，谓之法；渐也，顺也，靡也，久也，服也，习也，谓之化。"

"文化"一词，最早出现于汉代刘向编撰的《说苑·指武》一书："圣人之治天下，先文德而后武力。凡武之兴，谓不服也；文化不改，然后加诛。"后来，南朝齐代王融《三月三日曲水诗序》曰："设神理以景俗，敷文化以柔远"；南朝梁代萧统曰"文化内辑，武功外悠"，这里都是指教化之意。

2. 近现代中国学者对"文化"的阐释

到近代五四运动之后，中国人的思想得到前所未有的大解放，中国文人掀起反思中国传统文化的热潮，学者们开始用现代科学的方式阐释"文化"概念。胡适认为"文化是一种文明所形成的生活的方式"[①]；梁启超认为"文化者，人类心能所开释出来之有价值的共业也"；蔡元培认为"文化是人生发展的状况，文化包括衣食住行、医疗卫生、经济、政治、道德、教育、科学等内容"；梁漱溟认为"文化乃是人类生活的样法"，且"人类生活可以分为物质生活、精神生活和社会生活"；冯

---

① 胡适：《我们对于西洋近代文明的态度》，《胡适文存》第1卷，商务印书馆1928年版，第1—2页。

友兰认为"文化就是历史、艺术、哲学……之综合体,除此之外,并没有别的东西,可以叫作文化"。

改革开放之后,中国掀起了一阵"文化复兴"的浪潮,一大批现代学者投入研究之中,提出自己对"文化"的看法,邴正认为"文化就是人刻在自然之物上的'纹花',这就是考古学意义上人类最初的文化含义","文化就是一个标志人类发展水平,进行自我评价的概念"[①];司马云杰认为"文化是人类创造的不同形态的特质所构成的复合体";贺麟认为"文化有体、用之别,文化是人化的自然,亦即是经过人类精神陶铸了的自然,精神是文化的'体','文化自然'是'用'"。

3. 国外对"文化"的解读

西方"文化(Culture)"一词来源于拉丁文"Colere",与"耕种""饲养"等农业活动相关,是人所创造的,西方在中世纪经历了漫长的宗教思想统治时期,人民的思想被束缚,一切事物只有冠上神学的性质才能称为"文化"。文艺复兴之后,人们倡导复兴罗马时期的精神文化,"文化"才从宗教中解放出来。随着社会学、人类学、文化学等学科的产生与发展,许多学者纷纷从不同角度揭示文化的内涵。

1871年英国文化人类学家泰勒的《原始文化》出版,他把文化定义为知识、信仰、道德、法律、习惯等社会成员所获得的能力、习性的复合整体。[②] 泰勒对"文化"定义中"文化"既包含人们的精神文化层面,也包括社会的组织制度层面。泰勒对"文化"的定义具有很大的影响力。在泰勒之后,众多学者在讨论"文化"的含义时也是在泰勒的定义基础之上。英国批评家阿诺德认为"文化可以恰当地描述为并非起源于好奇心,而是起源于对完美的热爱。它是一种对完美的探索。它不仅或者不主要由追求纯粹知识的科学激情所驱动,而是要由追求善的道德和社会激情所驱动"[③];美国文化人类学者克利福德·格尔茨认为

---

① 邴正:《当代人类文化——人类自我意识与文化批判》,吉林教育出版社1998年版,第20页。

② [英]爱德华·B.泰勒:《原始文化》,蔡江浓译,浙江人民出版社1988年版,第1页。

③ [英]马修·阿诺德:《文化与无政府》,韩敏中译,生活·读书·新知三联书店2008年版,第10页。

"文化是指一个社会全部的生活方式，包括价值观、习俗、象征、制度以及人际关系"①；英国功能学派的创始人 B. 马林诺夫斯基认为"文化是指那一群传统的器物、货品、技术、思想、习惯及价值而言的"②；符号学派的代表人物恩斯特·卡西尔认为"作为一个整体的人类文化，可以被称作人不断解放自身的历程。语言、艺术、宗教、科学，是这一历程中的不同阶段"③；美国人类学家 C. 格尔兹认为"所谓文化是一种通过符号在人类历史上代代相传的意义模式，它将传承的观念表现于象征形式之中。通过文化的符号体系，人与人得以相互沟通、绵延传续，并发展出对人生的知识及生命的态度"④。

对于"文化"的定义不胜枚举，本书只是列举了代表性的几个定义，让读者能更深入理解"文化"的内涵。从中西方对"文化"的探讨中可知，中西方对"文化"有较为一致的看法，都认为"文化"是人为的，后天创造的。文化的本质是"人化"。

二　什么是产业

产业是资本主义发展之后，社会分工的产物，其范围介于微观经济与宏观经济之间。贝恩、波特等人从产业组织理论、战略管理的层面分析，认为产业是"生产同类或相互间具有密切替代关系的产品、服务的企业集合"⑤。美国北卡罗纳大学的贝蒂和希特从战略管理的能力观出发，认为具有相同能力的企业之间才会产生竞争，应把"产业"定义为"一组具有相同能力的企业群体"⑥。英国剑桥大学的梅里和菲利普认为：在这个快速变革的时代，"产业"一词可用"活动网络"替代，并将"活动网络"定义为"直接或间接地完成一项特定活动的一组企业"。

---

① ［美］克利福德·格尔茨：《文化的解释》，韩莉译，译林出版社 2002 年版，第 3 页。
② ［英］马林诺夫斯基：《文化论》，费孝通译，华夏出版社 2002 年版，第 2 页。
③ ［德］恩斯特·卡西尔：《人论》，甘阳译，上海译文出版社 1985 年版，第 288 页。
④ ［美］克利福德·格尔茨：《文化的解释》，韩莉译，译林出版社 1999 年版，第 11 页。
⑤ 韩丹：《"产业"与"体育产业"辨析》，《山东体育学院学报》2003 年第 2 期。
⑥ 李美云：《服务业的产业融合与发展》，经济科学出版社 2007 年版，第 32—37 页。

国内学者唐晓华（2007）认为产业是介于宏观经济与微观经济之间，具有同类性质的一定数量的经济组织的集合。① 刘志彪（2009）认为产业是生产同类或有密切替代关系的产品、服务的企业集合。② 国内对"产业"定义中，"具有某种同类属性的企业或经济活动的集合"被更多人所接受③。

三　文化产业的定义

1. 国外对"文化产业"的定义

德国法兰克福学派代表人物马克斯·霍克海默（Max Horkheimer）和西奥多·阿道尔诺（Theodor Adorno）最早对"文化产业"展开研究，1947年，在他们合著的《启蒙辩证法》一书中，将"文化产业"翻译为英文"culture industry"，用中文则直译为"文化工业"。书中将"culture industry"定义为：为大众传播、消费而制作，按照设计的结构能够批量化、模式化生产制造的工业。④ 此后，"文化产业"一词进入西方学者视野，学者们纷纷发表对"文化产业"的看法。英国学者贾斯廷·奥康纳认为："'文化产业'就是以经营符号性商品为主的活动，这些商品的基本经济价值源于它们的文化价值。"澳大利亚大卫·索斯比教授认为，"文化产业"就是"在生产中包含创造性，凝结了一定程度的知识产权，并传递象征性意义的文化产品和服务"。2001年，联合国教科文组织在《文化、贸易和全球化》报告中对"文化产业"的定义是：文化产业是按照工业标准生产、再生产、储存以及分配文化产品和服务的一系列活动。⑤ 这个定义强调了文化产品所具有的标准性、商品性及服务性等特征。综合国外对"文化产业"的定义可知，文化产业与一般产业一样生产产品，文化产业产品价值源于文化，文化产品也

---

① 唐晓华：《产业经济学教程》，经济管理出版社2007年版，第159页。
② 刘志彪：《现代产业经济学》，高等教育出版社2009年版，第3页。
③ 李美云：《服务业的产业融合与发展》，经济科学出版社2007年版，第39页。
④ ［德］马克斯·霍克海默、［德］西奥多·阿道尔诺：《启蒙辩证法》，渠敬东、曹卫东译，上海人民出版社2006年版。
⑤ 联合国教科文组织：《文化、贸易和全球化》，张国玉、朱筱林译，中国出版社2003年版，第373—404页。

具有一般产业商品的共性,即能为人类产生效用。

2. 国内对"文化产业"的定义

改革开放以来,我国经济社会稳步发展,中国传统文化迎来复兴的浪潮。20世纪末,"文化产业"这一概念逐渐受到国内学者的重视。万里(2001)认为:为提升人类生活品质而提供的一切可以进行商品交易的生产与服务,都可以称为文化产业。[①] 叶朗(2003)教授认为:"文化产业"就是由市场化的行为主体实施,以满足人们的精神文明需求为目的而提供文化产品或文化服务的大规模商业活动的集合。[②] 张志宏(2003)在《美国文化产业的概况和发展趋势》中指出文化产业是通过工业化生产方式和商品化交易过程进行的,以满足大众文化消费需求为主要目的的文化产品和服务的生产、交换及传播活动的总和。2003年9月,中国文化部制定发布的《关于支持和促进文化产业发展的若干意见》中关于"文化产业"的定义是:从事文化产品生产和提供文化服务的经营性行业。[③] 2004年4月,国家统计局在制定的《文化及相关产业分类》中关于"文化产业"的定义是:文化及相关产业是指为社会公众提供文化、娱乐产品和服务的活动,以及与这些活动有关联的活动的集合。[④] 2012年,国家统计局重新修订的《文化及相关产业分类(2012)》中把"文化产业"定义为:为社会公众提供文化产品和文化相关产品的生产活动的集合。[⑤]

从国内外众多对"文化产业"概念的定义中可知国内外对于"文化产业"的概念的认识尚存在差异,未达成共识,本书认为2012年国家统计局修订的《文化及相关产业分类》中对"文化产业"的定义具有科学性与权威性,也更符合我国国情。

[①] 万里:《关于"文化产业"定义的一些思考》,《湖南第一师范学院学报》2001年第1期。
[②] 叶朗:《中国文化产业年度发展报告》,北京大学出版社2003年版,第28—31页。
[③] 参见2003年文化部制定的《关于支持和促进文化产业发展的若干意见》。
[④] 参见2004年国家统计局制定的《文化及相关产业分类》。
[⑤] 参见2012年国家统计局重新修订的《文化及相关产业分类(2012)》。

四 文化产业的分类

1. 国外对"文化产业"的分类

（1）美国的分类

美国将文化产业称为"版权产业"，美国非常注重文化"版权"，对版权产业的划分紧紧围绕着版权。美国将版权产业划分为核心版权产业、部分版权产业、交叉版权产业以及边缘版权产业四个板块。

（2）英国的分类

英国将文化相关产业称为"创意产业"，并将创意产业分为核心创意产业和与核心创意产业有密切关系的支持产业。核心创意产业主要包括电视广播业、电影音像业、广告设计业、表演艺术业、出版业、艺术和文物交易业、互动休闲业、软件业等。支持创意产业主要包括文化遗产业、旅游业、体育业、博物馆业和艺术馆业等。

（3）日本的分类

日本称文化相关产业为"娱乐观光业"，主要包括文化艺术业（包括音乐戏剧演出、电影制作及放映等），信息传播业（包括出版、电视、网络媒体），体育与健身，个人爱好与创作，娱乐（包括各种游戏、博彩、竞赛等）以及观光旅游业等。

（4）澳大利亚的分类

澳大利亚将文化相关产业分为自然类、文学与图书类、音乐类、表演艺术类、美术类、广播电视类、艺术教育和群众文化类、娱乐建设类等。

（5）联合国教科文组织的分类

2009年，联合国教科文组织重新制定了《2009年联合国教科文组织文化统计框架》。其中文化产业划分为八大类别，包括文化和自然遗产、表演和庆祝活动、视觉艺术和手工艺、书籍和报刊、音像和互换媒体、设计和创意服务、旅游业、体育和娱乐以及与其相关的保护、教育和培训等。

2. 我国对"文化产业"的分类

为了便于我国对文化产业的管理工作，我国对文化及相关产业的范围进行了规范并进行相关科学统计。2003年，国家统计局及与文化相关部门组成"文化产业统计研究课题组",在次年3月正式出台《文化及相关产业分类(2004)》并实施,文件中将我国文化及相关产业划分为四级。之后,随着社会的发展,我国根据文化产业中出现的新变化在原来分类的基础上不断对我国文化产业及相关产业的统计进行规范和完善。2012年,国家统计局对《文化及相关产业分类(2004)》进行修订,颁布《文化及相关产业分类(2012)》,新的分类文件做了部分调整,增加了创意、新业态、软件设计服务等新内容和部分行业小类,删除了如教育和体育业等不符合文化及相关产业定义的活动类别,将我国文化及相关产业进一步划分为五层。2018年4月,国家统计局颁布了最新的《文化及相关产业分类(2018)》,新分类在原先基础上再次做了修订,分为三层,第一层为九大类,这九大类主要包括核心内容和相关内容,其中核心内容6类,分别为新闻信息服务、内容创作生产、创意设计服务、文化传播渠道、文化投资运营、文化娱乐休闲服务等。相关内容3类,包括文化辅助生产和中介服务、文化装备生产、文化消费终端生产等。第二层为中类,共43个;第三层为小类,共146个。

第二节 旅游产业概述

一 什么是旅游

对于什么是旅游,国内外众说纷纭,尚无统一定论。研究者往往从自身学科视角出发,表达自己对旅游本质的看法,主要是统计学、经济学、心理学、社会学、美学、文化学等,主要有以下五种典型定义。

1. 技术型定义

世界旅游组织(WTO)对旅游的界定是典型的技术性定义:旅游是指人们为了休闲、商务或其他目的而旅行到其惯常环境之外的地方并在那里停留持续时间不超过一年的活动。惯常环境主要是由其居住地周围的地区及所有他经常光顾的地方所组成。该定义主要是从产业的角度出发,使用硬性技术型指标,从旅游目的、旅游距离、旅游时间等对旅游的本质进行鉴定。随着时代的发展,该定义受到越来越多的批判,比如随着现代交通的发展,大大缩短了与目的地之间的时间距离,旅游所含范围的空间距离是否要变，不同交通发展程度地区的空间距离是否需要不一样等。但是由于世界旅游组织的权威性以及此定义可用于旅游统计，此定义被许多政府部门借鉴使用。

2. 被视为经济活动的定义

将旅游视为经济活动的理论来自经济学、心理学和行为学。其中最典型的定义来自奥地利经济学家赫尔曼·苏拉德，他认为"旅游是外国或者外地人口进入非定居地并在其中逗留和移动所引起的经济活动的总和"①。由于外汇来源匮乏，将旅游视为一种经济活动的观点在我国改革开放之初较受推崇。沈祖祥认为"旅游的功能是从国外向国内输入资金，其意义在于旅游支出对该经济体中各部门尤其是饭店经营者所产生的影响"②。

3. 被视为社会现象的定义

随着经济社会的不断发展，旅游逐渐成为人们生活中不可或缺的一部分，旅游活动在世界各地开展，改变着世界各地的社会结构，旅游活动已经成为不可忽视的一种特殊社会现象。将旅游活动视为一种社会现象的学者关注游客的空间流动，关注旅游者在目的地的主客互动及对旅游目的地的影响等。将旅游视为一种社会现象的定义中，美国罗伯特·麦金托什和夏希肯特·波特合著的《旅游学——要素·实践·基本理论》中的提法颇具代表性。他们提出"旅游可定义为在吸引和接待旅游和访问者的过程中，由于游客、旅游企业、东道政府和东道地区居民的相互作用而产生的一切现象和关系的总和"③。

4. 被视为文化现象的定义

随着对旅游本质研究的不断深入，学者们越来越意识到旅游的经济属性之外的文化属性，他们认为旅游是一种人们离开日常生活前往外地的文化休闲行为。法国著名学者让·梅特森认为："旅游是一种休闲的活动，它包括旅行或在离开定居地点较远的地方逗留。其目的在于消

---

① 谢彦君：《基础旅游学》，商务出版社2017年版，第50页。
② 沈祖祥：《旅游与中国文化》，旅游教育出版社1996年版，第9页。
③ 李天元、王连义：《旅游学概论》，南天大学出版社1991年版，第48页。

遣、休息或为了丰富他的经历和文化教育。"① 这个定义不再停留于探究旅游活动表面所表现出的经济社会现象，而是深入探究旅游活动的文化内涵。

5. 被视为审美活动的定义

随着旅游业的发展，旅游者审美能力的提升，学者对旅游本质探讨的不断深入，学者们逐渐从旅游者的角度来探讨旅游，旅游者旅游活动中的审美需求逐渐受到重视。如李泽厚这样理解审美活动，"把美学仅仅规定为艺术理论，似乎就太局限了。人们要游历，要观赏自然美，要游玩到大自然中，人们要美化生活，从外表到内心，都希望符合美的要求，美学能不管吗"②。北京大学美学教授叶朗指出"旅游，从本质上说，就是一种审美活动，离开了审美，还谈什么旅游……旅游活动就是审美活动"。冯乃康先生也声称：旅游"是以去异地寻求审美享乐为主要内容的一种短期生活方式"③。

综观各学科对于旅游的定义可知，各定义都有可取之处，对旅游本质的探讨也由经济社会的表象转而深入文化艺术的哲学本质。由多学科，由表及里地去看待旅游有利于我们更深刻地去理解旅游的本质。

二 什么是旅游产业

要了解什么是旅游产业首先要厘清旅游业与旅游产业之间的关系，国内对于旅游业与旅游产业的概念区分目前尚存在争议，其中一种争议是旅游业是否独立为产业的问题。克里斯·库珀（Chris Cooper，2007）等认为：旅游业是资源和设施依托性产业，是劳动密集型服务业，还是市场聚集度低、产业结构松散的产业和产品生产链条不顺畅的产业。国内学者张辉（2011）认为：旅游业是没有外延边界的，旅游业的发展是和许多行业发展有密切关系的，旅游业提供的产品和生产过程是综合性的，是由众多旅游企业所构成的集合，而且认为旅游业是涉及国民经济的所有部门和行业，具有很强的综合性与联动性，决定了其在与相关

---

① 谢彦君：《基础旅游学》，商务印书馆2017年版，第51页。
② 李泽厚：《走自己的路》，生活·读书·新知三联书店1986年版，第305页。
③ 冯乃康：《中国旅游文学论稿》，旅游教育出版社1995年版，第4页。

行业配合和自然灾害、经济危机、政局动态影响上的敏感性。由于旅游业本身所具有的综合性与复杂性，使得旅游业是否能独立称为一个产业受到争议。在联合国《国际标准产业分类》和中国《国民经济部门分类标准》中，也没有将旅游业列入。曹国新认为对产业的定义要符合当时的历史处境，根据社会经济发展的实际背景做出整体判断，不能孤立地看待产品或服务。① 王记军（2012）以企业提供产品的目的和对象为视角，认为旅游业各部门提供的产品与服务尽管不同，但旅游者是其生产或服务的共同对象，最终目的都是为游客服务，以保证顺利完成旅游活动，从这一角度来看，旅游业中各类型的企业本质作用都是相同的，因而，旅游业就可以称为旅游产业。笔者认为：国内外认为旅游业不能称为一个独立的产业是以传统的产业划分标准来衡量旅游业，而旅游业真正快速发展则是从现代才开始，随着旅游业的快速发展，旅游业成为很多国家及地区 GDP 的重要甚至主要来源。我们应当以发展的眼光看待旅游业，旅游业在国民经济中的重要地位使我们不得不将其视为一个产业来看待，旅游业是个有别于传统产业的产业。因此，旅游业可以被视作一个独立的产业。

再者是旅游业与旅游产业的归属问题。对于旅游业与旅游产业的关系主要有三种观点：一类学者是不对旅游业与旅游产业做区分，认为它们是同等的概念，典型的定义是：旅游业或旅游产业是以旅游者为（主要）服务对象，为其旅游活动创造便利条件并提供其所需商品与服务的综合性产业。② 另一类学者认为旅游产业应包含旅游业。罗明义认为旅游产业包括三个层次：第一层次是旅游核心部门，是指完全向旅游者提供旅游产品和服务的行业和部门；第二层次为旅游依托部门，是指向旅游者提供部分产品和服务的行业；第三层次为旅游相关部门，是指为旅游产业发展提供支持和旅游带动的行业和部门。③ 旅游业主要指核心部门，因此旅游产业包含旅游业。威瑞静（2014）认为旅游业主要由"食、住、行、游、购、娱"六要素组成，而旅游产业则在六个基本要

---

① 曹国新：《旅游产业的内涵与机制》，《旅游学刊》2007 年第 10 期。
② 李天元：《旅游学概论》，南开大学出版社 2009 年版，第 128 页。
③ 罗明义：《关于"旅游产业范围和地位"之我见》，《旅游学刊》2007 年第 10 期。

素之外，还应包括第一产业中的农业、林业、畜牧业、渔业，第二产业中的服装制造业、食品饮料加工业、工艺制造业、旅游装备制造业的相关部门以及第三产业中的保险业、邮电通信业、社区服务业、金融业及环境保护等相关部门。认为旅游产业包含旅游业的学者通常认为旅游业是旅游产业的核心产业，而其他外延产业则不同学者的界定范围有所不同。第三类学者则认为旅游业包含旅游产业，他们是从产业与事业的内涵上着手的。师守祥指出：应从对旅游活动依赖性的角度来界定旅游产业，认为旅游产业是有关生产与销售的"经济概念"，即旅游营利性部门的集合。而与此相关联的一系列行业及非营利性的旅游事业应归入旅游业范畴，即旅游业包含着旅游产业。①

由以上对旅游业与旅游产业、旅游事业之辩可知，从不同视角看都有一定的道理，但是本书的目的不在于讨论旅游业和旅游产业的关系问题，而在于探讨文化产业与旅游产业的融合。基于本书的目的，笔者认为将旅游产业视为以旅游业为主的核心产业与相关关联产业未免过于宽泛，在实际问题中实在难以操作，因此本书采用师守祥为代表的学者的观点，即旅游产业是营利性的旅游部门的集合。

第三节　文化产业与旅游产业的关系

为了使文化产业与旅游产业能科学有效且健康地融合，首先要了解文化产业与旅游产业之间的关系。按两种产业的从属关系来看，两种产业属于交叉关系；按两种产业的发展关系来看，则既有相互协调促进的关系，又有相互排斥的关系。

一　文化产业与旅游产业的交叉关系

文化产业与旅游产业具有交叉关系，表明文化产业既非包含关系也非独立关系（见图2—1）。

交叉部分表示文化产业与旅游产业的交叉产业。随着科技的发展，

---

① 师守祥：《旅游产业范围的界定应符合经济学规范》，《旅游学刊》2007年第11期。

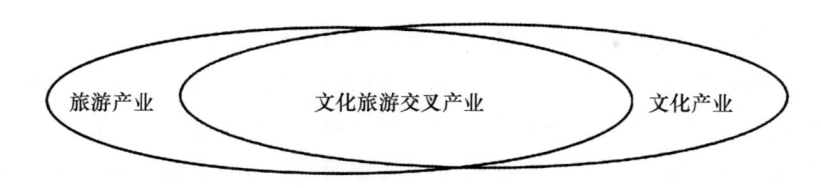

图 2—1　文化产业与旅游产业交叉关系

文化产业与旅游产业有着越来越多可交叉的地方，传统的文化产业用于开发旅游，诸如博物馆、纪念馆、舞蹈演出等都既属于文化产业，也作为重要的旅游资源支撑着当地旅游业的发展。而很多旅游产品也注入了文化元素成为文化旅游资源，诸如文化创意纪念品、文化主题景区、文化主题公园、文化主题餐厅等。虽然文化产业与旅游产业关系变得越来越密切，但是仍然有些旅游资源不属于文化产业范畴，有些文化资源则不适于开发成旅游资源。比如，大自然中的气候气象、动物植物、山川湖海等自然生成物是重要的旅游资源，而文化的生成则离不开人的因素，因此这些自然旅游资源不能归于文化旅游的范畴。此外，部分文化资源也不适用或者由于技术原因不能称为旅游资源，比如一些不能被外人观看的地方风俗禁忌，极易破损的文物孤品等都不适用于旅游开发。

二　文化产业与旅游产业的协调促进关系

文化产业与旅游产业的协调促进关系主要表现为文化产业丰富了旅游产品的内涵，而旅游产业则为文化产业的传播提供了重要的载体，文化产业与旅游产业的协调促进关系是文化产业与旅游产业融合的重要前提。文化产业与旅游产业的协调促进部分处于图 2—1 的交叉部分。

1. 文化产业丰富了旅游产品的内涵

我国历史悠久，幅员辽阔，民族众多，拥有丰富多样且底蕴深厚的文化资源，这就为开发具有丰富文化内涵的旅游产品提供了可能。传统的观光式游览所提供的多为静态旅游产品，主要包括自然山岳、文化遗迹等，缺乏文化与旅游产品之间的交互。显然，此类旅游产品已无法满足现代人对于旅游品质的追求，这就需要发挥我们的创造力和想象力，结合运用现代技术，将文化元素注入旅游产品中去，提升旅游产品的内涵，给予游客高质量的旅游体验。比如南昌地标建筑双子塔，双子塔与滕王阁隔江相望，每天晚上塔身的 LED 幕墙都播放关于王勃与《滕王阁序》的故事。城市的地标建筑原本就是城市重要的旅游吸引物，再注入传统文化元素后，使游客惊叹于现代建筑的宏伟之余还能极大地感受城市深厚的文化底蕴，无疑文化丰富了旅游产品的内涵。当然，随着技术的进步，运用现代技术将文化注入旅游产品中已成为一种趋势，现代技术的运用能给游客带来更加身临其境的的旅游体验，让游客更充分感受旅游产品的文化内涵。

2. 旅游产业能够优化并传播文化产品

大多文化资源本身不产生经济价值，因而缺乏向前继续发展的物质基础，但是旅游的发展使文化资源的经济价值得到充分挖掘，使文化资源有了经济支撑。为了迎合游客的文化需求，文化资源会进一步自我优化，文化因此有了向前发展的动力。随着旅游产业与文化产业的融合，文化已经渗透到旅游的各个部门，旅游所涉及的餐饮、住宿、交通、游玩、购物、娱乐等各部门无不渗入文化的元素，旅游极大地拓展了文化的市场空间，并给文化提供了广阔的传播舞台。

文化产业与旅游产业的相互协调促进往往达到的是两种产业共赢的效果，既有利于文化产业与旅游产业的进一步向前发展，同时也创造出更大的社会福利，为广大消费者所共享。

三 文化产业与旅游产业的相斥关系

虽然文化产业与旅游产业的协同发展能为双方都带来诸多好处，但是文化产业与旅游产业也有相互排斥的一面，部分旅游资源并不能融入文化元素，部分文化资源也排斥旅游活动的介入。这部分相排斥的部分则处于图 2—1 未能相交的部分。部分旅游资源排斥文化因素的存在，即排斥人的因素的干预，比如对于自然界中野生动植物的观赏，人们都希望观赏到自然状态下的动植物，而更排斥花盆圈养起来的植物或者笼子圈养起来的动物。因此，对于此类自然旅游资源的旅游开发，会尽量去除人的因素，使旅游吸引物尽量在自然状态展现在人们的面前。此外，部分文化资源也会排斥旅游活动的入侵，比如一座深山中用以清修的寺院会排斥游客的到来，扰乱修道人的清修，一些传统的祭祀仪式会排斥外人的观望，以免惊扰神灵，一座古老的建筑也会排斥旅游活动的发生而折损建筑保存的寿命。我们在进行旅游规划时往往要注意到文化与旅游相互排斥的地方，才不至于使旅游发展走向畸形或者破坏文化资源。

第二篇　理论篇

第三章

非物质文化遗产与旅游融合发展的理论基础

第一节 文化变迁理论

从人类学的视角来看，文化变迁指的是由于文化自身的发展或与其他文化间的接触交流造成的文化的内容或者结构的变化。[1] 路易斯·S. 斯宾得勒和乔治·斯宾得勒将文化变迁定义为："……不论是一个国家自己发展的结果，还是其他生活方式的两个民族群体的接触，在一个民族生活方式上发生的任何变化，归因于内部发展的变迁一般跟发明或发现有关，而归于外部发展或交往的变迁则常常跟借用或传播有关。"[2]

早在20世纪30年代，马林诺斯基（Bronislaw Malinowski）就对自己早年在特罗布里恩岛的调查进行反思，指出应该以动态的眼光研究所谓的"土人"，因为"他们已经成为了全球社会的公民，正在和全球文明接触。他们实质上正受着多种文化的支配"[3]。自人类学诞生以来，学者们就非常重视文化的变化发展（cultural processes）问题，他们想用文化变迁现象来说明文化发展具有普遍性，从而得出文化变迁的一般

---

[1] 陈国强：《简明文化人类学词典》，浙江人民出版社1990年版，第134页。
[2] ［美］克莱德·M. 伍兹：《文化变迁》，何福瑞译，人民大学出版社1989年版，第23页。
[3] 费孝通：《读马林诺斯基〈文化动态论〉的体会》，转引自马戎、周星《二十一世纪：文化自觉与跨文化对话（一）》，北京大学出版社2001年版，第18页。

规律。可以说，每一个人类学流派都在探索文化变迁的问题。① 早期进化论学派认为人类文化一般是由低级向高级、由简单向复杂演化，并以此来解释文化的普遍性，但进化论忽略了文化间的接触和交流问题；传播学派关注文化在地理、空间和地域上的变异，更多关注文化的横向分布，认为文化主要在交流过程中发生变化。同样，传播理论存在弊端，忽视了人类创造文化的能力；功能学派认为文化或社会是诸多要素构成的一个有机统一体。社会的正常运转取决于文化系统内部各从属系统之间的平衡状态。在功能理论框架下，社会文化变迁主要来自系统外部的刺激，如环境变迁、人口压力等，但其研究取向否定了个体在社会文化变迁中可能扮演的角色；在后来出现的新进化论者看来，文化变迁几乎可以等同于物质技术创新和技术进步引起的人们生活和思想的变化，该观点的最大问题就是完全忽视了文化本身的作用。

王铭铭认为人类学进化与传播的本质是相同的，进化论认为人类文化的发展是一种从过去到现在的线性的、不可回归的流动；传播理论本质上体现的是这种线性的、不可回归的时空表现。前者侧重于对历史发展的低层次和高层次的比较和分步安排；后者侧重于将全球文化划分为中心和边缘。他们想进一步证明文化有高和低，有现在和过去，中心和边缘之分。这种时空定位方法是二元的。首先，进化论和传播论的研究涵盖了整个世界，并以各种全球文化为研究对象。其次，虽然他们强调整体世界观，但他们更强调世界文化中的"野蛮与文明""东方与西方""过去与现在""传统与现代""地方与差异"。②

20世纪70年代以来，人们越来越关注全球化问题。学者们不再从一种文化走向另一种文化，而是将文化与社会、环境、人等因素结合起来进行综合研究，将文化视作一个动态系统。结合历时性和同步性，揭示文化的进化轨迹和变迁过程。一般来说，文化变迁的机制有三种表现形式③：第一，文化传播。文化传播主要指的是一个社会的文化因素或结构向另一个社会或多个社会的转移和相互作用。文化传播包括有意传

---

① 宗晓莲：《旅游开发与文化变迁》，中国旅游出版社2006年版，第12页。
② 王铭铭：《西方人类学思潮十讲》，广西师范大学出版社2005年版，第56页。
③ 邓永进、薛慧群：《民俗风情旅游》，云南大学出版社2007年版，第80—81页。

播和无意传播两种形式。有意文化传播是指一个国家或民族有目的地输出或者模仿、引进和吸收其他国家或民族的文化。也称作"文化移入"。所谓的"文化移入"现象就是大规模的文化吸收。两个社会在文化迁移过程中都会发生变化，但变化的程度不同。所谓的无意文化传播指无目的地输出或模仿、吸收其他国家和民族的文化。第二，文化丧失。文化丧失是指因接受了新事物而造成的旧事物的损失。前者导致后者的萎缩，甚至是解体和丧失，文化多元文化走向了单一化。第三，文化涵化。由于双方的持续、集中接触，相互适应、借鉴，导致一方或多方原有的文化模式发生了大规模的变化，这便是文化涵化。涵化在很大程度上受到文化差异的程度、接触的环境、条件、频率等方面的影响。史蒂文·瓦格认为："涵化（acculturation）是指由于文化长期直接接触，使得一种文化兼有另一种文化物质和非物质的属性。这种接触可以通过多种途径进行。它既可以是战争、纠纷、军事占领殖民统治的结果，也可以通过传教士或文化交流进行，还可以通过移民或劳动输出的方式，劳动力的自愿流动也是促成文化交流的因素之一。"[①]

随着现代化进程的加快，传统文化发生了翻天覆地的变化。这一过程不是传统意义上的缓慢变革，而是在各种内外力量对抗下的重组。总的来说，与农业文明相比，工业文明是一种新的社会形态，是一种比农业文明更先进、更发达的文明，而现在已经到来或即将到来的后工业文明则是另一种。与其他已经进入工业文明的国家相比，还处于农业文明时期的群体或国家时就显得十分落后。因此，努力发展工业文明，摆脱落后的农业文明，是这些国家最重要的目标。为了实现这一目标，其首要任务是改变原有的社会制度、传统的文化观念、传统的生产方式和生活方式，包括生产技术，以充分实现自身的文化转型。中国在农业文明时期是一个大国和强国，但进入工业文明的后期，中国却成为一个弱国，饱受屈辱。在这样的历史背景中，中国人一度对于农业文明的一切都持严厉的批评态度，由新文化运动时期的"打倒孔家店""全盘西化""科技救国""实业救国"，到后来提出来的"砸碎旧世界，建立新

---

① [美]史蒂文·瓦格：《社会变迁》，王小莉译，北京大学出版社2007年版，第45页。

世界""除旧立新""破除封建迷信"等，便成了中国近一个世纪最具代表性的事件。在这种背景下，传统文化加快变革步伐。许多偏远村庄传统的农业文明技术模式被现代的工业文明技术模式所取代。这不仅仅是劳动方式的改变，在文化模式和社会结构方面也发生了巨大的变化。

　　但同时，我们也应该看到，在这种转型和重建中，文化自身的功能正在发生变化。在对西部地区的考察中，我们发现了一个规律，许多文化现象，当它不再是人们日常生活的基本保障时（如手工技艺是艺人养家糊口，或是基本生活来源；民间歌舞是日常调节身心、表达情感的主要方式等），它就成为一种遗产，而变迁为一种表演展示的对象，这一变迁、展示的模式通常表现为：生活的日常器具、节日庆典、宗教祭祀的道具——民间艺术品——市场——现代人的家居、博物馆、美术馆；节日庆典、宗教祭祀中的歌舞——可观看的表演艺术——市场——旅游表演——文化产品；部分农民——民间艺术专业户——农民艺术家——文化商品。

　　依据传统人类学家的观点来看，只有彻底颠覆地方传统文化，才能实现经济的快速发展，赶上发达地区。新进化论者美国人类学家 Salins 对爱斯基摩人文化变迁的研究提出了以下观点：非西方国家为创造自己的现代文化而进行的斗争摧毁了西方普遍接受的传统。反对变革、反对习俗、反对理性的观念，特别是对20世纪著名传统和发展观念的破坏，爱斯基摩人于20世纪80年代开始，一方面大规模引进现代技术和便利的生活设施，另一方面他们也在不断地恢复特有的传统文化和仪式庆典。同时，岛上的移民也没有失去他们的文化。相反，他们将传统文化延伸到了遥远的地方，如同一祖先的奥利根和加利福尼亚住所。在全球一体化的今天，人类社会的政治结构、经济结构和文化结构发生着翻天覆地的变化。许多地区的民族文化传统和文化遗产已成为一种文化资源，用来建构和生成国家政治和民族文化的主体意识，也被当作一种新的地方文化和经济的建构方式，一方面重塑了文化，另一方面形成新的经济增长点。因此，许多国家不断促进民族文化和民间文化的复兴，这种复兴不是在实践层面上的，而是在精神层面上的，它是作为一个曾经的精神家园给予人们的一种寄托，让人们看到自己的精神家园过去在这里，或者去欣赏不同地域的人文，甚至成为一种可以欣赏的活生生的艺术。就像费孝通先生所说，一件文物或一个系统的功能可以从满足这种需要转变为满足另一个需要。从功能的角度看，它已经不能满足人们身体上生活的需要，但它确实可以从另一个层面满足人们的需要，即人们的心理需要和审美需要。这是地方文化复兴的基础，也是文化产业和旅游业发展的基础。20 世纪 80 年代以来，中国加快了从农业文明向工业文明转变的步伐，传统农业文化结构发生了巨大变化。一部分非物质文化遗产随着传统生产生活方式的改变而逐渐消失，另一部分转型重组，不断适应时代发展要求，成为现代社会文化和经济发展所需要的文化资源。

第二节 文化资本理论

文化资本理论由法国社会学家皮埃尔·布迪厄在 20 世纪 80 年代提出，在《资本的形式》一文中，布迪厄认为，资本可以分为经济资本、文化资本和社会资本三种基本形式。其中文化资本又可分为三种形态，一是以精神和身体的持久性情为变现形式的具体状态；二是客观的状态，以文化商品的形式体现，比如图片、书籍、词典、机器等；三是体制的状态，以一种客观化的形式体现。[①] 文化本身具有价值并能转化成经济价值。文化产品是文化资本和经济资本的统一。具体的文化资本不仅能够引导人们进行生产和消费活动，而且也决定着人们需求观念的转变。

布迪厄之后，文化资本理论成为西方学界的一个热点话题。澳大利亚麦考里大学经济学教授戴维·思罗斯比认为"文化资本是以财富的形式具体表现出来的文化价值的积累"[②]。同时他将"文化资本"分为"有形的文化资本"和"无形的文化资本"两种。"有形的文化资本主要指实体，比如一幢继承下来的建筑，这个资产就可能具有经济价值"，

[①] 方李莉：《从遗产到资源：西部人文资源研究》，《文化研究》2009 年第 2 期。
[②] ［澳］戴维·思罗斯比：《什么是文化资本?》，潘飞编译，《马克思主义与现实》2004 年第 1 期。

"无形文化资本的文化价值与经济价值有着不同的关系。例如,现有音乐和文学的积累,文化习俗(习惯)和信仰的积累,或语言的积累,都具有广泛的文化价值,但它们没有经济价值,因为它们不能作为财富进行交易"[1]。然而,与这些非物质文化资本相关的服务流通将产生文化和经济价值。

从某种程度上说,戴维·思罗斯比所说的"无形文化资本"即是非物质文化遗产。另外,非物质文化遗产要成为文化资本,必须与相关服务相结合。与非物质文化遗产相关的服务不断流动才能推动文化资本的积累,将"文化资本"转化为"经济资本"。

文化资本理论为非物质文化遗产旅游的开发提供了理论基础。文化价值能够产生经济价值,并且在经济价值的转化过程中不断提升原有的文化价值。非物质文化遗产旅游开发实质上是非物质文化遗产资源资本化的过程,即非物质文化遗产的经济化、商品化和服务流通。它以新的思维方式为非物质文化遗产提供了一种新的发展模式,即从资本的角度看待文化,实现产业创新,其中蕴含的文化遗产资源可以通过产业传播和推广的形式获得,是发展和繁荣非物质文化遗产的有效途径。[2]

第三节 舞台真实理论

一 对"真实性"的不同诠释

原真性和完整性是世界遗产领域的核心理念,是世界遗产申报、评估、保护和治理的直接依据。开发利用遗产地、维护遗产地、保护遗产地、遗址展示都围绕着一个核心问题,即在对遗产价值认识的基础上如何保护并合理利用遗产,这个问题由三个不同层次的子话题构成:遗产价值鉴定、遗产保护、遗产利用。其中,遗产的原真性和完整性认识居

---

[1] [澳]戴维·思罗斯:《什么是文化资本?》,潘飞编译,《马克思主义与现实》2004年第1期。

[2] 高波、张志鹏:《文化资本:经济增长源泉的一种解释》,《南京大学学报》(哲学人文科学社会科学版)2004年第5期。

于三个层次的核心:"遗产价值辨识"的本质是如何认识遗产的原真性和完整性;"遗产保护"实际上是对遗产原真性、完整性相关要素的保护;"遗产利用",则应是以确保遗产原真性、完整性为前提的可持续利用(见图 3—1)①。

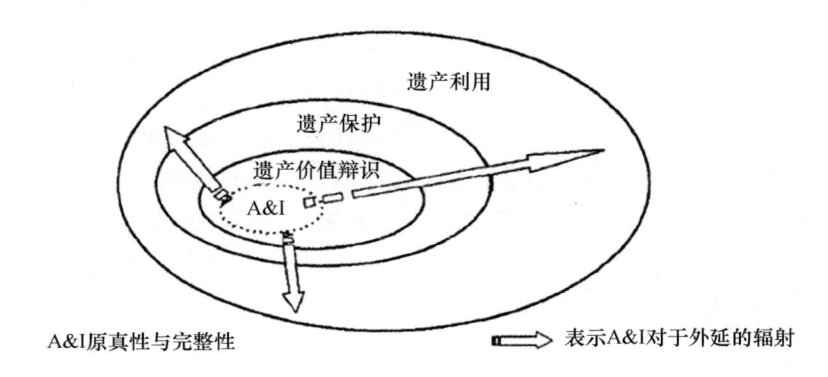

A&I 原真性与完整性　　　⇨ 表示 A&I 对于外延的辐射

图 3—1　原真性和完整性与遗产相关问题结构关系②

"authenticity"一词源于"权威的"(authoritative)和"起源的"(original)两词。在中世纪,主要用来指与宗教有关的遗迹的真实性。在英文中其含义为"真正"(true)以反对"虚伪"(false),"真实"(real)以反对"伪造"(fake),"原作"(original)以反对"复制"(copy),"诚实"(honest)以反对"欺骗"(corrupt),"神圣"(sacred)以反对"世俗"(profane)③。

真实性在遗产领域有四种不同的解释。一是所谓的"现实再现",也就是说它表面上似乎是真实的。同时,大多数讲解员和管理部门努力使景点真实可靠,让游客相信景点的真实性;二是文物不仅逼真,而且还进一步实现历史再现,完美地反映了历史的原貌,得到史学家的肯定;三是不造假,任何形式的复制和修改都会扭曲遗产。但是在多数情况下,真实性这一重要含义是难以实现的;四是指它已经得到官方或法

---

① 张成渝:《国内外世界遗产原真性与完整性研究综述》,《东南文化》2010 年第 4 期。
② 张成渝:《国内外世界遗产原真性与完整性研究综述》,《东南文化》2010 年第 4 期。
③ 张朝枝:《旅游与遗产保护》,南开大学出版社 2008 年版,第 51 页。

律的承认。[①]

"Authenticity"一词被引入遗产领域开始于《威尼斯宪章》。按照徐嵩龄对宪章的理解，遗产保护国际法规文献中真实性概念的理解包括横向理解、纵向理解、形态特征理解三部分。横向理解将真实性要素分解为12个方面，如遗产的地点、位置、形式、方法、器物、材料、环境、技能、功能、精神和情感等[②]；纵向理解是指以真实性信息的层次为依据，将真实性概念理解为物质层面的真实性、知识层面的真实性和精神价值层面的真实性、社会功能层面的真实性；形态特征指的是从时间和空间的角度来看遗产的真实性是时变的、多样的和相对的。

将"真实性"这一概念最早引入旅游研究领域中的是美国社会学家麦克内尔，随着人们对"真实性"理解的不断深入，人们将真实性划分为四个流派（见表3—1）。

表3—1　　　　　　"真实性"理论研究的四个流派

内容	客观主义真实性	建构主义真实性	后现代主义真实性	存在主义真实性
关注对象	旅游客体	旅游客体的建构以及旅游者关注何种客体	真假界限	客观与主体互动
代表人物	Booristin（1964）MacCannel（1973）	Cohen（1988）Culler（1981）	Eco（1986）Baudrillard（1983）	Wang（1999）Steiner（2006）
主要观点	真实性是旅游客体内固有的一个特征，可用一个绝对的标准来衡量	真实性是一个社会建构的概念，是可变化的	真假没有严格界限	游客在个体内容以及个体之间寻找真实的感受，即使客体是假的

---

① ［英］戴伦·J. 蒂莫西、［英］斯蒂芬·W. 博伊德：《遗产旅游》，程尽能译，旅游教育出版社2007年版，第237页。

② 徐嵩龄：《第三国策：论中国文化与自然遗产保护》，科学出版社2005年版，第105页。

续表

内容	客观主义真实性	建构主义真实性	后现代主义真实性	存在主义真实性
贡献	将真实性引入旅游动机研究中,使之成为旅游研究的核心概念之一	实现概念突破,解释了商品化与真实性的关系		崭新视角,为后代体验旅游发展起到重要指导作用
局限	局限在旅游客体,真实性概念简化	难以把握商品化和真实性之间的度	完全否定了真实性概念	忽视旅游客体,不利于旅游可持续发展

"因为它用于多种语境和层面,所以真实性是一个很难定义的概念。"我国学者张朝枝比较了基于遗产保护的真实性概念和基于旅游研究的真实性概念的发展演变,这对我们理解这一概念有一定帮助。

文物保护界以考古学为主体,以文化遗产保护为标准。一方面,从强调物质遗产本身向强调与物质遗产有关的非物质元素转变;另一方面,从强调物质遗产的现状到强调物质遗产的时空转变,从物质关系到强调物质与人的关系转变。其发展势头是世界各国的遗产保护实践,发展趋势从文化遗产保护领域向文化与自然遗产和非物质遗产领域蔓延。在旅游研究领域,以社会学为视角,深入探讨旅游者的动机。真实性问题重点表现在"真"与"假"对旅游体验的影响上,辨析客观对象的"真"与"假",进而探讨旅游对象的"真"与"假"的建构,从旅游主体的"真"与"假"体验态度入手,考察游客关心什么样的"真"和"假",然后对旅游客体与主体的发展互动建构模式进行阐释,阐释不断涌现的新旅游现象,逐渐从对主体的关注转向对主体与客体的互动的关注。

二 "舞台真实"诠释

"舞台真实"是舞台艺术中的专业术语[1],后来被引入旅游研究中,涉及文化商品化、文化变迁、传统文化的保护与创新等诸多方面,兼具

---

[1] 张明:《旅游目的地文化真实性探讨》,《学术探索》2006年第6期。

社会学和人类学的特点和意义。

　　社会学家戈夫曼认为人生就是一个大舞台,每个人都是舞台上的演员。同时他又提出"前后台"的相关概念,社会成员通过"后台"的包装准备来实现"前台"的演出。"后台"是带有相对封闭区域,不展示给外界,一般人难以进入。后来,MacCannell将舞台理论引用到旅游研究中来,并提出了"舞台真实"这一概念,即在旅游开发中,文化旅游产品被当作"真实"而搬上"前台",向游客进行舞台化展示,也即"文化商品化"[①],通过对文化进行包装、裁剪、肢解、删减,从而使"真实性的文化再现（cultural representation of reality）",实现文化的再创造,满足旅游者的文化体验。这种"舞台真实",是为旅游者布置了一个旅游的文化舞台,而真正的文化场景却远离了旅游者的视线[②],其目的在于保护东道主的传统文化,避免大量旅游者侵入,造成冲击和破坏。

　　"舞台化"和"商业化"是真实生活场景被视为旅游资源,进而包装成旅游产品的过程。从某种意义上说,商业化并不一定会破坏文化的真实性,舞台化也可以作为保护文化真实性的有效手段。商业化将不断为当地文化注入新的活力,成为民族认同的象征,成为当地人在外界面前自我代表的工具。[③] 商品化以及舞台化的产品具有地方特色元素,使旅游者能够认识产品的真实性,满足旅游者的愿望。文化的舞台化、商品化在一定程度上能够保护当地文化,它甚至可以促进当地文化的创新和转型,使那些不为人们所知、被历史逐渐淘汰的古老文化得以看到和弘扬,增强当地人民的自豪感。[④] 另外,也可以防止大量旅游者侵入文化原生地而引发大规模的文化涵化、文化变迁等问题的出现。根据

---

　　① 张晓萍:《旅游业与"舞台真实"——一种西方人类学的观点》,《民族旅游的人类学透视》云南大学出版社2005年版,第130页。

　　② 赵红梅:《旅游业的文化商品化与文化真实性》,《云南师范大学学报》2003年第3期。

　　③ 肖洪根:《旅游与艺术的商品化》,《华侨大学学报》(哲学社会科学版)1993年第3期。

　　④ 严墨:《文化变迁的规律——碎片化到重构》,《中央民族大学学报》(哲学社会科学版)2006年第4期。

Dane 的旅游驱动双因子理论即推拉理论，我们可以这样看待真实性问题。推动型因素是指那些使游客产生旅行愿望的因素；拉动型因素是旅游目的地吸引游客到那里去旅行的因素。因此来说，游客对现代工业社会摆脱的渴望，对异地特别是那些"传统"和"真实"地区的向往，可能会成为引起他们旅游的推动型因素。而代表着地区"过去""传统"和"真实"的吸引力则构成旅游的拉动型因素。国外学者研究发现，真实性是吸引游客的主要因素之一，游客的满意度在一定程度上取决于他们是否获得了真实体验。今后，面对当今世界泛滥成灾的"迪斯尼化（Disney-ised）或拉斯维加斯化（Vegas-ised）"的地方，人们更加迫切地要求、希望参观真正的自然文化景观①。

　　然而真正意义上来说真实性是不存在的。一方面，就像研究者所说的那样，历史不是简单的描述而是一系列的事件和情景，难以恢复完整的历史原貌。另一方面，虽然游客寻求某种形式的真实体验，但如果他们面对真实意义上的情况，他们就不会去游览遗产景点，因为遗产景点的条件对大多数游客来说太单调肮脏，无法激发他们的想象力，并且难以忍受。"真""善""美"是全人类的价值指向。旅游景点中的"真实"体现了人类对客观世界的确切理解，而游客的"真实"追求实际上反映了人类实践所创造的文明。这是一种心理诉求与怀念，是心理上的呼吁，而且这种心理呼吁也包含着对"善""美"的追求。另外，游客虽然希望获得真实的经历，但不会愿意真正面对社会现实，游客们只是想通过传统和回忆看到过去，而不是贫穷和废墟的村庄，充满泥土的街道，以及各种不文明现象。这便说明，"真实性"并不一定是现代旅游者所期待的"真实性"，与人类价值取向中的"美"与"善"相矛盾的"真实性"，是不受人们欢迎的，人们不想看到全部的、完整的、历史的"真实性"。就如美国未来学家所说，要形成一种"高技术与深厚感情的统一"，在人类最先进的科学技术和田园

---

① ［英］戴伦·J. 蒂莫西、斯蒂芬·W. 博伊德：《遗产旅游》，程尽能译，旅游教育出版社 2007 年版，第 235 页。

诗般的游牧、农耕文明之间"建立起一个新的平衡"①。

三 遗产旅游真实性的路径依赖

在文化遗产旅游活动中，对文化遗产的"真实性"的不同理解以及当事人的认识和理解并没有分离，但是通过旅游媒体，形成了相互作用和相互关联的周期。遗产旅游者外出旅游渴望获得真实的旅游体验。但实际上，游客追求的是自己大脑建构的一种"原真印象"②，即旅游者依据早期的学习或后期各种媒体累积形成的遗产地印象，旅游者在旅游的过程中有了出游动机和选择目标后，主动收集关于遗产地的各类信息，在遗产地，通过自己的旅游经历，对此前形成的"原真印象"进行检验和修正，最终形成一个复合的感知原真性印象。

遗产旅游的经营者仅仅为了获得最大的经济效益。因此，他们的行为多以市场为导向。客观的"真相"往往不足以吸引旅游消费者，也不能产生可观的经济效益，但经营者包装的"真相"往往能满足旅游者的需求。③ 为了创造更多的经济效益，迎合消费者的需求，经营者不得不根据游客的期望、想象和喜好来组织设计文化遗产，构建"真实性"的效果。这种"原真性效果"经过媒介的宣传，在旅游者的大脑中形成"原真印象"。当他们采用这种认知模型来测试遗产旅游产品时，他们可能会获得真实的体验。因此，在传统旅游过程中，游客获得的真实性体验主要是基于经营者产生和制造的"真实性效应"，即通过"阶段"构造和展示的"真实性效应"，为解决遗产保护与旅游业发展之间的冲突提供了可能性。

遗产地的居民是地方文化的传播者和传承者。他们的自然生存状态代表着真正的遗产文化。在旅游业发展的初期，可以保持真正的目的地文化。在此期间，居民通常向陌生人展示传统的款待和行为，并向游客

---

① 周亚庆、吴茂英、周永广、竺燕红：《旅游研究中的"真实性"理论及其比较》，《旅游学刊》2007年第6期。
② 高科：《文化遗产旅游原真性的多维度思考》，《旅游研究》2010年第2期。
③ 王晓晓、张朝枝：《遗产旅游原真性理解差异与遗产地管理》，《旅游科学》2007年第1期。

展示真实的目的地文化[①]，旅游者通过旅游活动与遗产地居民接触、互动、交流，体验传统的、真实的、真正的目的地文化。然而，随着旅游目的地发展程度的加快，当地居民的观念发生变化，其行为逐渐商业化。这种行为随着旅游业的发展，逐渐加深，并最终成为旅游经营者制造和生产的"原真性效果"的一部分。

从某种意义上说，遗产遗址的居民和经营者是利益共同体。旅游经营者通过了解游客的喜好，在遗产地居民的协助下，建立出"舞台"场景来吸引游客。为了实现最大的经济效益，他们通常不关心旅游业发展对遗产真实性和文化"污染"的破坏。遗产地的普通居民被迫提高生活水平，缺乏判断自身行为真谛的能力。由于受经济利益的驱使，当地居民参与到"真实性效应"的构建之中去，与旅游经营者共同分享旅游收入。然而，随着旅游业的深入发展，当地居民会对旅游业带来的文化商品化、环境破坏等影响做出剧烈反应，对旅游业的态度也呈现出"喜冷怒对抗仇外"的"多克西现象"。由此可见，遗产地居民在发展遗产旅游中具有"获取经济效益"和"真正的文化与环境保护"的双重诉求。然而，由于旅游开发中主导地位和话语权的缺失，这两种利益诉求的实现遇到诸多障碍。

专家学者是遗产真实性最权威的裁定者，对旅游者"原真印象"的构建与遗产真实性的保护发挥着重要的作用。专家学者通过各种媒介来解读遗产的真实性，提高游客对遗产真实性的认知，帮助游客树立"原创性印象"。同时制定相关的真实性标准，为遗产地的认定和保护提供必要的依据，指导和监督旅游经营者的旅游开发活动。

第四节　旅游地理学理论

系统论认为，系统是由相互依存、作用乃至相互转化的客观事物构成的具有特定目标和功能的整体。系统内各个部分之间通过物质、能

[①] 王宁：《旅游中的互动本真性：好客旅游研究》，《广西民族大学学报》（社会科学版）2007年第6期。

量、信息、人员、资金等方面的交换，促使整个系统具有统一的目标。系统方法是指一种通过确定系统的组成、结构、功能和效用来检验系统的要素、过程和关系的方法。旅游地理学是作为研究旅游一个系统。前南斯拉夫阿布罗齐克州的地理学家Jolena在1979年出版的《旅游地理》一书中提出，旅游地理学的研究内容是：旅游的起源，人类旅游的可能性和事物，旅游的吸引力基础，旅游路线的划分种类和类别，不同旅游点的设施，具有发展潜力和未来的新旅游区的确定以及游客流量规律的研究。据我国学者郭来喜介绍，旅游地理学的研究内容主要包括：旅游的成因及其地理背景，旅游者的地理空间分布及其移动规律，旅游资源的类型和地理组合及其技术、经济评价，适合不同对象的旅游路线的组织和方案设计，旅游与环境保护以及区域旅游经济的作用和对经济综合体形成的影响。

非物质文化遗产作为地区重要的旅游资源，涵盖在旅游地理学研究内容之中，需要借用旅游地理学的视角来进行指导研究。

区域的观点：地球表面最显著的特征之一是自然和人类现象的不均匀分布，即区域差异。它吸引人类探索领域内外的未知世界。因此，这种区域环境分异理论是认识旅游系统差异和旅游系统环境差异的重要途径，是旅游系统划分、旅游区划和旅游规划的理论基础，是旅游资源分类和利用以及旅游环境被人们所接受的理论基础。

综合的观点：旅游地理学的本质在于通过对各组成部分的综合分析，了解各地区的地理环境和规律。这种综合观要求我们把旅游看作一个由多因素体系构成的复杂动态系统。

人地关系协调的观点：自古以来，人与土地的关系只有两种：一种是人类在自身生存和发展过程中不断认识自然、利用自然、改造自然，创造出适合人类生存和发展的地理环境；另一种是人类在改造自然过程中，受到地理环境的影响和制约。因此，人地协调发展是人类的首要任务，也是地理科学研究的根本问题。所以，这就要求旅游系统内部要素之间协调发展。

同时，旅游地理学基本的研究方法，如野外考察法、社会调查法、统计调查分析法、旅游图表法及分类比较法也是非物质文化遗产资源旅游开发研究的常用方法。

第五节 文化空间理论

联合国教科文组织在 1988 年颁布的《人类口头与非物质文化遗产代表作条例》中这样定义文化空间,"一个集中了民间和传统文化活动的地点,以某一周期、季节或以某一事件为特点的一段时间"[①]。这段时间和这一地点的存在由按照传统方式进行的文化活动本身来决定。通俗地说,"文化空间"是承载着宝贵文化活动的空间或时间,是民间文化活动的常规、经常、重复的场所。地方、主体、主体活动与历史演进的相互作用,促进了文化空间的形成、变化和发展。根据海德格尔的观点,我们可以将文化空间理解为一种非物质文化遗产,在此基础上,文化空间中的文化场所是其所指。作为非物质文化遗产类型、类别、样式之一的文化空间,首先必须有实在、实有的场所,这个场所必须有物的存在(桥、民居、村落、庙宇、街道、广场等等),或有固定的(如物的永固性)时间周期;[②] 其次,必须有人在场,"空间并不是与人相对应的东西,它既不是一种外在的客体,也不是一种内在体验"这个空间必与人的身体的栖居和精神的栖居相关联,才称其为文化空间[③]。栖居必然建造。建造是人在场的象征,人的实有、存在、生活、行为,是人的即时在场或活的出场。后者是非物质文化遗产文化空间的根本意义和核心旨义。这就是具有一般哲学意义的文化空间与非物质文化遗产的文化空间的异同。

列斐伏尔认为早期资本主义在萌芽期,是"通过对空间加以征服和整合来维持的",这不但是对物理空间的征服与整合,还包含"攫取资本主义以前的成果,以及整合那些支持他的因素所产生的空间"。在他看来,城市化实质上是空间生产的过程。因此,在这一过程中,必须包

---

① 参见 1998 年联合国教科文组织颁布的《人类口头与非物质文化遗产代表作条例》。
② 梁保尔、张朝枝:《"世界遗产"与"非物质文化遗产"两种遗产类型的特征研究》,《旅游科学》2010 年第 6 期。
③ [德]海德格尔:《建居思》,陈伯冲译,《建筑师》2005 年第 2 期。

括对现有文化的整合和再生产,以及实现人民的多元文化权利和文化自由。因此"文化空间"最初被提及时,是一个较为抽象的,包含整个社会关系在内的极为广义的概念。文化空间是一个"生成创造和获得价值的领域,是人们情感发生和表达的场所"。这样的"文化空间"可以作为一个模糊的视角,为文化的多元生存提供更多的包容性。现有的"文化空间"大多被城市规划研究者所利用,更贴近物质空间的概念,并作为人类生存和发展最基本的资源而存在。物质空间作为一种稀缺资源,与经济、政治、社会关系乃至权力都有着千丝万缕的联系。所以,城市规划师需要考虑的问题是空间变化引起的社会关系的变化。但"城市文化空间"从语义上理解,本应更偏重于对城市性格、城市精神的人文研究。在城市文化空间中,文化通过语言、艺术、建筑等多种形式进行地域性的表达,在表达过程中产生的典型的象征性文化形象是这一地域文化的核心和精髓。区域文化形象的产生过程是区域文化形成、发展和不断创新的过程。地域文化形象直接影响城市文化空间布局,从固化的空间艺术到流动的时间艺术。从物质空间中的传统建筑形象,到精细的雕刻图案,再到伴随着时代的传统音乐和文学中的地域形象,共同构成了城市整体的文化意义。地域文化空间不只开放给过去的时间,还开放给现在甚至未来的时间。过去的时代充满了对传统的扬弃,未来的时代也会有相当一部分传统的传承。非物质文化遗产是经过多年和日常生活反复选择的地方性领域的精华。

　　城市提供了容纳各种文化的空间,非物质文化遗产在时间层面上拓展了文化。非物质文化遗产更具包容性,很多非物质文化遗产也可以借助物质抓手来操控。从民间基本技能层面到社会互动层面,民间知识体系和信仰层面得以渗透,涵盖日常生活的方方面面。列斐伏尔认为我们生活的世界是一个非理性的世界,日常交往以情感为基础,情感是构成日常生活世界的重要因素,也是日常生活得以正常运行、得以组织建构的重要前提。在现阶段的城市生活中,日常生活本体地位的确立使人们越来越关注衣食住行等日常生活要素,这些要求渗透到文化需求中。生活的要求,只有在日常生活中,人的生存形式和物质精神需求才能得到更清晰的表达,才能完成文化空间的构建和文化权利的实现。文化空间既不是脱离日常生活的纯粹形式,也不仅仅是定期狂欢的物质场所。它具有与日常生活相同的结构,日常生活的不间断性是文化空间内涵和生命力的源泉。

文化空间的保护对象有两个:一个是非物质文化遗产本身;另一个是文化空间所在的环境,文化空间的保护内容又包含非物质文化遗产与物质空间载体两部分。非物质文化遗产是指与生活密切相关、世代传承的,以非物质形态存在的传统表现方式,包括:社会风俗、礼仪、节庆;传统手工艺技能;口头传说与表述;表演艺术;自然界和宇宙的知识和实践。物质空间载体包括室外、室内以及半室外载体空间。根据影响因素,可分为文化空间格局要素、历史环境要素和建筑风格要素。文化空间格局是空间形态的决定因素,如轴线、景观、特色街区等。历史环境要素包括构成历史风貌的文物、历史建筑及其周围的墙壁、石阶、铺路、护岸、树木等景观;建筑风格要素包括建筑材料、高度等要素。

文化空间作为一种非物质文化遗产,是全球化、一体化、现代化进程中文化多样性的堡垒。资本主义的一个重要特性就是用时间消灭空间。马克思说:"资本一方面要力求摧毁交往即交换的一切地方限制,征服整个地球作为它的市场,另一方面,它又力求用时间去消灭空间,就是说,把商品从一个地方转移到另一个地方所花费的时间减到最低限度。资本越发展,从而资本借以流通的市场,构成资本流通空间道路的市场就越扩大,资本同时也就力求在空间上更加扩大市场,力求用时间去更多地消灭空间。"① 空间经济学的统一冲动,必然伴随着文化一体化的潜在危机。文化空间的提出、坚持和保护,是对空间历史和生产发展规律的探索与认识。文化空间作为一种差异化的空间,是"变质乌托邦"的前沿,是一个真实的乌托邦天堂,是人类的精神家园和他者的异质状态乌托邦,是人类宝贵的共同精神和文化财富。

作为非物质文化遗产的文化空间,其空间性表现为以下几个层次或方面:(1)地理环境的景观空间(地理、环境、村落、民居,但这不能太大和不恰当,文化圈的理论被人所唾弃的原因就是在这里)。(2)群体共存的社会空间(集合和集群的场所和活动、活动、社会组织及其共同的历史和命运)。(3)使自然人化也人化自然的身体化空间

---

① 《马克思恩格斯全集》第 30 卷,人民出版社 1995 年版,第 538 页。

(我们的身体在两个方面具有历史意义。一方面,身体历史性地卷入了这个世界,然后从事制造;另一方面,身体是历史性的,因为它们是通过历史而形成的。(4)具有象征性、差异性、原始性、原生性的神话空间(在场与出场、时间与空间、诗意的栖居、活动与活态、生态与生命)。①

作为非物质文化遗产的文化空间,它是具有这样一种性质的文化遗产和文化现象:它有原生性必须置于既有的历史时空;它有生态性必须依赖于地理环境并由相关的地理环境而决定其命运;它有身体性必须有人在场与出场并通过造物造型或象征表演来当场感知;它有他者性必须呈现出异域他邦、差异差别、多元多样。② 这是由它的场所性与在场性、身体性所决定的。因而,这种文化空间保护的意义、存在的价值、观察的性质,都跟海德格尔忧郁过的"同样"或"无距离"有所不同。文化空间的保存及其体验和对文化空间的真实理解,有利于解构和消除这种"同样"或"无距离"。要真正理解文化空间,就必须走进去,走近它。这就是海德格尔追求而未得的,抵制与消解"同样""无距离"的法宝:"切近"。这里有未及遮蔽过的万物如何在场,也有存在者的切近。当时间的空间化现象得到更多的认识,当空间转向进一步推动空间思想的涌动从而提升人们对文化空间的文化自觉时,无论资本有多强大,都将推动着时间在空间上的运动,文化空间都将逆势而上,在人类文化和精神世界中构筑新的图景,使人类的空间生产具有合理的、互补的、互动的格局。

文化空间的发展关键在于文化空间的再生产。具体做法包括:维护和提升文化空间要素,将传统文化植入日常生活,发展文化空间旅游,传承和创新文化空间,等等。文化空间的再生产,需要根据当地人民的需要,结合民族观念,激活文化空间,实现历史的延续和再发展。

---

① 向云驹:《再论"文化空间"——关于非物质文化遗产若干哲学问题之二》,《民间文化论坛》2009年第5期。
② 向云驹:《再论"文化空间"——关于非物质文化遗产若干哲学问题之二》,《民间文化论坛》2009年第5期。

第六节 文化分层理论

一 文化分层的概念与内涵

文化分层并非新颖的概念。早在20世纪90年代，钟敬文曾提出："中国传统文化有三大主流。首先是上层社会文化。就阶级而言，是封建地主阶级创造和享有的文化；其次是中层社会文化，城市人民的文化，主要是商业市民所有的文化；最后是底层（下层）社会文化，即广大农民所创造和传承的文化。这三种文化各有自己的性质、特点、范围、结构形态和社会功能"[1]。他建立的文化分层模式与布迪厄的文化分层理论有着异曲同工之妙。布迪厄认为："不同社会阶级的成员与其说是按照他们对文化的认可程度互相区分，不如说是按照他们对文化的认识程度互相区分。"[2] 布迪厄的这番话正好回应了钟敬文先生关于文化三分源于各阶层趣味不同的观点。此外，还有雷孟菲尔德提出的"大传统"与"小传统"的文化分层模式，前者指以城市为中心的社会中少数上层人士、知识分子所代表的文化，后者指农村中多数农民所代表的文化。

文化包括广义文化和狭义文化这两种类型。广义文化主要包括人类在社会历史发展过程中创造的所有物质财富和精神财富。它主要分为三个层次，一是反映人与自然的关系，即物质文化，包括工具、城市建筑、雕塑等方面；二是制度文化，即人类在一定历史条件下形成的社会关系，以及相应的社会规范体系，它一般表现为人与人、人与社会的关系，如行政制度、法律制度、社会规范等；三是精神文化，是指人类在改造自然过程中形成的价值观念、信仰等。物质文化、制度文化和精神文化三个层面形成有机联系的文化体系。而狭义的文化主要指所形成的精神文化，其所指范围较窄。

---

[1] 钟敬文：《钟敬文文集·民俗学卷》，安徽教育出版社1999年版，第463—464页。
[2] ［法］布尔迪厄：《区分：判断力的社会评判（下）》，刘晖译，商务印书馆2015年版，第503页。

总体而言，对于宏观文化的研究更具普遍性。但是作为一种特定的文化现象，微观层次的文化分层研究逐渐受到重视。文化分层理论源于西方，是文化研究领域最为重要的理论成果之一。它试图提供一种更系统和客观的方法来帮助理解诸如多样性等文化现象。"文化层"的概念最早是由19世纪德国考古学家、文化史家利希莱曼提出的；后来，埃德加·沙因于1988年将文化层概念引入社会学研究中，并提出文化分层理论。文化分层比较清晰地勾勒出某一文化特定的形态，其结构可以被描述为基本假定的价值观，以及在此价值观支配下形成的规范、制度等，表现为一定的仪式，以及诸如人工制品等物质形态的非行为方式。文化人类学家马林诺夫斯基提出的"文化三结构"学说，他将文化分为物质文化、精神文化和制度文化三个层面，并表明三者的关系为三位一体的。

我国学者庞朴对文化结构进行了层次划分并提出"文化三层次"学说，得到学界的广泛认可。文化三层次主要是指：文化具有物质、精神和制度三个层次。外层是人处理事物和物质现实的一部分；中层是心与物结合的一部分，即形成的系统、规则、规律等；内层即文化的心理状态，包括价值观、思维方式等，是一种简明的概念思想和精神。文化的三个层次之间呈现为具有逻辑的组织方式，这三个要素之间既相互独立，又相互依存，彼此观照，形成有机联系的文化整体。庞朴对三层次结构的论述在学术界引发了巨大轰动。黄韬宏在此基础上进一步阐述了对象的器物技术层、制度习俗层和核心价值层。这一次的总结借鉴，成为被多次参考的探索中国文化问题的重要理论指导。

器物技术层。文化系统的最外层是物质层，是文化关于物的体现。这一层次的文化以物质的形式和载体来表达文化的内涵，是不同时期的艺术、审美的表达。文化的其他层次都在物质层有所反映和体现。因此，可以说物质层文化体现了人们征服自然的能力和水平，反映了一个社会经济、科技发展的状况和程度。[①]

核心价值层。文化的观念层是人类的文化心态和精神活动的对象

---

① 黄韬宏：《文化层次结构模型比较研究》，《贵阳学院学报》（社会科学版）2013年第8期。

化，精神文化是精髓与核心，它包括民族性格、思想道德、价值观念、思维方式、宗教情绪等。文化观念层的组成部分都属于抽象的精神活动，隐藏在文化的最内层。同时，它又是历史积累的结果，受到社会环境因素的影响。①

制度习俗层。所谓制度习俗层，是指处理个人与自身、个人与他人、个体与群体、群体与群体之间关系的文化层，是文化在社会组织、组织制度和社会行为方面的体现。文化的关系层次对物质层和精神层进行约束与引导，是一种人文化，行为和制度是关系层次的重要组成。②

文化分层理论有助于厘清非物质文化遗产的文化结构。在"三点法"的基础上，从不同层次探讨影响非物质文化遗产传承的因素，重点阐明三个层次之间的关系。对于非物质文化遗产的传承，既要注重制度层面的建设，又要注重物质文化的保存，使其全面系统地发展；同时，要把握民族文化的精髓，不流于形式。核心文化层面传承的重点是现代价值观的重塑，难点在于如何尽可能地普及非物质文化遗产，让更多的观众接受。只有解决好现阶段的关键问题，才能成功地传承民族文化遗产。

二　19 世纪以来传统与现代文化分层模式的变化

传统与现代并不仅仅是一种时间概念，其具有自身的一套社会运行规则以及与之适应的生活形态。爱德华·希尔斯认为传统包括物质实体、包括人们对各种事物的信仰、关于人和事件的形象、也包括惯例和制度。它可以是建筑物、景物、绘画、书籍、工具和机器等。它涵盖了一个特定时期内某个社会所拥有的一切事物。③ 总之，传统文化是一套生活体系。另外，安东尼·吉登斯认为，"（现代性）在外延方面，它们确立了跨越全球的社会联系方式；在内涵方面，它们正在改变我们日

---

① 黄韬宏：《文化层次结构模型比较研究》，《贵阳学院学报》（社会科学版）2013 年第 8 期。
② 黄韬宏：《文化层次结构模型比较研究》，《贵阳学院学报》（社会科学版）2013 年第 8 期。
③ [美] 爱德华·希尔斯：《论传统》，傅铿、吕乐译，上海人民出版社 2014 年版，第 12 页。

常生活中最熟悉和最带个人色彩的领域"①。

  19世纪到20世纪初，现代文化在空间上并不占绝对优势，大多数国家与地区都处于传统文化空间。但当欧美列强用坚船利炮打开东方国家的大门时，非西方世界对现代化却充满了崇拜。以当下非物质文化遗产保护较好的日本为例。1853年，日本被迫打开国门，"倒幕运动"后，选择西化走富国强兵之路，1871年，明治政府派出大型使节团出访欧美，考察资本主义国家制度，极大地影响了近代日本社会的历史进程。②

  当下，文化多样性已成为共识，"文化多元是每个民族的特点，它无处不在，永世长存"③。19世纪到20世纪初，现代文化受到非西方世界的认同，成为其强烈诉求。进入20世纪中后期，传统文化的空间范围不断萎缩，现代文化的空间范围迅速扩张，世界上几乎所有的国家与地区都受到了现代文化的影响。于是，作为少数或者说处于弱势地位的传统文化就成为人们关注的对象。虽然对现代化的认同并没有发生改变，但传统文化被寓以多样化作为其生存与保护的基础。学界通常认为文化多样性是人们对现代化的一种反应，因其发展超出了人们的想象才产生，且不以否定现代化为前提。

  以科学技术、理性意识为核心的现代化成为非西方世界追求的发展模式。20世纪中叶后，特别是第二次世界大战结束后，大量非西方国家开始走上现代化发展之路。但事实上，随着全球化进程的加快，现代文化使资本主义体系与工业文明得到强化，逐渐宰制全球文化互动的话语霸权，更加强化了沃勒斯坦世界理论体系中西方中心的地位，更重要的是，在这一过程中，非西方国家及其文化逐渐沦为依附的、边缘的地位。④ 因此，在现代化进程中，非西方世界逐渐开始重新审视自身传统

---

  ① ［英］安东尼·吉登斯:《现代性的后果》，田禾译，译林出版社2014年版，第4页。
  ② ［美］康拉德·托特曼,:《日本史》，王毅译，上海人民出版社2008年版，第324—325页。
  ③ 联合国教科文组织、世界文化与发展委员会:《文化多样性与人类全面发展：世界文化与发展委员会报告》，广东人民出版社2006年版，第33—34、113—114页。
  ④ 杨正文:《文化遗产保护中民族与国家的诉求表述》，《西南民族大学学报》（人文社会科学版）2011年第6期。

文化，使其与现代化相互延续，并成为非西方世界国家与民族的一种重要诉求。

民族—国家体系成为非西方世界传统文化与现代文化相勾连的一种选择。有学者认为民族的形成与 20 世纪后非西方世界对"帝国主义"的回应有关。① 现代文化作为一种社会文化体系，存在着一种与欧美式现代化不同的新诉求，这种诉求被称为"多元的现代化"，即民族—现代文化体系。随着经济、社会的稳定发展，从文化分层的角度讲，中国从传统空间时代发展到现代空间时代，现代化区域逐渐膨胀，传统空间不断压缩，而后，非物质文化遗产保护才成为社会热点话题。

因此，在现代化空间时代，非西方世界应寻求一种新的文化发展模式，既重新审视本民族文化，又不否定现代化追求，必须在普遍公民权的基础上，找到使多元文化和谐共生的办法，这个目标也许不仅是建立一个多元文化的社会，而且是建立一个多元文化指导、既承认多元化又不失统一性的国家。② 当下，现代化仍是许多国家和民族的强烈诉求，但在多元文化的视阈下对传统文化的发现与重塑已经融入国家的发展理念中，传统文化的再发现成为现代化空间内部分裂的重要力量，从 20 世纪晚期开始，文化分层进入"民族—现代空间时代"。

---

① ［美］安德森：《想象的共同体》，吴叡人译，上海人民出版社 2011 年版，第 10—11 页。

② 联合国教科文组织、世界文化与发展委员会：《文化多样性与人类全面发展：世界文化与发展委员会报告》，广东人民出版社 2006 年版，第 33—34、113—114 页。

第四章

非物质文化遗产与旅游融合发展的模型

第一节 数字化档案

非物质文化遗产世代相传,与人们的生活密切相关,也见证着历史的发展。非物质文化遗产通过多种表现手段,在社会、自然以及历史的互动中不断发展而得以延续,影响其存在与发展的干扰因素众多[①]。因此,非物质文化遗产保护工作十分重要。

利用现代数字技术对非物质文化遗产进行收集、处理,以数字化形态将非物质文化遗产进行再现,并加以共享利用,这就是数字化保护。数字化技术手段的应用,几乎颠覆了传统的工作方式。数字化保护主要是利用现代计算机技术将信息转化为数字信号,再将这些数字、数据构建适当的数字化模型,进行虚拟再现。数字化技术手段的应用,转变了传统的保护模式,更好地促进了非物质文化遗产的开发和利用,提升了非物质文化遗产保护的整体水平。

非物质文化遗产表现形式多样,加大了对非物质文化遗产保护的难度。以舞蹈类非物质文化遗产为例,由于舞蹈类项目不以物质形态的方式存在于特定的环境中,很难以传统的方式进行保护。为此,数字化建模、虚拟再现等技术便提供了新的保护方向。通过获取舞蹈动作的空间

---

① 蒙曦:《基于动作捕捉技术的民族舞蹈三维数字化方法研究》,《美与时代:城市》2015年第2期。

三维姿态数据,对动作数据进行数字化处理并建立相应的动作数据库,完整地记录和保存舞蹈动作。为舞蹈类非物质文化遗产的保护提供了参考,也为未来的创作和修复工作提供精确数据,对于舞蹈类非物质文化遗产的保护和发展具有重大意义。近年来,随着动作捕捉的技术的发展,在为舞蹈类非物质文化遗产的保护提供新方向的同时,也进入了旅游行业。通过动作捕捉系统来获得非物质文化遗产舞蹈动作空间位置信息,并把动作信息录入数据库,这种方法可以记录舞蹈并应用于各种三维角色模型,方便利用基础舞蹈数据进行创造,如果舞蹈应用三维动画和人机交互,这将使得舞蹈类非物质文化遗产更广泛的传承和传播。2006年兰州太平鼓列入第一批国家级非物质文化遗产名录。相关地区通过动作捕捉设备和相关软件完成对太平鼓舞蹈的动作记录采集、数据处理工作,然后将成果进行展示,受到游客的追捧。

全方位动作捕捉系统主要采用微传感器MEMS式动捕系统,是一款基于惯性传感器的系统。该系统优势明显,具有多种先进性,可以实时捕捉运动物体的动态轨迹,为使用者提供准确的动作数据。惯性传感器结合其他方面的传感器,实时收集人类的动作信息。系统共有17个传感器,通过无线连接,可提高捕捉动作的准备时间和稳定性。该系统不受外部环境,特别是光线、空间距离等方面的干扰,可以准确实时地还原动作,非常适合各种实时的表演应用。

以兰州太平鼓为例,具体采集制作流程(见图4—1)如下:

1. 确定采集的舞蹈动作,制作动作分解步骤

通过调查发现,兰州太平鼓种类繁多,主要流行于甘肃各地区,具有地缘优势。我们请本地艺术职业学院的老师,选用具有代表意义的兰州太平鼓的动作作为动作捕捉的内容,通过对动作的梳理归类,对"两军对垒""金龙交尾""双重突围"等动作的分析,制定出动作的分解步骤。

2. 舞蹈动作轨迹的测量、跟踪、记录

将传感器穿戴在饰演者身体的各个部位,包括头、肩、腰、手臂、手腕、膝盖、脚踝等。表演者根据预先设计的动作执行,系统抓取传感器的位置,系统处理后获得三维空间坐标的信号数据。

3. 舞蹈动作数据的传输及获取

动作捕捉设备的传感器经捕捉的信号传输至数据处理站中,数据处

理工作站进一步将信号转化为移动动作数据，计算机通过对移动数据的移动计算获得统一的三维移动数据，再用 3D 刻录数据，即可生成骨骼动画。

4. 利用 Maya 动画软件建立模型

打开 Maya 动画软件，建立骨架模型，最后绑定蒙皮，设置权重，保存并导出 Fbx 格式角色模型即可。

5. 导入角色模型

将角色模型导入，选择 Fbx 拖拽至关节任意部位，导出动作文件，默认即可，点击播放按钮，角色模型与饰演者便可实施同步移动

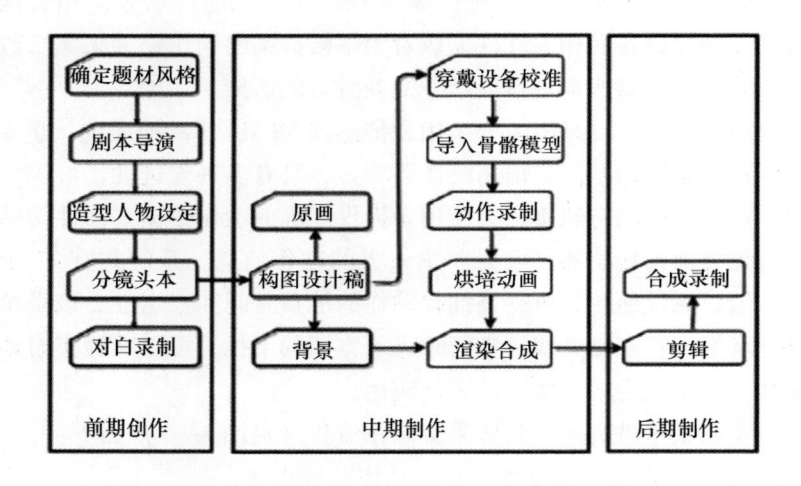

图 4—1　动作捕捉制作动画流程①

用动作捕捉技术推演保护传统舞蹈的过程，是将动作捕捉技术转化为数字资源，然后进入文化市场的过程。许多活动数据可以用作文化创新产业的内容支持，还可以扩展舞蹈类非物质文化遗产的保护方法，更好地开展非物质文化遗产旅游开发，提升网络传播吸引力，起到宣传作用，实现传承和发展，为今后深入研究开发提供理论参考。

---

① 刘芳、白国亮：《基于动作捕捉技术的舞蹈类非遗数字化档案建设——以秧歌为例》，《电声技术》2019 年第 9 期。

第二节 SECI 模型

一 概念

英国哲学家波兰尼在其《人的研究》一书中最早提到"隐性知识",并最早将人类的知识分为显性知识和隐性知识。隐性知识理论的提出,被认为是人类认识论上的第三次"哥白尼革命"[①]。以英国哲学家波兰尼的理论为基础,日本学者野中郁次郎明确把知识分为显性知识和隐性知识两大类,并据此提出了清晰明确的概念,提出 SECI 模型。

野中郁次郎认为,显性知识与隐性知识最大的不同在于显性知识具有较强的客观倾向,而隐性知识则具有较强的主观倾向。从本质上来说,显性的知识是编码和明晰的非同步式知识,隐性知识是符合情况的个人同步知识。在形成过程的观点上,对隐性知识的解释和信息分析中发生了明示的知识,隐性知识是实际被探索和失误所尝试的经验知识。诺纳卡维基罗认为,隐性知识包括技术维度在内,是高度个性化的知识,而不正规、难以驾驭的"知识"属于技术层面,而信念、概念、意见、思维模式等属于认知。野中郁次郎认为,不管是泰勒还是西蒙,或者整个西方管理体系都是将组织视作信息处理的一种工具,而隐性知识没有受到重视。[②] 他认为隐性知识应该受到重视,并将其引入日本管理方式之中,作为组织革新的源泉。

1995 年,野中郁次郎和竹内弘高在合作的《创新求胜》一书中提及知识管理模型以及知识场的观点并建立 SECI 模型。[③] 知识场观点主要指出知识场是知识进行创新的主要场所,知识资产是知识创新的结果。人类知识系统的"冰山",野中郁次郎和竹内弘高相信实际上两种

[①] 胡延平、刘晓敏:《基于 SECI 模型的知识创新过程的再认识》,《企业经济》2009 年第 10 卷第 3 期。

[②] 李久平、顾新:《基于知识转化 SECI 模型的企业知识网络》,《情报杂志》2008 年第 27 卷第 8 期。

[③] 郭平:《非物质文化遗产传播过程中的意义流变》,《河南教育学院学报》(哲学社会科学版)2010 年第 29 卷第 2 期。

知识不是完全独立的，而是互相补充的，知识相互作用的形态在显性知识和隐性知识的转化中体现。野中郁次郎认为，任何知识创新的过程都是显性知识和隐性知识的相互作用和转化，二者转化的过程就是新知识的创造过程。① 概括地说，就是个体间隐性知识的共享与传递可以产生显性知识；不同显性知识的加工与转化可以形成一个新的知识体系，可以转化为个体隐性知识。整个转化过程中，其内容、范围、意义以及形式发生诸多变化，形成了一种循环拓展的发展态势。野中郁次郎就此提出包括社会化（Socialization）阶段、外在化（Externalization）阶段、组合化（Combination）阶段、内隐化（Internalization）阶段等四个阶段的 SECI 模型。

1. 社会化模式

社会化模式是显性知识向隐性知识的转化过程。由于隐性知识具有情景化的特点，并且隐藏在人的身体和心灵中，不易编码和传播，所以获取隐性知识的关键是通过观察、模仿和实践的方式，而不是语言。具体来说，包括两种过程：一是个体通过与他人接触，在观察、交流、模仿的过程中，获取经验；二是采用实际行动，深入现场，去倾听、交流、分享体验，在生活中表现为学徒和师傅之间的学习。比如，一个人可以教会另一个人骑自行车，但这种知识本质上是隐性的，施教者只能在受教者摔倒时把他扶起来，并在一旁鼓励他，这里的隐性知识表现为一种身体技能和社会知识，只有通过心灵的默契，"学会骑自行车"这种行为才有可能发生。在知识进行社会化转化的过程中，知识共享主体间会形成一个思维和技能共享的空间，这时，个人的主观意愿占据重要的位置并发挥重要作用。所以，"社会化"过程本质上是一种"原生体验"的积累过程。②

2. 外部化模式

外部化模式是通过外部力量将隐性知识转化为显性知识的过程。在这个过程中，首先是个体隐性知识的显性化，即个体通过图像、文字以

---

① 野中郁次郎、胜见明：《创新的本质：日本名企最新知识管理案例》，知识产权出版社 2005 年版，第 23—57 页。

② 钟启泉：《从 SECT 理论看教师专业发展的特质》，《全球教育展望》2008 年第 2 期。

及情感交流等方式帮助自身将隐性知识明晰化；其次是通过与他人交往，感受他人的情感、思想、行为，同时借助图像、文字等工具将其表征出来。以研究生导师制为例，学生将自己的学习情况，包括学习困惑，可以用文字的形式整理出来，发邮件给导师，开师门会议时，可以当面与导师和同学交流，之后，导师会给出学习建议，使后期的学习顺利进行。学生表达、交流自己的想法过程其实就是将自己隐性知识明晰化的过程。隐性知识只有明确地表达出来，才能发挥其最大价值。这个过程伴随着知识从量变到质变的转化，个体间的隐性知识被充分表达后，组织的力量也会变得强大，整体力量远远大于部分之和。

3. 组合化模式

组合化模式是将零散的显性知识转化为系统的显性知识的过程。这意味着组合过程要经历两个不同的步骤：其一，对获取的各种信息和知识进行分类、综合和分析，其中包括个体的知识和组织的知识；其二，对此类知识进行系统化的梳理，以便促进知识的传递与共享。整个过程需要借助信息技术的运用（如学校的ICT环境等），信息工具的有效运用能减少知识共享的时空障碍，改善获取知识信息的途径。与此同时，组合过程总是发生在个体间或个体与群体之间，因此，其情境性不可忽略。在实际生活中，最明显的就是科研论文的写作与数据库的建立。在撰写科研论文的过程中，首先要大量浏览相关知识，其次对其零散的知识进行分类和系统化的梳理，最后加以自己的创新，一篇完整的文章才能被创造出来。

4. 内部化模式

内部化模式是从显性知识到隐性知识的转化过程，是理论与实践结合的过程，也是显性知识形象化和具体化的过程。在这个过程中，显性知识经过内化，成为个体理论知识的一部分，成为扩大化的隐性知识。在具体的实践过程中，利用知识整合、创新、实验设计等活动，能更好实现个体及组织隐性知识的增长，促进知识的创生（见图4—2）。在生活中，表现为学习的内化过程。以实习教师为例，在进入教学岗位处理各种教学事件的过程中，运用自己累积的理论经验不断反思教学实践活动，逐渐形成自己对于教育教学的观念。

86　第二篇　理论篇

	隐性知识	隐性知识	
隐性知识	社会化	外部化	显性知识
隐性知识	内部化	组合化	显性知识
	显性知识	显性知识	

图 4—2　隐性知识到显性知识的转化过程①

如图 4—3 所示，创始场对应于知识转化中的社会化过程，是在个体的主观意愿下，通过交流、倾听、模仿等方式，在个体之间达成情感、信念上的一致性的过程；对话场对应于知识转化的外部化过程，主要通过对话、交往等形式；系统化场对应于知识转化的组合化过程，是显性知识组合、转变的过程；练习场对应于知识转化的内部化过程，是把显性知识内化为个体理论知识、扩大自身隐性知识的过程。

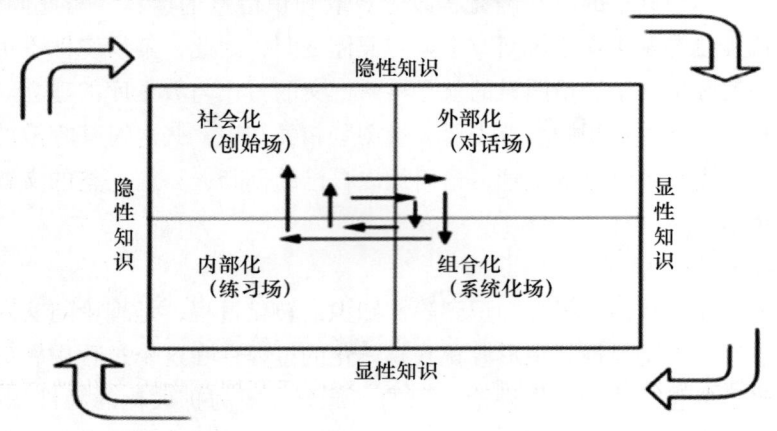

图 4—3　知识转换的 SECI 模型②

---

①　兰英、杨霞：《基于 SECI 模型的实习教师隐性知识显性化探究》，《教师教育学报》2020 年第 2 期。

②　兰英、杨霞：《基于 SECI 模型的实习教师隐性知识显性化探究》，《教师教育学报》2020 年第 2 期。

二　非物质文化遗产传播的四个阶段

1. 社会化阶段

非物质文化遗产传播的社会化阶段，是指个人难以将标准化的隐性非物质文化遗产知识比如技艺，分享给他人，从而转化成他人的隐性非物质文化遗产知识。非物质文化遗产知识主要通过面对面的交流将个人经验转化为共享经验，这种师傅带徒弟的传承模式，主要通过两种途径来进行传承：一是手把手带徒弟的方式。师傅通过比喻性以及象征性的语言将抽象的知识加以具象化，将自己多年的实践经验传授下去。通过这种方式，徒弟便能快速地掌握非物质文化遗产技艺中的关键要义。二是同门之间的切磋等。非物质文化遗产传承人，通过比赛、切磋的方式，观察对方的技艺，然后结合自身特点和行为习惯，汲取对方的优秀技法，取长补短，实现自我技艺的升华和提高。① 这些方式虽然能够起到潜移默化的作用，但也存在相当大的问题。比如在传承过程中存在形式零散、表达不清等情况，出现这种情况，接受者只能通过自悟、实践等方式自主学习，虽然能够学习一些知识，却不能更好地掌握技术背后的原理。因此，这些隐性的非物质文化遗产知识难以被完整地表达出来，更不能得到有效的传播和利用。

非物质文化遗产传播的社会化依托于传承方式的变革，在新的历史时期有了新的表现。表现最为显著的是利用现代教育传递非物质文化遗产知识，这一方式开辟了非物质文化遗产知识社会化的新形式。现代教育通过各种教育教学资源和师资力量以及国家的课题项目的扶持，开展一系列非物质文化遗产培训、设立专门的非物质文化遗产教研室。② 在现代传媒语境、图像主导的视觉文化语境下，传统的传承方式与现代信息传播技术相结合。与此同时，部分高校广泛开展非物质文化遗产的培

---

① Tan GS Hao T, Zhong Z. A knowledge modeling framework for intangible cultural heritage based on ontology [C]. Knowledge Acquisition and Modeling, 2009. KAM'09. Second International Symposium on. IEEE, 2009, 1, pp. 304 – 307.

② Robbins C. Beyond preservation: New directions for technological innovation through intangible cultural heritage [J]. International Journal of Education and Development Using ICT, 2010, 6 (2), pp. 20 – 24.

训和学术交流活动,进一步拓展了非物质文化遗产的受众人群。在高度还原非物质文化遗产特色的同时,解决了非物质文化遗产传承人的问题,转变了传统的师傅带徒弟、"口传心授"的传播模式,实现了更为高效、高频的传播,彰显了非物质文化遗产知识社会化新的表现形式。

2. 外在化阶段

非物质文化遗产传播的外在化阶段,是指用显性化的概念和语言来表达不易传递的隐性非物质文化遗产知识,也就是通过归纳整理,将原本抽象的、主观的经验知识转化为规范的、凝练的、相对系统的知识。进而将隐形的非物质文化遗产知识转化为显性的非物质文化遗产知识。

这个阶段不是非物质文化遗产传承人主观经验的简单传递,而是技能背后系统化原理的总结和外显,具有客观化的特点,这是非物质文化遗产知识转化过程的重要一步。具体来看,就是利用文字、图像等符号,将原本存在于非物质文化遗产传承人记忆中的隐性经验、诀窍或技能表达出来,将非物质文化遗产知识外显化,形成系统的知识体系。这需要将原本抽象化、零散化的知识加以标准化、系统化,进一步将隐性非物质文化遗产知识转化为可重复的概念化常识。在知识转化过程中,大多使用比喻和象征手法,"比喻"是一种独特的领悟方法,主要是将不相关的事物之间建立联系,为人们的交流创造了想象空间[1]。背景、经历不同的非物质文化遗产传承人,不需要过多的分析和总结,就可以通过想象直观地理解非物质文化遗产。借助比喻,"师傅们"将他们的经验体会用新的方式表达出来,表达那些原本只能意会不能言传的东西。这是将隐性知识外显化的第一步。通过"类比"进一步解释比喻中的冲突,指出两个概念的异同,把纯粹的想象转化成逻辑思维,这是隐性知识外显化的第二步。[2] 最后一步是建立知识模式,将原本隐性非物质文化遗产知识转化为具体的符号体系。由此可知,这三个步骤是非物质文化遗产知识外化的基本途径。

---

[1] Brown M F. Heritage trouble: recent work on the protection of intangible cultural property [J]. International Journal of Cultural Property, 2005, 12 (1), pp. 40-61.

[2] Zhang L. The application of information technology in intangible cultural heritage protection under all-media vision [C]. Computer Science and Network Technology (ICCSNT), 2011 International Conference on. IEEE, 2011, 1, pp. 531-534.

3. 组合化阶段

非物质文化遗产传播的组合化阶段，是指将显性非物质文化遗产知识进行汇总、整合的过程。人们通过对现有文字资料的梳理与整合，编撰某一非物质文化遗产门类的专业素材及一些专家学者或者传承人认可的"教科书式"的文本，这便是非物质文化遗产组合化阶段的一种表现。

人们在接触信息时能够自主地将各种途径获得的知识碎片进行拼凑、整合，形成新的知识体系。信息技术以及新媒体的快速发展，为非物质文化遗产显性知识的"汇总组合"起到了重要的推动作用。相对于传统的储存方式，新技术提供了多样化的选择，比如可以存储在数据库、网页、电子邮件、书籍等介质中，也可以通过各种大众传播、人际传播的渠道进行传播。这种方式只是将零散的非物质文化遗产知识整理成系统的非物质文化遗产知识，把某一传承人或者传承群体的知识变成大众可理解和采纳的知识，但对于某一非物质文化遗产传承群体来讲，在知识储备上并没有真正的扩展。

4. 内隐化阶段

内隐化阶段即显性知识到隐性知识的转化过程。它是一个将"汇总组合"产生的显性知识通过个人的消化吸收以及综合自身的生活常识、实践经历等具体情况，升华为隐性知识。例如，某一个人在观看了有关陶器制作的宣传片之后，对陶器的历史起源以及制作方式有了大致的了解，当有人提起陶器这个话题时，就会立刻想起宣传片的内容，并能够阐释个人的一点见解。

个人的隐性非物质文化遗产知识的形成与个人的实践活动是分不开的。个人在工作中的经验、思维方式以及情感要素等方面都对显性非物质文化遗产知识内化为个人隐性非物质文化遗产知识产生重要影响。在内隐化阶段，有两个关键的过程：一是对现有知识的利用；二是对新知识的探究。对现有知识的利用，主要是指对了解或学习到的显性非物质文化遗产知识进行整理，以实现系统化，并进行转移分享，在"做中学"[①] 中缩短传播的时间成本，实现资源的优化和可持

---

① 刘诗迪：《从昆曲的成功传播看中国精神文化遗产的传承——非物质文化遗产传承中的媒介力量》，《消费导刊》2008 年第 11 卷第 20 期。

续传播。而对新知识的探究,主要的内容是指通过自主意识或"分析中学习"的形式去寻求新的知识,由非物质文化的接受者转变为非物质文化遗产的传播者,从而进行新一轮隐性非物质文化遗产知识的分享过程。

第三节 贝尔品牌形象模型

A. L. 贝尔（Alexander L. Biel，1993）认为品牌形象通过公司形象、用户形象和产品/服务本身形象三种形象得以体现。品牌形象源于消费者对品牌相关特性的联想,其中联想可分为"硬性"和"软性"属性。[1] 硬性属性体现品牌有形或功能属性,软性属性则反映品牌的情感。对于三种形象都分硬性和软性属性,这就是贝尔模型（见图4—4）的由来。

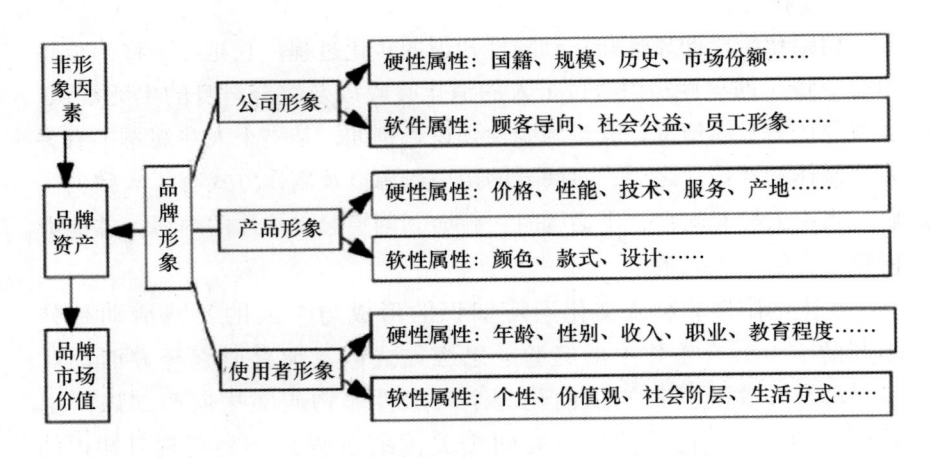

图4—4 贝尔品牌形象模型[2]

硬性属性对于品牌建设而言,是十分重要的因素,一旦品牌在某种

---

[1] 李忠宽:《品牌形象的整合传播策略》,《管理科学》2003年第2期。
[2] 谭聪:《基于贝尔模型的大米品牌形象因素结构研究》,《经济师》2017年第6期。

功能属性领域形成"权威",取得垄断地位,别的品牌往往很难以此属性进行市场定位。现今,硬性属性已不再是品牌差异战略的绝对影响因素。人们越来越重视品牌的软性属性,即展现品牌的情感,这种情感特质不易模仿,是品牌特有的气质。

贝尔模型认为品牌形象由公司形象、产品和服务形象以及使用者形象这三部分组成。任何一个品牌都包含这三种形象。但是,不同的产品的公司形象、产品形象以及使用者形象,存在着巨大的差异,每个部分的比重也不一样。比如,以日用生活必需品为例,每个人都在使用和消费,却难以确定具体的社会阶层,因此难以描述使用者的具体形象。另外,对于一些工业用品,由于消费者使用较少,很少有人了解这些公司的概况,那么公司形象就无从谈起。但是对于一些奢侈品或特殊品而言,这三个方面的形象却很清晰。由于这些产品具有各自的固有特点,人们对这三种形象都有足够的认识。而且,这些产品本身就以塑造独特的品牌形象来建立竞争优势。因此,贝尔模型的建立对企业的品牌以及宣传方式的选择具有重大的指导意义。

贝尔品牌形象模型可以指导非物质文化遗产根据自身特点从而树立正确品牌形象,营造自己的品牌。非物质文化遗产创造了丰富多彩、独具中国特色的产品、商品,成就了一批百年老字号,塑造了一批独具中国味儿的非物质文化遗产品牌。不断适应市场变化,用老手艺塑造新品牌。

第四节 情景再造式展示空间模型

我国的非物质文化遗产门类众多,非物质文化遗产项目源于群众,但是随着社会生活水平的提高以及科技的进步,人们生产生活方式发生了很大的转变,非物质文化遗产技艺的运用继承与传播得不到有效的延续。情景再造式非物质文化遗产以其生动、直观的呈现方式受到了人们的喜爱。

一　展示空间的概念

展示空间是向公众传达信息展示交流的场所，它的内容广泛，包括公益科普性的博物馆、展览馆，商业展示店铺以及各种临时会展场所等。[①] 展示空间的设计是一个复杂系统，包括展示灯光设计、展示空间布景、展示道具设计制作等细化门类。近年来，人们越来越关注灯光设计，因为设计师可以通过灯光的冷暖营造不同的展示视觉。另外，空间布景、道具制作都是展示空间的重要一环，起到烘托展品的作用以及导引功能。

二　非物质文化遗产展示空间设计中的情景再造方式

展示空间中的情景再造，主要是通过多种方式还原展示的内容。随着科技的进步、工艺的完善以及人们认知的提升，设计师们需要尝试不同的呈现方式进行展示。

场景再造分为室内和室外两种。室外的场景再造，如为了展现西北地区古代水车的制作，展示设计师可以根据黄河两岸的水系特征，对黄河水车进行复原设计。室内的场景再造，设计师力图与画面背景结合，加上灯光与色彩的合理布置，给人们带来细致的片段展现，比如一些歌舞表演的展示。展示设计师在非物质文化遗产传承人现场演示的空间设计中需要做出细致的构思，考虑到非物质文化遗产传承人不可能在展示开放的每时每刻都在现场，展示设计师既要做到为传承人与参观者提供交流互动的便利，又要做到在没有演示时展示空间不空洞、有看点。

情景描绘是比较原始的情景再造方式，在形式上可以采用不同的类型。但为了更加清晰地展现所要展示的场景，普遍采用展板以及壁画的方式进行情景再造。由于展示设计师不是专业的画家，所以他们更多的是从展示效果角度考虑壁画或者展板的布局、风格以及色彩的搭配等，并提出自己专业的指导。

微观模型也是空间展示的重要方式，由于在展示设计中，受到展示

[①] 徐健、颜心文、孙红月：《情景再造式非遗展示空间设计研究——以制瓷工艺展示空间为例》，《工业设计》2019年第4期。

场景技术和内容的限制，不能完整地呈现出所要展示的内容，这就需要设计师转换思路，用微观的模型将趋于真实的情景复原。但是复原模型也存在一些问题，由于人物或者事物会缩小到几倍甚至几十倍，许多内容细节会出现偏差。为此，模型设计师和工艺师需要与展示设计师协商，共同合作。我们可以在许多展示馆发现这样的模型，既有对生活中现有场景展示，如兰州城市展览馆中历史人文篇中的金城揽胜图再现了兰州往日城市风光，也有对已经遭到破坏或者消失的事物的再现，如对古代制瓷工艺的全流程模型呈现。可以说微观模型在空间展示中发挥着巨大的作用。

随着技术的进步，越来越多的博物馆以及展览馆使用影像技术进行展示。多媒体影像技术特点鲜明，通过声光电的结合，给参观者带来多重的感官感受，全方位地展现事物。多媒体的发展使得展示不再局限于以往的一方银幕，全息影像技术在非物质文化遗产的展示中通过与实物场景的结合可以给观众呈现虚与实、三维立体的视觉效应。[①] 可以说影像技术的介入给参观者带来更多的参与体验，实现了良好的科普效果。

非物质文化遗产展示空间的设计决定了非物质文化遗产展示的成败，而精心的情景再造可以给参观者留下深刻的印象，扩大展示效果，也直观地起到了非物质文化遗产技艺科普作用。

第五节　旅游 IP 模型

随着 IP 时代的到来，文化产业获得了新的源泉和动力。IP（Intellectual Property）即知识产权，是一种无形的产权，也称智力成果权，指权利人对其所创造的智力劳动成果所享有的专有权利。在互联网发展的大背景下，IP 具体表现为：其一，高价值、高识别度内容的价值观，形成独特的亚文化群；其二，形成差异化品牌，具有持久的影响力；其三，不断向其他产业延伸，达到 IP 溢价增值的目的。综上所述，IP 的

[①] 徐健、颜心文、孙红月：《情景再造式非遗展示空间设计研究——以制瓷工艺展示空间为例》，《工业设计》2019 年第 4 期。

特征为专属权利、高附加值、人格魅力、自带粉丝，IP 的价值体现为具有可衍生性以及可增值性。

对于旅游 IP 的认识，是一个不断探索的过程，旅游 IP 并非旅游知识产权，两者存在差异。早在 2016 年，洪清华就提出旅游 IP 这一概念，并指出超级旅游 IP 代表了旅游从物以类聚的跟团时代发展为人以群分的全域旅游时代，将兴趣碎化分散到无数个亚文化社群[①]；任国才又进一步将旅游 IP 定义为拥有知识产权、高附加值，且受到旅游者广泛好评的旅游产品或服务，将互联网营销中旅游 IP 由线上营销推广平台，形成线上线下一体发展。随后，张位中、胡北民指出旅游 IP 的认知分为前端、中端、后端三个层面，而非简单的知识产权和互联网营销。吴开军、周子扬则从三个角度对旅游 IP 的概念进行了阐述：第一，从旅游者角度看 IP，将旅游 IP 比喻成明星，游客比喻成粉丝；第二，从企业的角度，通过影视、渠道及服务等创造小众群体喜爱的 IP；第三，从旅游资源角度看旅游 IP，IP 所要表达的内容主题要像迪士尼、熊本熊一样，背后有完整的故事内容支撑，进而使得整个旅游目的地的产品因内容而丰富起来。[②]

综上可知，旅游 IP 从狭义上说是指可以作为旅游资源进行开发、创造、再开发、再创造的具有影响力的知识产权；广义上说是指具有鲜明特色，代表旅游目的地的元素或符号，即具有标志性、可识别的旅游特征，它可以是故事的再现，也可以是影视、游戏或者传说的再现，可以与文学、电影、游戏、动漫等文化产业进行关联。

一 旅游 IP 的性质

旅游 IP 的性质包括旅游引入 IP 以及旅游原创 IP，旅游引入 IP 主要是指引入知名 IP 而打造的旅游产品吸引游客的关注度，例如新西兰玛塔的玛塔小镇，借用指环王魔戒 IP 而打造的旅游目的地。[③] 旅游原创 IP

[①] 洪清华：《未来旅游企业只有两条路：IP 重生或苟延残喘》，《旅游圈》2016 年第 6 期。

[②] 吴开军、周子扬：《主题创意旅游的创新发展研究》，《中国国情国力》2018 年第 9 期。

[③] 吴开军、周子扬：《主题创意旅游的创新发展研究》，《中国国情国力》2018 年第 9 期。

主要是指在基于原有 IP 内容包装加工为旅游产品，例如迪尼斯主题公园，将卡通人物形象打造成动画片以及真人电影等各种产品。

二　IP 的知名度

IP 的知名度分为成熟 IP、品牌 IP 和雏形 IP。成熟 IP 即已成为 IP，具有粉丝基础，有影响力和知名度，可以与其他资源结合衍生新 IP。文学作品、影视作品与品牌企业等都是有基础知名度和粉丝消费群。品牌 IP 是已有旅游产品或者服务，停留在品牌效应阶段，产品服务于客户，更多的是针对客户需求，还未形成自己差异化的故事内容、大众认同价值观、专属粉丝参与感。品牌 IP 相较雏形 IP 更具有知名度。雏形 IP 指具有成为旅游 IP 的基础条件或具有初步形成 IP 的规模，IP 未定型前的状态。大多为民俗节日、手工制作、自然资源、非物质文化等旅游开发资源，具有开发为 IP 的内容而还未进行加工处理包装的资源。

三　IP 的依托类型

旅游 IP 现阶段发展状况，存在以非物质文化遗产、世界自然遗产、文学作品、热门影视、节事活动、旅游演艺、知名企业、游戏竞技等类型为依托打造旅游 IP 产品。

1. 非物质文化遗产

根据《中华人民共和国非物质文化遗产法》规定：非物质文化遗产是指各族人民世代相传并视为其文化遗产组成部分的各种传统文化表现形式，以及与传统文化表现形式相关的实物和场所。目前非物质文化遗产打造 IP 的方向是文创产品。故宫博物院是世界著名文化遗产，也是我国最著名历史遗迹之一，它同时拥有众多非物质文化遗产。作为北京著名旅游 5A 景区，故宫的门票价格 40 元，学生票半价，相对于其他 5A 景区门票，故宫门票价格极低，但是以故宫 IP 为基础的文创衍生品仅 2016 年一年的年收入已超过 10 亿元。

2. 世界自然或文化遗产

世界自然遗产是大自然留给我们的财富。普达措国家森林公园的资源核心就是世界自然遗产，具有国家作为前缀的森林公园，普达措国家森林公园位处于世界自然遗产中心地带，原始生态环境保护得当，气候宜人，动植物栖息繁衍。2012 年，云南省香格里拉普达措国家森林公园被授予 5A 旅游景区，拥有多种国家一级保护动物以及多种高植物观赏性、鸟类，普达措国家森林公园是难以复制的旅游 IP 品牌。

3. 文学作品

盗墓笔记之云顶天宫的故事背景以及吴邪、王胖子不负十年之约，前往长白山接张起灵回家，长白山由此声名大噪。对于书迷而言，长白山的美来自作者南派三叔盗墓笔记中的描述，云顶天宫的故事背景即为长白山，文字中对长白山景色的描写烘托出盗墓的神秘，"这一场离别，十年之久"，使书迷对十年之约的憧憬颇深，正因为盗墓笔记的描述，长白山旅游目的地结合盗墓笔记这个 IP 打造的十年之约的情景万众期待，从而打造成爆款旅游目的地 IP。这是一个很成功的文学作品与旅游目的地结合的案例，借助文学作品 IP 发展旅游 IP，依靠盗墓笔记这个 IP 赋予了长白山更多故事性和神秘性。

4. 热门影视

热门影视打造旅游 IP 最为典型的是迪士尼主题乐园，以亲子家庭娱乐为目标市场而规模逐渐扩大，除了主题乐园之外，迪士尼集团业务还包括娱乐节目制作、玩具、图书、电子游戏、传媒等多方面，其旗下品牌众多，例如皮克斯动画公司（Marvel Entertainment Inc.）、试金石电影（Touchstone pictures）、米拉麦克斯电影公司（Mira max）、ESPM 体育等，诞生了米奇、唐老鸭、白雪公主和七个小矮人、小木偶、小飞象、小鹿斑比、灰姑娘等多个经典银幕形象。随后世界各地陆续建立了迪士尼乐园，东京、香港、上海的迪士尼乐园都是旅游热门景点。

5. 节事活动

我国节事活动的核心是围绕 IP 激活城市文化为具体方向打造旅游目的地，采取政府主导、市场化的方式。最为典型的是青岛国际啤酒节，青岛啤酒节是国际性的节事活动，来自十多个国家的数十种品牌，种类达到数百种，规模庞大，群星演出，游客数量众多。青岛啤酒节是以啤酒为媒介，融旅游、会展、经贸等为一体的大型节事活动，举办于每年 8 月，为期半个月，2018 年青岛啤酒节接待国内外游客的人次达到了 620 万，经济效益高达 10 亿欧元。青岛啤酒节文化具有国际化、多元化、大众化的特征，会场设计主题新颖，游客群逐渐从啤酒爱好者扩散到更多旅游爱好者，市场覆盖更加全面。

6. 旅游演艺

我国旅游演艺最为出名的是广西桂林山水的实景演出"印象刘三姐"。虽最终因资金链出现问题，运营公司经营不善，破产被收购，但是其前期提升知名度的运作和营销手段依然是经典，其 IP 的开发是可以借鉴的。"印象刘三姐"是世界第一部山水实景演出，以桂林漓江真山真水作为舞台，汇聚漓江美景、民族山歌、艺术创作之大成。"刘三姐"这个人物形象最初是拍摄为电影，后续有张艺谋导演导出一部实景剧，随之刘三姐成为广西桂林旅游的标签之一，"刘三姐"衍生系列相应被开发出来，例如刘三姐香烟、刘三姐景观园等。"刘三姐"人物形象在中国和东南亚地区知名度颇高，加上中国一流的导演张艺谋担任总导演，"印象刘三姐"衍生系列也深受游客的喜爱。

7. 知名企业

阿里巴巴、腾讯、万达、FINGEN 集团等多个知名企业已经强势入驻旅游业。阿里巴巴打造的云栖小镇是浙江省首批创建的 37 个特色小镇之一，集产业、文化、旅游、社区功能于一体，以云计算为核心，云计算大数据和智能硬件产业为特点，以阿里巴巴为品牌推广，致力于打造中国未来创新的第一镇。阿里巴巴进入旅游业，以自身品牌和技术优势建立科技小镇，"立足于新兴产业发展大势，政府主导、名企引领、创业者为主体"的新型运营生态。万达企业、FINGEN 集团都是借自身房地产行业优势开发万达游乐园、佛罗伦萨奢侈品集中小镇，都获得了一定程度的成功。

8. 游戏竞技

2018 年英雄联盟 S8 总决赛在韩国落幕，中国代表队 IG 获得总冠军。这是个历史的时刻，代表着中国的荣耀以及电子竞技的崛起。电子竞技不仅仅是电子游戏，2013 年国家体育总局正式将电子竞技列入体育竞赛中。目前市场火爆的游戏莫过于王者荣耀、英雄联盟、绝地反击等，这几款超级大 IP 是电子竞技行业的热门。2017 年中国电子竞技市场规模达到了 55 亿元，预计 2018 年市场规模将超过 80 亿元，用户规模达到 4.3 亿人，中国电子竞技发展时间不超过十年，电子竞技行业已逐渐成为中国经济发展的助力，电子竞技文化的崛起，潜在市场巨大，年轻人是电子竞技消费的主力。电子竞技比赛的举办地可以吸引相当一批人流量，促进当地旅游业的发展。用电竞赛事集聚人气，为本地旅游业进行宣传推广，为本地餐饮、住宿、娱乐产业提供新的发展动能，正悄然间成为不少地方打造城市知名度的新选择。到电竞赛事举办地看一场仰慕已久的比赛，为了电竞来一场说走就走的旅游，已成为新的潮流。

四 旅游IP的打造

旅游IP与传统旅游相比，丰富了旅游产品的内涵，完善了旅游产品的价值；通过把文化资源的创意转化为旅游产品，增加文化附加值的同时，创造良好的经济效益和社会效益。旅游IP的打造主要是构建游客和旅游地之间的通道，建立深刻的情感链接。比如通过编撰故事，将IP塑造为故事角色，这样消费者在对角色形象进行消费时，也会将其情感和态度投射到其中。

IP的打造要有明确的定位，对后续IP的变现、IP内容的反哺、IP的衍生等各方面都有重要的指导意义。何少琪曾将旅游IP形成机制路径分为旅游IP元素提取、塑造、运营三个阶段，我们以此为基础，对形成路径进行改造（见图4—5）。

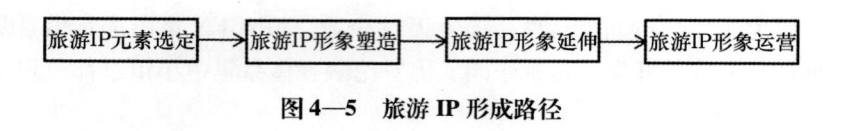

旅游IP元素选定 → 旅游IP形象塑造 → 旅游IP形象延伸 → 旅游IP形象运营

图4—5 旅游IP形成路径

1. 旅游IP元素选定

旅游IP形成机制路径的第一步便是旅游IP元素选定，旅游资源分为自然资源和人文资源两类，有些旅游资源是外显的，而有些资源则是内在的、隐性的，需要加以探索，考虑现实市场与潜在市场目标客群，进行创造性的挖掘和转化。对相关资源做出取舍，找到游客共通的情感及文化认同感，聚焦出最具有发展潜力、最有核心吸引力的旅游产品IP，形成IP引爆点。

2. 旅游 IP 形象塑造

进入 IP 时代，不仅要打造旅游产品 IP，还要在选定 IP 元素的基础上塑造 IP。要从以下几个方面来塑造：形态，包括空间布局及建筑、器物等实物；业态，根据现代消费需求开展布局；文态，即文脉精神；生态；动态等。在以上几个方面的基础上形成系统的旅游 IP 市场圈层，不断地占据着市场驱动，将潜在的旅游需求转化为现实的旅游消费，赢得持续性客源。

3. 旅游 IP 形象延伸

"旅游+"的发展模式逐渐成为旅游发展的新动力。"旅游+"战略的实施有助于推进文旅融合发展，丰富旅游供给，形成综合新动能；以旅游产品 IP 为核心，加快旅游产品融合，有利于促进旅游新业态的形成；另外，推动旅游产业与其他产业的融合发展，能够催生新产品、新业态，拓展旅游产业面，延伸旅游产品 IP 产业链，提升旅游 IP 的价值链。

4. 旅游 IP 形象运营

IP 是独一无二的，具有独特的魅力，通过主题定位、产业植入、项目体系、旅游形象、宣传口号等方式吸引游客。要想旅游地成为游客常来的休闲娱乐空间，就要对旅游 IP 进行精细化运营，提升 IP 价值，拉近与游客之间的情感纽带，构建文化认同感，产生"黏性"，成为吸引游客的拉力因素。

旅游 IP 运营包括两部分，一方面涉及旅游 IP 品牌的建立，主要是策划设计个性化的旅游 IP 产品和服务，为游客提供定制化服务，满足游客的不同需求。另一方面是推动旅游 IP 规模扩张，构建开放的产业链，加快旅游 IP 与其他产业融合。

非物质文化遗产通过营造非物质文化遗产 IP 来获得关注，可以将大量的非物质文化遗产文化元素运用到旅游业，实现产业转型升级。同时推动形成具有国际影响力的"IP+"授权经济交易中心。比如以故宫博物院为例，其充分运用"故宫 IP"，设计了许多富有创意文创产品，把故宫传统文化元素植入时尚的当代工艺品之中，不仅新潮可爱、讨人喜欢，更赋予了其故宫藏品所蕴含的文化价值。通过多角度的 IP 营销，以故宫为代表的文博、非物质文化遗产类 IP 获得了极大的曝光。

第三篇 资源篇

第五章

甘肃省非物质文化遗产资源赋存

　　甘肃省地处我国西北内陆腹地，是中华文明的发祥地之一，历史悠久，文化灿烂。甘肃历史上是远近闻名的古丝绸之路和繁盛一时的唐蕃古道的必经之地，见证了历史上中原文化与西域文化、农耕文化与游牧文化、东方文化与西方文化的交流与融合，形成了独具特色的文化基因。同时，甘肃自古以来就是多民族聚居地，有着不同的宗教信仰、风俗习惯。独特而久远的社会历史环境积淀了甘肃丰厚的文化底蕴，孕育了数不胜数的文化遗产。2013年9月、10月国家主席习近平提出建设"新丝绸之路经济带"和"21世纪海上丝绸之路"，即"一带一路"（The Belt and Road，"B&R"）倡议，将甘肃从边缘地带推向了对外开放的前沿阵地，甘肃再次登上了历史的舞台，甘肃传统文化迎来了新的发展机遇和挑战。

第一节　甘肃省非物质文化遗产数量分析

　　按级别划分，可将非物质文化遗产分为国家级、省级、市级、县级4个级别。截至2014年12月，国务院先后公布了四批国家级项目名录（前三批名录名称为"国家级非物质文化遗产名录"，《中华人民共和国非物质文化遗产法》实施后，第四批名录名称改为"国家级非物质文化遗产代表性项目名录"），共计1372个代表性项目，按照申报地区或单位进行逐一统计，共计3145个项目，分别是2006年发布的第一批国家级非物质文化遗产名录（全国共计763个项目，甘肃省有23个项目）、2008年公布的第二批国家级非物质文化遗产名录（全国共计1352个项目，甘肃省有30个项目）、2011年公布的第三批国家级非物质文化遗产名录（全国共计567个项目，甘肃省有8个项目）以及2014年11月公布的第四批国家级非物质文化遗产代表性项目名录（全国共计463个项目，甘肃省有7个项目）。全国3145项国家级非物质文化遗产项目中（包括新增项目和扩展项目），甘肃省占有68项，甘肃国家级项目在全国国家级项目中占比为2.16%。从国家级非物质文化遗产项目在各省、直辖市、自治区等的数量分布来看，甘肃省国家级非物质文化遗产数量在全国占比较小，甘肃省作为全国文化资源大省，历史悠久，文化底蕴深厚，民族特色鲜明，非物质文化遗产的挖掘、整理、保护和申报工作还有待进一步提升。

按照《中华人民共和国非物质文化遗产法》《国务院办公厅关于加强我国非物质文化遗产保护工作的意见》（国办发〔2005〕18号）及《甘肃省非物质文化遗产条例》要求，甘肃省人民政府也于2006年9月公布了第一批甘肃省省级非物质文化遗产名录（共计111项）、2008年6月公布了第二批甘肃省省级非物质文化遗产名录（共计110项）、2011年3月公布了第三批甘肃省省级非物质文化遗产名录（共计111项）、2019年6月公布了第四批甘肃省省级非物质文化遗产名录（共计161项），到2019年6月30日，甘肃省省级非物质文化遗产项目共计493项。

另外，据统计，目前甘肃省市级非物质文化遗产代表性项目共1851项，县级非物质文化遗产代表性项目共4342项，除此之外，还有众多散落在民间未收入名录的非物质文化遗产。甘肃省已初步形成国家级、省级、市级、县级四级非物质文化遗产名录体系。从不同级别所拥有的非物质文化遗产数量分布来看，甘肃省四个级别的非物质文化遗产数量呈"金字塔"结构分布，级别高低与非物质文化遗产数量呈反比趋势，即级别越高，数量越少；级别越低，数量越多（见表5—1）。甘肃省非物质文化遗产的"金字塔"结构说明甘肃省民间潜在的非物质文化遗产资源丰富，类型多样，深入挖掘非物质文化遗产资源，有助于甘肃旅游产品的研发和创新。

表5—1   甘肃省非物质文化遗产数量统计

级别	数量（项）	比例（%）
国家级	68	1.00
省级	493	7.30
市级	1851	27.41
县级	4342	64.29
总计	6754	100.00

甘肃省应认真落实"保护为主、抢救第一、合理利用、传承发展"的非物质文化遗产保护和开发工作纲领，坚持可持续发展理念，科学规划，切实加强非物质文化遗产的传承工作，推动全省非物质文化遗产保护迈上新台阶，为弘扬中华民族优秀传统文化、建设幸福美好新甘肃做出新贡献。

第二节　甘肃省非物质文化遗产结构分析

2005年3月国务院颁布的《关于加强我国非物质文化遗产保护工作的意见》对非物质文化遗产作了这样的界定："非物质文化遗产是各族人民世代相承、与群众生活密切相关的各种传统文化表现形式和文化空间。"我国颁布的四批国家级非物质文化遗产名录中，按存在形态分为十大类：民间文学、传统音乐、传统舞蹈、传统戏剧、曲艺、传统体育、游艺与杂技、传统美术、传统技艺、传统医药、民俗。甘肃省国家级和省级非物质文化遗产在10类中的分布有一定差异（见表5—2、表5—3）。

表5—2   甘肃省国家级非物质文化遗产各类型统计

项目类型	数量（项）	比例（%）
民间文学	5	7.35
传统音乐	10	14.71

续表

项目类型	数量（项）	比例（%）
传统舞蹈	9	13.24
传统戏剧	10	14.71
曲艺	6	8.82
传统体育、游艺与杂技	0	0
传统美术	7	10.29
传统技艺	10	14.71
传统医药	1	1.47
民俗	10	14.71
合计	68	100.00

如表5—2所示，甘肃省68项国家级非物质文化遗产在十大类中的分布有所差异。其中传统音乐类、传统戏剧类、传统技艺类和民俗类数量最多，各有10项，占比为14.71%；传统舞蹈类、传统美术类、曲艺类及民间文学类次之，分别有9项、7项、6项、5项，占比分别为13.24%、10.29%、8.82%、7.35%；传统医药类，1项，占比为1.47%；目前，甘肃省暂未有任何传统体育、游艺与杂技类申报国家级非物质文化遗产项目。

表5—3　　　　甘肃省省级非物质文化遗产各类型统计

项目类型	数量（项）	比例（%）
民间文学	35	7.10
传统音乐	52	10.55
传统舞蹈	56	11.36
传统戏剧	41	8.32
曲艺	25	5.07
传统体育、游艺与杂技	21	4.26
传统美术	69	14.00
传统技艺	115	23.33
传统医药	15	3.04

续表

项目类型	数量（项）	比例（%）
民俗	64	12.98
合计	493	100.00

如表5—3所示，甘肃省省级非物质文化遗产按照所占总量的百分比划分，可以将这十大类划分为4个阶梯：第一阶梯是数量项目最多的传统技艺类，有115项，占总量的23.33%；第二阶梯包括传统美术类、民俗类、传统舞蹈类和传统音乐类，分别有69项、64项、56项和52项，分别占总量的14.00%、12.98%、11.36%和10.55%；第三阶梯包括传统戏剧类和民间文学类，分别有41项、35项，分别占总量的8.32%、7.10%；第四阶梯包括曲艺类、传统体育、游艺与杂技类和传统医药类，分别有25项、21项和15项，分别占总量的5.07%、4.26%和3.04%。

综上所述，甘肃省非物质文化遗产项目在十大类之间的分布存在显著差异，呈现出集聚阶梯性特征，具体表现为：传统技艺最多，传统音乐、传统舞蹈、传统戏曲、传统美术和民俗次之，民间文学和曲艺较少，传统体育、游艺与杂技和传统医药项目稀缺。

第三节　甘肃省非物质文化遗产区域分布特征

一　按六大旅游线路区域分析

综合考虑甘肃省的区域发展战略，经济、社会、文化以及自然地理环境和旅游资源分布等因素，本书首先以甘肃省文旅行业常用的旅游路线划分为依据，来探讨甘肃省非物质文化遗产的区域分布特征。兰州作为甘肃省省会城市和丝绸之路上的重镇，不仅是经济、文化和社会等的中心，而且是甘肃省旅游的集散地，因此甘肃省的六条旅游路线以兰州为出发点，分别是：黄河风情名胜风光旅游线、丝绸古道大漠风情旅游线、丝路胜迹寻根朝觐旅游线、民俗博览黄土风情旅游线、回藏风情草原风光旅游线、山水风光生态家园旅游线。其中，黄河风情名胜风光旅游线上包括的区域有：兰州市—白银市—定西市；丝绸古道大漠风情线上包括的区域有：兰州—武威—金昌—张掖—嘉峪关—酒泉；丝路胜迹寻根朝觐旅游线上包括的区域有：兰州—天水；民俗博览黄土风情旅游线上包括的区域有：兰州—平凉—庆阳；回藏风情草原风光旅游线上包括的区域有：兰州—临夏回族自治州—甘南藏族自治州；山水风光生态家园旅游线上包括的区域有：兰州—陇南（统计时，兰州划分到黄河风情名胜风光旅游线中）。甘肃省省级非物质文化遗产共有493项，有15项是甘肃省各事业单位独立申报（见表5—4），并未按地区进行申报，因此这15项省级非物质文化遗产项目不纳入以下与区域分析相关内容的统计范围之内。

表5—4　甘肃省各事业单位独立申报的省级非物质文化遗产统计

序号	项目名称	申报单位
1	甘肃古琴艺术	甘肃颐真古琴院
2	古籍修复技艺	甘肃省图书馆
3	酮地傩面制作技艺	甘肃省民俗文化产业协会
4	染缬技艺	兰州交通大学
5	敦煌古乐器制作技艺研承	敦煌研究院
6	天祝土族《格萨尔》	西北民族大学
7	东乡族《米拉尕黑》	西北民族大学
8	敦煌艺术—音乐技艺研承	敦煌研究院
9	敦煌艺术—舞蹈技艺研承	敦煌研究院
10	秦腔	省秦剧团
11	道情戏	省陇剧院
12	敦煌艺术—美术技艺研承	敦煌研究院
13	不孕不育中医治疗十三法	兰州大学第一医院
14	中医脏腑辨证诊疗法	兰州大学第一医院
15	道医脉诊指剑掌眼技艺	兰州大学第一医院

1. 空间分布特征

从空间分布的数量看，属于丝绸古道大漠风情旅游线上的省级非物质文化遗产数量居于首位，共128项，占总量的26.78%；属于黄河风情名胜风光旅游线上的省级非物质文化遗产数量，共112项，占总量的23.43%；属于回藏风情草原风光旅游线上的省级非物质文化遗产数量，共77项，占总量的16.11%；属于民俗博览黄土风情旅游线上的省级非物质文化遗产数量，共68项，占总量的14.23%；属于丝路胜迹寻根朝觐旅游线上的省级非物质文化遗产数量，共50项，占总量的10.46%；属于山水风光生态家园旅游线上的省级非物质文化遗产数量，共43项，占总量的8.99%（见表5—5）。

表5—5　　　甘肃省六大旅游线路区域省级非物质文化遗产统计

线路	数量	比例	面积/万 km²	密度/（项·万 km²）
黄河风情名胜风光旅游线	112	23.43	5.4625	17.33
丝绸古道大漠风情线	128	26.78	27.8640	4.64
丝路胜迹寻根朝觐旅游线	50	10.46	1.4325	34.65
民俗博览黄土风情旅游线	68	14.23	3.8444	17.76
回藏风情草原风光旅游线	77	16.11	4.6690	16.49
山水风光生态家园旅游线	43	8.99	2.7923	19.69
合计	478	100.00	46.7790	10.22

2. 密度分布特征

从省级非物质文化遗产的密度分布来看，甘肃省2州12市的平均密度为10.22项/万 km²，丝路胜迹寻根朝觐旅游线上的省级非物质文化遗产分布密度最大，为34.65项/万 km²；山水风光生态家园旅游线上的省级非物质文化遗产分布密度其次，为19.69项/万 km²；民俗博览黄土风情旅游线和黄河风情名胜风光旅游线上的省级非物质文化遗产分布密度相近，分别为17.76项/万 km²和17.33项/万 km²；回藏风情草原风光旅游线上的省级非物质文化遗产分布密度约为16.49项/万 km²；丝绸古道大漠风情线上的非物质文化遗产密度分布最低，约为4.64项/万 km²（见表5—5）。

3. 类型分布特征

六条线路上的省级非物质文化遗产在十大类型上的分布呈不均衡的特点。民间文学类在6条路线中均有分布，总共有33项，其中在丝绸古道大漠风情线上分布最多，有15项，在山水风光生态家园旅游线上分布最少，仅有1项；传统音乐类在6条路线中均有分布，总共有50项，其中在丝绸古道大漠风情线上分布最多，有15项，在丝路胜迹寻根朝觐旅游线上分布最少，有3项；传统舞蹈类在6条路线中均有分布，总共有55项，其中在黄河风情名胜风光旅游线上分布最多，有18项，在民俗博览黄土风情旅游线上分布最少，有4项；传统戏剧类在6条路线中均有分布，总共有39项，其中在丝绸古道大漠风情线上分布最多，有10项，在回藏风情草原风光旅游线上分布最少，有2项；曲艺类在6条路线中均有分布且分布均匀，总共有25项，其中在黄河风情名胜风光旅游线、丝绸古道大漠风情线、回藏风情草原风光旅游线上分布均为5项，在民俗博览黄土风情旅游线上分布4项，在山水风光生态家园旅游线和丝路胜迹寻根朝觐旅游线上分布均为3项；传统体育、游艺与杂技类除回藏风情草原风光旅游线，其他5条路线均有分布，总共有21项，其中在丝绸古道大漠风情线和丝路胜迹寻根朝觐旅游线上分布最多，均有6项；传统美术类在6条路线中均有分布，总共有68项，其中在丝绸古道大漠风情线上分布最多，有19项，在山水风光生态家园旅游线上分布最少，有6项；传统技艺类非物质文化遗产在6条路线中都有分布且在十大类中的数量最多，共有111项，其中在黄河风情名胜风光旅游线上分布最多，有33项，在山水风光生态家园旅游线上分布最少，有12项；传统医药类除山水风光生态家园旅游线，其余5条路线上均有分布，总共有12项，其中在丝绸古道大漠风情线上分布最多，有5项；民俗在6条路线中均有分布，总共有64项，其中在丝绸古道大漠风情线上分布最多，有21项，在山水风光生态家园旅游线和丝路胜迹寻根朝觐旅游线上分布最少，均有4项（见图5—1）。

由表5—3和图5—1综合分析可知，甘肃省省级非物质文化遗产项目在六条旅游线路的分布上有一定差异，而各个区域的自然环境、人文环境、社会经济因素等都是造成差异的直接或间接因素。黄河风情名胜风光旅游线上不仅有甘肃省政治、文化、经济中心的兰州，还有铜城之称的白银市和素有"甘肃咽喉、兰州门户"之称的定西。属于黄河文化发源地和农耕文化的代表，文化底蕴深厚，非物质文化遗产资源丰富。并且从自然地理环境来看，兰州、白银和定西位于青藏高原、内蒙

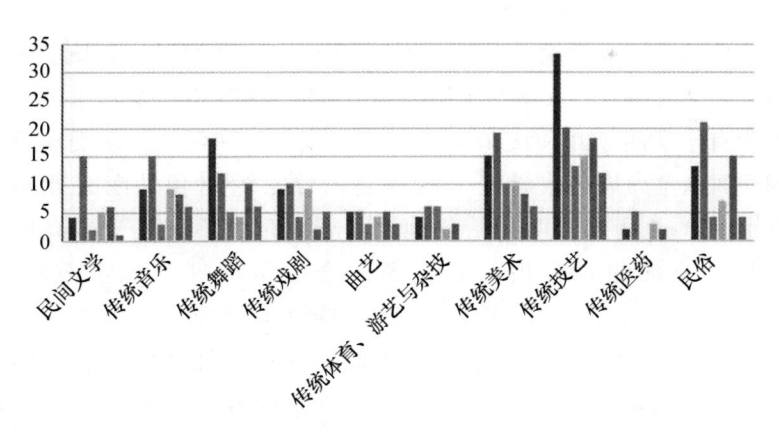

[图表：甘肃省六条旅游路线上的省级非物质文化遗产分布]

■ 黄河风情名胜风光旅游线　■ 丝绸古道大漠风情线　■ 丝路胜迹寻根朝觐旅游线
■ 民俗博览黄土风情旅游线　■ 回藏风情草原风光旅游线　■ 山水风光生态家园旅游线

图 5—1　甘肃省六条旅游路线上的省级非物质文化遗产分布

古高原和黄土高原三大高原交汇区域，且属于黄河的上游，河流、河谷众多，适于人类居住，复杂多变的地形和多样的人文气候形成了丰富多彩的生活生产方式，因此省级非物质文化遗产相对集中，且以兰州太平鼓、砚台制作技艺等传统技艺类、传统舞蹈类最丰富。丝绸古道大漠风情线上的武威、金昌、张掖、嘉峪关、酒泉是"丝绸之路"和"唐蕃古道"的交通要道，作为连接中原和外界的桥梁，充分融合了各国家、多民族的文化，在吸收、融合的同时形成了丰富的民俗文化，独特的沙漠文化和丝路文化孕育了河西宝卷、凉州攻鼓子和夜光杯雕等珍贵的非物质文化遗产资源，且非物质文化遗产在十个类别中分布均衡；丝路胜迹寻根朝觐旅游线上的天水，素有"陇上江南"的美誉，是中国历史文化名城之一。天水历史悠久，不仅是丝绸之路的必经之地，还是人文始祖伏羲、女娲的诞生之地，故有"羲皇故里"之称，是中国古代文化的发祥地之一。独具特色的文化和丰厚的文化底蕴，以及魅力无穷的风俗民情孕育了丰富多样的非物质文化遗产资源，以秦安壳子棍术和天水木雕等传统体育、游艺与杂技类和传统美术类最突出。民俗博览黄土风情旅游线上的庆阳、平凉地处陕甘宁三省区交汇地带，是中华文明的发源地之一，有着丰富的石油、煤炭、天然气资源和生态人文旅游资源，还有以崆峒文化、岐黄文化、农耕文化、民俗文化为代表的黄土地文化，是典型的黄土地貌，由于特殊的地理环境，形成的文化既包括西北干旱区的文化特点，又融合了中部黄土区的独特文化，省级非物质文化遗产中有华亭曲子戏和庆阳唢呐等传统戏剧类和传统音乐类丰富多样；回藏风情草原风光旅游线上的临夏回族自治州和甘南藏族自治州位于甘肃的西南部，两自治州地理位置毗邻，不仅是青藏高原与黄土高原结合部的甘青川三省交界的金三角地带，而且还是回、藏、汉三大民族文化的交汇区。临夏回族自治州绚烂的伊斯兰宗教文化和丰富的"花儿"艺术，是远近闻名的穆斯林文化缩影和中国"花儿"艺术之乡。甘南藏族自治州比较完整地积淀和保存了藏民族传统的游牧文化、佛教文化和民俗文化，成为外部世界观察和研究藏族文化的重要窗口。山水风光生态家园旅游线的陇南是甘肃仅有的长江流域和亚热带气候地区，地貌俊秀，气候宜人，自然资源丰富，并且陇南有着悠久的历史，是秦王朝的发祥地，是中国古代西部民族氐人和羌人活动的核心地区。独特的区位优势、悠久的历史和多姿多彩的民族风情孕育了文县傩舞（池哥昼）、武都高山戏、西和乞巧节等优秀的非物质文化遗产资源。

二 按行政区域分析

以行政市域为研究尺度，从类型结构方面分析甘肃省省级 478 项（除去 15 项事业单位单独申报的非物质文化遗产）非物质文化遗产项目在 14 个地级市（州）的分布情况，各项统计数据见表 5—6。

表 5—6　　　　省级非物质文化遗产在各行政区域的分布

类型 地级市（州）	民间文学	传统音乐	传统舞蹈	传统戏剧	曲艺	传统体育游艺杂技	传统美术	传统技艺	传统医药	民俗	合计
嘉峪关市	2	1	1	0	0	0	1	2	0	0	7
金昌市	1	1	1	2	1	0	1	4	0	1	12
白银市	0	4	5	2	0	1	3	4	1	1	21

续表

地级市（州）＼类型	民间文学	传统音乐	传统舞蹈	传统戏剧	曲艺	传统体育游艺杂技	传统美术	传统技艺	传统医药	民俗	合计
临夏州	3	2	3	1	3	1	4	8	1	2	28
平凉市	1	4	2	5	3	2	2	6	2	2	29
张掖市	2	5	4	2	0	3	5	3	1	8	33
武威市	6	4	2	4	3	0	3	5	2	6	35
庆阳市	4	5	2	4	1	0	8	9	1	5	39
酒泉市	4	4	4	2	1	3	9	6	2	6	41
兰州市	2	1	8	3	4	3	3	10	1	7	42
陇南市	1	6	6	5	3	0	6	12	0	4	43
定西市	2	4	5	2	1	3	8	19	0	5	49
甘南州	3	6	7	1	2	2	4	10	1	13	49
天水市	2	3	5	4	3	6	10	13	0	4	50
合计	33	50	55	39	25	21	68	111	12	64	478

1. 数量特征

由表 5—6 可知，按非物质文化遗产数量划分，可将各地级市（州）划分为四个阶梯；第一阶梯的各地级市非物质文化遗产数量最多，包括天水市、甘南藏族自治州、定西市、陇南市、兰州市和酒泉市，总量分别为 50 项、49 项、49 项、43 项、42 项、41 项；第二阶梯的各地级市非物质文化遗产数量次之，包括庆阳市、武威市、张掖市，各有 39 项、35 项、33 项；第三阶梯的各地级市非物质文化遗产数量其次，包括平凉市、临夏回族自治州、白银市，为 29 项、28 项、21 项；第四阶梯的各地级市非物质文化遗产数量最少，包括金昌市和嘉峪关市，分别有 12 项和 7 项。15 项研究院独立申报的项目包括甘肃颐真古琴院的甘肃古琴艺术、甘肃省图书馆的古籍修复技艺、甘肃省民俗文化产业协会的豳地傩面制作技艺、兰州交通大学的染缬技艺、敦煌研究院的敦煌古乐器制作技艺研承、西北民族大学的天祝土族《格萨尔》和《米拉尕黑》、敦煌研究院的敦煌艺术—音乐技艺研承、敦煌研究院的敦煌艺术—舞蹈技艺研承、省秦剧团的秦腔、省陇剧院的道情戏、敦煌研究院敦煌的艺术—美术技艺研承、兰州大学第一医院不孕不育中医治疗十三法、中医脏腑辨证诊疗法和道医脉诊指剑掌眼技艺。

2. 结构类型特征

按结构类型划分，甘肃省省级非物质文化遗产项目在各地级市（州）的分布并不均衡。民间文学武威共有6项，在各地级市（州）中居于首位。武威拥有具有河西文化元素的河西宝卷，还有当地群众耳熟能详的苏武传说、民勤驼队传说和古浪童谣等优秀的民间文学；传统音乐遍及14个市（州），其中甘南藏族自治州和陇南市最多，陇南市是一个多民族聚居的地区，世居于此的民族有汉、回、蒙古、彝、壮、朝鲜、满族等，这些民族能歌善舞，在长期的生活创造了内容丰富、风格独特并反映当地社会历史文化和日常生活的民间舞蹈；甘南藏族自治州广阔无边的大草原和热情奔放的草原儿女，创作了无数悦耳动听、抵达心灵的藏族民歌，这些动人的藏族民歌是非物质文化遗产的重要组成部分；传统舞蹈分布在14个市（州），其中兰州最多，甘南藏族自治州次之，如兰州太平鼓舞、舟曲多地舞等，曼妙的舞姿展示着多彩的生活；传统戏剧平凉市和陇南市均为5项，嘉峪关除外，其余各市（州）均有分布，陇南历史悠久，风情多样，民间戏剧种类繁多，其中尤以高山戏、花灯戏、影子腔，充盈地方风情，富有泥土气息，为当地群众所喜闻乐见，成为雅俗共赏的艺术瑰宝。曲艺这类本就不多，兰州有4项位列榜首，包括兰州鼓子、兰州太平歌（安宁区、皋兰县各有1项）和苦水下二调。张掖市、嘉峪关市和白银市目前暂未申报曲艺类非物质文化遗产项目。传统体育、游艺与杂技总共有21项，分别分布在8个地级市（州），天水市6项，兰州、酒泉、张掖市各3项，甘南州、平凉各2项，临夏州和白银市各1项；传统美术在14个市均有分布，其中天水非物质文化遗产项目最多，天水传统美术将原始思维、文人情趣、宗教文化、吉利追求、时代新歌、差异化的族裔文化交织在一起，构成了天水传统美术气象万千的内涵及其特色；传统技艺与人类社会生产活动密切相关，在10个非物质文化遗产类型中数量最多，共115项，在各地级市（州）的分布也不均衡，定西市数量最多，有19项，天水市和陇南市次之，分别为13项和12项，兰州市和甘南藏族自治州有10项，其余各市（州）皆不到10项；传统医药类非物质文化遗产项目仅有15项，藏医药主要分布在藏族聚居区，比如甘南藏族自治州、武威市。正骨法、针灸秘术等主要分布在平凉、庆阳、白银和临夏地区；民俗，可以简单地概括为民间流行的风尚和习俗，各地级市（州）的民俗项目数量不等，甘南藏族自治州13项领先，张掖市8项位列第二，嘉峪关暂未有此类非物质文化遗产申报。

第四节　甘肃省非物质文化遗产类型分析

一　民间文学

甘肃作为华夏文明和中华民族的发祥地之一，自古以来多民族聚居，历史故事和民间传说源远流长，为民间文学的创造提供了丰富的素材；各民族民间文学的创作都与当地群众的历史、生活和思想有着密切的联系，反映了本族人民的真情实感、聪明才智、理想愿望以及人生观等。例如被誉为世界上最长史诗的《格萨（斯）尔》是古代藏族、蒙古族民间文化与口头叙事传统最高艺术成就的典范，是研究古代西部族群社会历史、族群往来、伦理道德、宗教信仰、文化风俗的一部文献典籍。据统计，甘肃省拥有5项国家级、35项省级、170项市（州）级等民间文学类非物质文化遗产项目（见表5—7）。

表5—7　　甘肃省民间文学类国家级非物质文化遗产一览表

序号	项目名称	公布时间	申报地区、单位	传承人简介	项目简介
1	河西宝卷	2006年（第一批）	武威市凉州区	李作柄，男，汉族，1931年生。2009年6月，入选第三批国家级非物质文化遗产项目代表性传承人。代表作品有《红罗宝卷》《房四姐宝卷》《白马宝卷》等。	河西宝卷以文字和口头传唱的形式广泛流传于河西走廊一带，主要分布在武威市凉州区、古浪县和天祝县、酒泉市的肃州区及张掖市的大部分乡县。河西宝卷的起源可追溯至唐代宣传宗教的敦煌民俗文学，受宋代说经的影响，成熟、盛行于明、清至民国时期，"文革"期间逐渐式微，走向衰落。宝卷主要吸收和继承了敦煌佛经的框架，最典型的是凉州宝卷不仅汲取了变文、俗讲和说经，而且还将宝卷不断与本地民族文化融合，使河西宝卷成为中国民间说唱文学的重要组成部分。河西宝卷的主要形式表现为韵散结合，说唱相间，以"接佛声"的方式引起群众的关注并主动参与说唱。散说环节主要以"讲"或"说"的形式交代故事发生的时间、情节、主要人物关系、地点等。而韵文主要重复散说部分的故事以此来惩恶扬善、表达爱恨情绪、推动故事情节的发展，起渲染氛围、强调的作用，"吟"或"唱"是主要的表现形式，句式以十字句和七言句为主，还有五言句和四言句，句子平仄韵律相协调。现已发现的河西宝卷有七百多种，除去重复宝卷，有存宝卷一百一十篇左右。
2	河西宝卷	2006年（第一批）	酒泉市肃州区	乔玉安，男，汉族，1944年生，甘肃酒泉人。2007年6月，入选第一批国家级非物质文化遗产项目河西宝卷代表性传承人。代表作品有《金凤卷》《牧牛卷》《黄氏女卷》等。	
3	河西宝卷	2008年（第二批）	张掖市	代兴位，男，汉族。2018年5月8日入选第五批国家级非物质文化遗产代表性项目代表性传承人。他能够表演40余种宝卷，尤其擅长演唱《丁郎寻父》《鹦哥宝卷》《仙姑宝卷》等。	

续表

序号	项目名称	公布时间	申报地区、单位	传承人简介	项目简介
4	格萨(斯)尔王传	2006年(第一批)	甘肃省	王永福,男,土族,1931年生,甘肃天祝藏族自治县人。2007年被列入第一批国家级非物质文化遗产项目格萨(斯)尔代表性传承人。他是唯一一个在天祝境内完整说唱土族《格萨尔王传》史诗的民间艺人。	流传千古的《格萨(斯)尔王传》是中华民族文学史中的一块瑰宝,是我国藏族人民集体智慧创作的一部伟大英雄史诗,共有120多卷。100多万行,2000多万字,是世界上迄今发现的篇幅最长的英雄史诗,比世界著名的五大史诗的总量还要长,被称为"东方的荷马史诗"。《格萨(斯)尔王传》不仅是各族群文化的大熔炉,还见证了多个民族文化的动态发展,是古藏族、蒙古族文化的活化石。
5	米拉尕黑	2008年(第二批)	东乡族自治县	马虎成,男,东乡族,1953年7月出生。2009年,入选第三批国家级非物质文化遗产代表性项目米拉尕黑代表性传承人。	《米拉尕黑》是在东乡族群众中世代传唱的伟大英雄史诗,距今已有五百多年的历史。这部英雄史诗讲述了一位名叫米拉尕黑的青年猎手在与心爱的女孩玛芝露结婚前夕忍痛分别,毅然奔赴前线。过了18年,米拉尕黑回到家乡,看见未婚妻被强盗欺负,他赶走强盗,与玛芝露团圆,从此以后过上了美好幸福的生活。它是一首颂扬正义终究战胜邪恶、忠贞终究战胜奸佞的瑰丽史诗。

二 传统音乐

甘肃是古丝绸之路的重要地段,不仅是一条"贸易之路",而且还是一条"艺术之路",甘肃各民族的音乐,不仅具有西北民族风情,还融汇了中西方音乐的音韵乐律。甘肃境内各民族传统音乐历史悠久、独树一帜，具有典型的西音（秦音）音乐风格及陇原地方特色，流传至今仍散发着丝绸之路绚丽多彩的音乐芬芳。各族人民创造的富有浓郁民族特色的音乐是人们的思想感情、风俗习惯、审美情趣的象征。据统计，甘肃省拥有10项国家级、55项省级和172项市（州）级等传统音乐类非物质文化遗产项目（见表5—8）。

表5—8　　甘肃省传统音乐类国家级非物质文化遗产一览

序号	项目名称	公布时间	申报地区、单位	传承人简介	项目简介
1	裕固族民歌	2006年（第一批）	肃南裕固族自治县	杜秀英，女，裕固族，1940年1月出生，是裕固族最后一个萨满的大女儿。 杜秀兰，女，裕固族，1943年6月出生，是裕固族最后一个萨满的二女儿。2009年，杜秀兰入选第三批国家级非物质文化遗产代表性项目裕固族民歌代表性传承人。	裕固族是一个能歌善舞的民族，大小聚会时都要唱歌跳舞。据史料研究裕固族民歌起源于魏晋时期，在16世纪到20世纪中期较为活跃，近代陷入低谷期。历史上，裕固族传统民歌流传的数量多，民歌体裁丰富，歌词淳朴动听，节奏悠扬轻快，内容丰富多样、生动感人、个性鲜明，主要分为音乐和唱词两个部分；其中有些传统民歌流传至今，已经成为裕固族民歌中的经典作品。最能体现裕固族特色的叙事歌有《西至哈志》《黄黛琛》《萨娜玛珂》等。这些音乐作品充分体现了浓郁的民族风格、鲜明的民族特色，向世人展示了裕固族迷人的风貌以及对美好生活的向往和家乡的热爱。迄今为止这些民歌对裕固族人还有着巨大的影响力，尤其是《西至哈志》，因其记载了裕固民族迁徙史，具有较高的艺术审美价值以及史料研究价值。

续表

序号	项目名称	公布时间	申报地区、单位	传承人简介	项目简介
2	莲花山花儿会	2006年（第一批）	康乐县	汪莲莲，女，汉族，1958年出生于康乐县莲麓镇，从小受母亲的影响，对莲花山花儿充满兴趣。2009年，入选第三批国家级非物质文化遗产代表性项目莲花山花儿会传承人。	莲花山是莲花山"花儿"的滥觞地，莲花山"花儿"是甘肃境内最古老的民歌之一。据考查，它起源于唐末宋初的吐蕃"踏歌"，现在莲花山地区的汉族人民中有一部分是历史上汉化了的吐蕃人。吐蕃"踏歌"在章法句式和直叙其事的表达手法上，基本上与现在的莲花山"花儿"相一致。从古至今，生活在这里的各族人民用"花儿"这种民歌表达他们对自然、对生产、对生活、对自己的种种认识和情感，"花儿"也在漫长的历史演变过程中将每个特定历史阶段的文化、经济、地理、宗教、心理以其特有的方式沉淀下来，通过人们世代传唱，为我们留下了了解和研究古代历史的百科全书。
3	松鸣岩花儿会	2006年（第一批）	和政县	苏平，女，撒拉族，1942年7月出生于青海省化隆县。2018年5月8日，入选第五批国家级非物质文化遗产代表性项目松鸣岩花儿会传承人。	松鸣岩"花儿"会于每年农历四月二十六至二十九在甘肃省和政县国家级森林公园、省级风景名胜区松鸣岩举行。根据史料研究，"花儿"在和政县出现应该在明代前期，距今至少已有数百年历史了。

续表

序号	项目名称	公布时间	申报地区、单位	传承人简介	项目简介
3	松鸣岩花儿会	2006年（第一批）	和政县	马金山，男，东乡族，1949年出生于和政县吊滩乡科托村。2008年入选第二批国家级非物质文化遗产代表性项目松鸣岩花儿会传承人。	松鸣岩"花儿"会有持续的历史传承性和博大的开放包容性，有固定的演唱时间和场合。松鸣岩"花儿"会上，歌手们除了演唱各种河州令外，还有《牡丹令》，演唱地点或在山坡，或在草坪，或在山口，或在林中，演唱形式有独唱、齐唱、对唱，伴奏乐器有咪咪、四弦子、唢呐、二胡等。
4	二郎山花儿会	2006年（第一批）	岷县	刘郭成，男，1964年出生，从小跟随父亲学唱花儿练就了一副好嗓子，特别是近年来，刘郭成同志开辟了秦许马烨仓花儿滩"花儿"会和二月二传统庙会的"花儿"演唱，在群众中影响很大。2009年，入选第三批国家级非物质文化遗产代表性项目二郎山"花儿"会传承人。	二郎山"花儿"会最早源于岷县的祭神赛会，据考证其形成时间为明代。相传，岷县境内有18位湫神会在每年农历五月初的时候在当地出巡。当地人会在当天的巡行路线上举行定点祭祀，中午过后，18位湫神被请到二郎山上接受官祭，祭祀仪式上当地百姓演唱"洮岷花儿"。"洮岷花儿"，按派别分为北派和南派。北派花儿，又称"两怜儿"，曲调轻松舒缓，擅长叙事。南派花儿，又称"阿欧怜儿"，曲调粗犷高亢，具有一种原始美；"洮岷花儿"不仅有极高的音乐价值和即兴演唱价值，而且歌词还具有极高的文学价值，它与湫神祭祀一样，是当地群众智慧的结晶，是研究岷县社会历史和民俗文化的珍贵文献。

续表

序号	项目名称	公布时间	申报地区、单位	传承人简介	项目简介
5	张家川花儿会	2014年（第四批）	张家川回族自治县		"张家川花儿"是回族群众在长期劳动、生活中自创自演的一种民间音乐形式。与其他类型的"花儿"比较，张家川"花儿"在音乐调式、旋律、节拍、节奏、曲式、结构等独具一格。在调式上，张家川"花儿"以商调式和羽调式为主。在行腔用调上既汲取了临夏"花儿"婉转悠长，又受到了地方小曲的影响，并与陕西的眉户、婉婉腔相互影响，相互渗透，产生了一定的关联。在当地，回族的"花儿"与本土的汉族"小曲"不断融合发展，逐步形成了独特的张家川"花儿"流派。张家川"花儿"丰富多彩的内容反映了人民群众对美好生活的热爱、追求和向往。
6	唢呐艺术	2006年（第一批）	庆阳市	马自刚，男，汉族，1962年6月出生，博采众长，不仅继承传统艺术，而且还结合时代不断创新，形成了自己的演奏风格，为继承和发展陇东唢呐艺术做出了积极的贡献。2012年12月，入选第四批国家级非物质文化遗产代表性项目唢呐艺术传承人。	庆阳唢呐是流传在西峰地区及周边庆城县、环县、合水县等区域的一种民间吹打乐，在庆阳当地深受群众喜爱有坚实的群众基础，庆阳唢呐曲牌丰富且表演队伍规模大，是我国民间音乐中一个独特乐种。

续表

序号	项目名称	公布时间	申报地区、单位	传承人简介	项目简介
6	唢呐艺术	2006年（第一批）	庆阳市		庆阳唢呐表演时分"大件"与"小件"两种组合乐器。唢呐是木制的双簧管乐器，音量大，音色干净，演奏方便。庆阳唢呐可吹出高、中、低三种音色，有丰富的吹奏技巧，并广泛在各种民俗活动中演奏，尤其是婚丧嫁娶、寺庙开光、节庆典礼、生日祝寿等活动都能见到唢呐的身影，增添喜气和热闹的氛围。
7	华锐藏族民歌	2008年（第二批）	天祝藏族自治县	马建军，男，藏族，1946年生，甘肃天祝人，中华杰出英雄楷模人物。青年时代已是当地颇有影响的华锐藏族民歌代表性传承人，中年阶段为华锐藏族民歌的传播、发扬与保护做出了不可磨灭的贡献。2009年，入选第三批国家级非物质文化遗产项目华锐藏族民歌代表性传承人。	华锐藏族民歌是在天祝藏族自治县及其周边地区广泛流传的藏族歌曲。据史料记载，古代藏人把藏歌作为交流沟通的方式。公元11世纪，"勒"体民歌逐渐流行起来，成为安多藏区人民最喜爱的民歌形式之一。华锐藏区作为安多藏区的一支，继承了"勒"体民歌并将其发扬光大，逐渐形成具有鲜明特色的华锐藏族民歌。按歌曲内容可将华锐藏族民歌分为叙事曲、哭嫁歌、讽喻歌、迎宾曲问答歌、报恩歌等，生动朴实、通俗易懂；按演唱形式可分为一人独唱、多人对唱、多人齐唱、边唱边跳及一问一答等多种形式，华瑞藏族民歌杰出代表作品有《福禄绵羊歌》《创世纪三部曲》《席赞》等。

续表

序号	项目名称	公布时间	申报地区、单位	传承人简介	项目简介
8	甘南藏族民歌	2008年（第二批）	甘南藏族自治州	华尔贡，1948年出生，藏族，玛曲县尼玛乡人，外科主治医师。他在长期行医的过程中，搜集整理大量的民歌，加以不断地完善升华，使藏族古老的弹唱艺术焕发新的活力。2009年，入选第三批国家级非物质文化遗产项目甘南藏族民歌代表性传承人。	甘南藏族民歌具有自由、辽阔、粗犷、高亢的音乐特色。其演唱有独唱和合唱两种形式，还有趣味性对答的演唱形式，尤其以独唱为多。甘南藏族民歌显示出民族性、群众性、娱乐性的特征，为广大藏族群众所喜闻乐见。甘南藏族民歌体现了当地民众的社会历史、生活习俗、原始宗教信仰和审美观念，是民俗学、社会学、民族学、音乐学等研究藏族文化的重要参考文献。
9	拉卜楞寺佛殿音乐道得尔	2008年（第二批）	夏河县	成来加措，男，藏族，生于1969年，夏河县拉卜楞寺僧人，道得尔以师徒传承为主，代代相传，技艺传自师父索南，徒弟有毛兰木、次成木等。2009年，入选第三批国家级非物质文化遗产代表性项目拉卜楞寺佛殿音乐道得尔代表性传承人。	拉卜楞寺位于甘肃省甘南藏族自治州夏河县，拉卜楞寺中的佛殿音乐称为"道得尔"，是拉卜楞寺举行盛大佛教仪式上所使用的音乐，以宗教音乐为主。道得尔演唱中所使用的乐器种类多且颇具特色，有主管、笙、管子、九音云锣、钹、海螺、骨笛等；音乐中使用的藏文简谱和现代简谱大同小异，为七音级，乐曲以宫调式、商调式和徵调式为主。道得尔一大亮点是在演奏中使用汉族乐器，而乐曲则汉、藏都有使用，且一些汉族乐曲具有某些藏族音乐的特点，融合了藏、汉音乐的风格。1980年11月，为迎接十世班禅大师，按照六世嘉木样活佛的意旨，拉卜楞寺组建了一支新乐队。拉卜楞寺一直在寺内有序传承道得尔。

续表

序号	项目名称	公布时间	申报地区、单位	传承人简介	项目简介
10	清水道教音乐	2008年（第二批）	清水县	安保会，男，汉族。2018年5月16日，入选第五批国家级非物质文化遗产代表性项目清水道教音乐代表性传承人。	清水道教音乐也称"斋醮音乐"或"道场音乐"，是甘肃省天水市的汉族宗教音乐，属于全真派的道教科仪音乐。清水道教音乐的产生、流布、传承，至今已有500多年的历史，常用经典有60部180多卷，句式多为四字、七字和十字句，由于它是在打击乐的伴奏下将道教的经词配以音乐曲调唱出来的，因此清水道教音乐注重的是"一写念三吹打"。清水道教音乐以经韵唱诵为主，主要以打击法器伴奏，并有吹笙、管、笛、箫等，丝弦乐器的运用较为少见。

三 传统舞蹈

甘肃自古以来就是多民族聚居地，世居甘肃的少数民族有汉、回、藏、东乡、裕固、蒙古、哈萨克、保安、撒拉、满、土、维吾尔12个少数民族，其中，东乡族、裕固族、保安族是甘肃独有的少数民族。在历史的长河中其生产生活受到自然环境、宗教信仰、民族特点以及审美情趣诸多因素的影响，甘肃各民族创造了内容丰富、风格独特并反映当地社会历史文化和日常生活的民间舞蹈。这些民间舞蹈不仅是人们日常生活中喜闻乐见的娱乐方式，也是精神寄托的重要载体。据统计，甘肃省拥有9项国家级、56项省级和143项市（州）级等传统舞蹈类非物质文化遗产项目（见表5—9）。

表 5—9　　　　甘肃省传统舞蹈类国家级非物质文化遗产一览

序号	项目名称	公布时间	申报地区或单位	传承人简介	项目简介
1	文县池哥昼	2008 年（第二批）	文县	余杨富，男，1926 年生。代表作品有《阿尼嘎洒》《乐凯凯》《拉毛子》《银鱼子》等。2009 年，入选第三批国家级非物质文化遗产项目文县池哥昼代表性传承人。	文县池哥昼，又称"鬼面子"，因在表演中需要头戴面具，也称"白马面具舞"。在白马藏语中，"池哥"是山神的意思，"昼"的含义是舞蹈。通常，池哥昼由九人组成一个舞队，其中 4 人装扮成"池哥"，即山神；2 人装扮成"池姆"，即菩萨；2 人装扮成"池玛"，即夫妻；另外还有一个十多岁的孩子装扮成"猴娃子"。四个"池哥"和两个"池姆"头戴面具，一对"池玛"普通装扮，猴娃子脸上涂抹锅黑，神似戏剧里的丑角。文县池歌昼从头到尾伴随有舞蹈，而表演服饰、道具、形式、舞姿独具特色，与其他舞蹈有很大的不同，集舞、歌、乐于一体。池哥昼不仅具有神秘的宗教色彩而且还体现出了浓郁的娱乐氛围，是本土民众喜爱的一种民族民间艺术。
				余林机，男，藏族，甘肃省文县人，2018 年 5 月 16 日，入选第五批国家级非物质文化遗产项目文县池哥昼代表性传承人。	
2	永靖七月跳会	2008 年（第二批）	永靖县	范廷禄，男，1935 年生，1948 年开始学跳傩舞，1952 年技艺成熟，逐渐成为村中表演傩舞主角。代表作品有《布袋爷》《犁地》《五官五娘子》等。2009 年，入选第三批国家级非物质文化遗产项目永靖七月跳会代表性传承人。	七月跳会是永靖县当地民众为祈求风调雨顺、五谷丰登、人畜平安而举行的表演仪式，只有在丰收年才跳七月会，歉收年则不跳。七月跳会整个仪式流程烦琐，包括下庙、献盘、献牲、会手舞、发神舞、面具戏、赛坛等。七月跳会所组成的舞蹈队有五十多人，根据分工不同，他们分别装扮成九辖、牌头、会手、旗手、锣鼓手等。两名九辖身穿八卦衣，手握大刀，在最前面引

续表

序号	项目名称	公布时间	申报地区或单位	传承人简介	项目简介
2	永靖七月跳会	2008年（第二批）	永靖县		领队伍，并带领头戴红缨帽、身穿长袍彩服的各大牌头及会手祈求平安；牌头、会手等在九辖的带领下不断变化方阵；七月跳会中常戴的面具（俗称"脸子"）有三十多种。
3	苦水高高跷	2006年（第一批）	永登县	巨海全，男，汉族，甘肃省永登县人，2018年5月16日，入选第五批国家级非物质文化遗产代表性项目苦水高高跷代表性传承人。	甘肃省永登县苦水街高高跷表演历史悠久，自元末明初起到现在已有近七百年的历史。在当地，高高跷是一门世代相传的民间舞蹈，作为农历二月二龙抬头社火中不可分割并保存下来的一个传统节目，具有极高的文化价值。舞者身穿传统戏服，画上秦腔中人物的脸谱，手拿道具，脚踩高高跷，排成长队，在太平鼓队的带领下上街表演，场面十分壮观。苦水高高跷的高度在全国高跷中居首位，达3—3.3米。
4	兰州太平鼓	2006年（第一批）	兰州市	缪正发，男，汉族，1955年生，甘肃兰州人。他在太平鼓的传统技艺上将"兰州太平鼓"的高鼓、中鼓、低鼓等不同流派的打法进行融合，使兰州太平鼓舞体现出西北汉子那种粗犷、豪放和阳刚之美。2008年，入选第二批国家级非物质文化遗产项目兰州太平鼓代表性传承人。	素有"天下第一鼓"的兰州太平鼓是兰州地区城乡人民喜爱的民间表演形式之一，距今已有六百余年历史的兰州太平鼓呈圆筒形，鼓身高70—75厘米，鼓面径长45—50厘米，鼓重19—22公斤，牛皮材质做鼓面，鼓面上是八卦太极图，鼓身上画有二龙戏珠等图案； 兰州太平鼓舞所组成的鼓队一般有24—48人，多则达到108人，表演形式复杂多样，有"大轿迎宾""黄河儿女""擂台比武"等。在鼓手的击锣声中队伍不

续表

序号	项目名称	公布时间	申报地区或单位	传承人简介	项目简介
4	兰州太平鼓	2006年（第一批）	兰州市	魏永宏，1952年生，兰州市皋兰县人，2018年，入选第五批国家级非物质文化遗产项目兰州太平鼓代表性传承人。	断发生变换，一会儿可能是"两军对垒""金龙交尾""双重突围"，一会儿又变成"车轮旋战""跳打""蹲打""翻身打""岸打"等。经过几代艺人的发展和研究，兰州太平鼓基本形成了"低鼓""中鼓""高鼓"三种打法，并且为了强化节奏的变化还把戏剧中的架子功技法和武术技法引入兰州太平鼓中，因此在原来的单一鼓声中增添了轻、重、缓、急的打法，队形变化也更加流畅。
5	凉州攻鼓子	2008年（第二批）	武威市	杨门元，男，1959年生。8岁起学习"凉州攻鼓子"表演技法，16岁开始正式表演，表演技法纯熟，并在继承原表演形式的基础上进行创新，多次获奖。2009年，入选第三批国家级非物质文化遗产项目凉州攻鼓子代表性传承人。	凉州攻鼓子是武威当地流传的一种传统鼓乐舞蹈，它源自古代出征时为战士送行助威表演的乐舞。凉州攻鼓子中的全部舞蹈动作都体现了"攻"的特点。凉州攻鼓子的表演者均为男性，人数从几十人到上百人不等，两人组成一对，八人组成一组，头上戴黑幞帽，帽子上插两根野鸡翎，并且黑幞帽边缘插上扇形白纸花，身着黑色"十三太保衣"，脚上穿快靴，腰身上挎着红色鼓子，双手握鼓槌。攻鼓子的基本打法大概可概括"双手胸前画弧线，交错击鼓轮换翻。上步踏地凭脚力，挺胸抬头身不弯"，在攻鼓子的表演中经常出现的阵型有"两足对垒""展示三军""四门斗敌""登高望远""套莲花""挂阵"等。

续表

序号	项目名称	公布时间	申报地区或单位	传承人简介	项目简介
5	凉州攻鼓子	2008年（第二批）	武威市		把古代战士英勇剽悍、不惧危险的阳刚之气体现得淋漓尽致，给人一种威风凛凛而又神秘莫测的美感，在当地凉州攻鼓子有沙漠"黑旋风"的美誉。
6	武山弦鼓舞	2008年（第二批）	武山县	代三海，男，1960年出生，自幼十分喜爱旋鼓舞，从1973年跟随父亲代吉成开始学习武山旋鼓舞技艺，经过16年的勤学苦练，于1980年掌握了武山旋鼓舞的各种套路技艺与表演要领。2009年，入选第三批国家级非物质文化遗产项目武山旋鼓舞代表性传承人。	武山旋鼓舞，又称"扇鼓舞"或"羊皮鼓舞"；武山旋鼓舞历史悠久，源远流长。其起源在历史上有多种说法，比如有牧羊人震狼说、祭祀说、军事说等。在历史的长河中不断发展和演变，逐渐演变成一种民间传统祭祀赛社活动，并因地理环境的差异，形成了两大类型的旋鼓舞，即北部山区旋鼓舞和南部山区旋鼓舞。武山旋鼓舞的表现形式以舞乐为主，它早期的用途主要是驱赶野兽，后来又逐渐发展出在祭祀、酬神、赛社等宗教活动中用于表演，带有神秘的原始宗教信仰的色彩，旋鼓热烈地击打羊皮鼓结合剽悍豪迈的男子集体舞蹈阵容，成为甘肃省民间艺术中的一件瑰宝。
7	多地舞	2008年（第二批）	舟曲县	李扎西，男，1946年生，在继承古老的多地舞舞姿和原生态唱腔、唱调的基础上不断挖掘和丰富古老的多地舞歌舞体系，一生都在为挽救保护这古	多地舞即罗罗舞，是目前整个甘南地区保存较完整的民间艺术。多地舞类型有十余种即赖萨多地、格班多地、贡边多地等，多地舞类型不同其表现形式和意义也有所差异。多地舞的内容分为"多地""嘉让""甸录"三部分，"多地"开头会做头顶三

第五章　甘肃省非物质文化遗产资源赋存　129

续表

序号	项目名称	公布时间	申报地区或单位	传承人简介	项目简介
7	多地舞	2008年（第二批）	舟曲县	老而独一无二的舞蹈形式而努力。2009年，入选第三批国家级非物质文化遗产项目多地舞代表性传承人。	下、脚踩三下的动作，以对祖先开天辟地伟业的尊重，然后讲述日月星辰、山川湖海的来历，赞扬大自然对人类的馈赠。"嘉让"是一种集体舞，舞者多为妇女，人们手拉手围成圆圈，一人摇铃领唱，大家和声或轮唱，边唱边跳。"甸录"是多地舞的结尾部分，在"嘉让"中围成的圆圈散开分成两排，表达了对家乡美好山河和生活的赞美。
8	巴郎鼓舞	2008年（第二批）	卓尼县	卢永祥，男，1950年出生。2009年，入选第三批国家级非物质文化遗产项目巴郎鼓舞代表性传承人。	巴郎鼓舞是甘肃卓尼藏区独有的一种民间传统舞蹈；巴郎鼓舞历史悠久，距今已有1300多年，它的起源与古羌人的原始祭祀仪式和吐蕃宗教法舞有关。在藏语中，巴郎鼓舞意为"沙目"，跳巴郎鼓舞的地点叫"沙目场"，在正月期间演出巴郎鼓舞的节日叫"曼拉节"。在曼拉节当天，各个村寨的男性组成"沙目队"，他们不但在本村寨跳巴郎鼓舞，还要到其他村寨表演，这种行为在当地被称为赶"曼拉节"；"曼拉节"对于当地藏区人民的意义相当于汉族的春节，节日当天都会举行盛大的庆祝活动特别是跳巴郎鼓舞，意味着在祈祷平安吉祥和五谷丰登。

续表

序号	项目名称	公布时间	申报地区或单位	传承人简介	项目简介
9	巴当舞	2011年（第三批）	岷县	杨景艳，男，汉族，1951年出生。他对巴当舞的舞蹈程式、唱腔及藏语唱腔的含义有全面的掌握和理解。他不但是本村的巴当舞领舞者，而且还是跳巴当舞的七个村的总春巴。2012年，入选第四批国家级非物质文化遗产项目巴当舞代表性传承人。	巴当舞，古称"播鼗武"，是定西岷县一带汉、羌族群众唱古羌语、手摇巴当鼓的一种在祭祀山神时跳的民间舞蹈。巴当舞的起源可追溯到古羌人的"祭山会"。以前，当地民众为祈求风调雨顺、五谷丰登，每逢正月都要跳巴当舞进行祭山神礼仪活动。 巴当舞主要由安场、敬山神、扯节勒三部分组成。安场是安巴带领村寨男性，手摇长柄"巴当鼓"，载歌载舞，村寨其余民众站在外围在春巴的带领下边跳边唱，一共有9段唱词，配合9种舞步；敬山神是巴当舞中的主体和高潮部分，由"春巴"点燃篝火带领大家一起"拜五方"，然后在新立的秋千下载歌载舞，此过程有12段唱词；扯节勒是所有舞者开始吃饭、喝酒、品茶，集体大合唱。

四 传统戏剧

戏剧艺术是人类文化的重要载体，中国戏剧在世界戏剧艺术中独领风骚，甘肃戏剧又在中国戏剧艺术中的独树一帜。作为中华民族和华夏文明的重要发祥地之一，甘肃有着悠久的历史和深厚的文化底蕴，甘肃境内的敦煌文化、伏羲文化和黄河文化等特色文化为戏剧艺术的创作提供了源源不断的灵感，丰富了戏剧艺术形式，以舞剧《丝路花雨》《大梦敦煌》，陇剧《官鹅情歌》，秦剧《大河情》等为代表的一大批优秀剧目蜚声中外。据统计，甘肃省拥有 10 项国家级、39 项省级和 106 项市（州）级等传统戏剧类非物质文化遗产项目（见表 5—10）。

表 5—10　　甘肃省传统戏剧类国家级非物质文化遗产一览

序号	项目名称	公布时间	申报地区或单位	传承人简介	项目简介
1	秦腔	2008 年（第二批）	甘肃省秦剧团	窦凤琴，女，在汲取秦腔艺术特点的同时，又把民歌、流行歌曲的一些发声、行腔的特色融入秦腔演唱之中，在秦剧旦行表演艺术方面形成了自己独树一帜的演唱风格。2018 年 5 月，入选第五批国家级非物质文化遗产项目秦腔代表性传承人。	甘肃秦腔是甘肃"皮影腔"和"西秦腔"的结合，行腔读白采用地道的甘肃本土方言，发端于明清之际。甘肃秦腔的音乐丰富多彩，板、牌均可花、苦音对置。其伴奏有文武场之分，文场基本保留了明清时期的西秦腔伴奏形式，伴奏乐器主要有胡琴、闷胡子、三弦、月琴、笛等，而由胡琴领衔主奏；武场的主要伴奏乐器有鼓板、锣、铙、钹，而以梆子击节定眼，用檀板和干鼓来指挥全场。甘肃秦腔的角色包括生、旦、净、丑四个行当，每行又进一步细分，在演出中摸索出了各自的行当唱腔和表演程式。其表演"重架架""重生净""重特技绝活"，充分体现出热烈火爆、刚健雄武的风格。

续表

序号	项目名称	公布时间	申报地区或单位	传承人简介	项目简介
2	敦煌曲子戏	2006年（第一批）	敦煌市	肖德金，男，1942年出生，2009年，入选第三批国家级非物质文化遗产项目敦煌曲子戏代表性传承人。	曲子戏是在我国西北五省地区广泛流行的民间传统戏剧。曲子戏发端于明清时期的民间俗曲，清末民初的时候在各地形成不同风格的地方小戏，如敦煌曲子戏、华亭曲子戏、新疆曲子戏、宁夏曲子戏等。曲子戏的唱腔属联腔体，由众多的曲牌组成，在发展过程中又汲取了秦腔、眉户的艺术元素。 敦煌曲子戏已经在敦煌地区流传了上千年，现在逢年过节，仍有小规模演出。有研究表明，尽管在内容上有所演变，并增加了民间新创作和新的艺术形式，但在已经形成自己风格的敦煌曲子戏中，仍保留有敦煌遗书中的曲子词和曲调，这使敦煌文化的余脉在民间得到了延续。
3	华亭曲子戏	2006年（第一批）	华亭县	康和，男，汉族，1935年生，2013年去世，甘肃华亭人。从小就喜欢演唱华亭曲子戏，青少年时期就在第一代传人康宝山门下拜师学艺，是曲子戏的第二代传人。2008年，入选第二批国家级非物质文化遗产项目华亭曲子戏代表性传承人。	华亭曲子戏始于宋、元，盛于明、清，民国时达到高潮，与元杂剧有异曲同工之处。华亭曲子戏是由若干支不同的曲牌联缀成套，唱腔属联腔体。按戏剧内容可分为正剧、喜剧和悲剧。曲子以《前月调》《后背宫》开头，然后以《月调尾》收场，唱词的句式长短及宫调，都体现出元曲、宋词的风格，华亭曲子戏经历了由曲艺向戏曲的蜕变。做功主要在表情和行为动作上，无武

第五章　甘肃省非物质文化遗产资源赋存　133

续表

序号	项目名称	公布时间	申报地区或单位	传承人简介	项目简介
3	华亭曲子戏	2006年（第一批）	华亭县		打戏，表演无固定程式，旗作轿、鼓作磨、鞭作马、帐为床。乐队由文乐队和武乐队组成，文乐队使用的主要乐器是三弦，板胡、二胡、笛子、低胡等乐器辅助；武乐队开场锣鼓打场子，演唱以"四页瓦"、水子（碰铃）敲出节奏。
4	曲子戏	2011年（第三批）	白银市		白银市的曲子戏主要是指《西厢调》小曲，它发端于白银市白银区水川镇大川渡。据说，此地举人张海润参照《西厢记》的情节内容，并通过观察陇中地区尤其是黄河两岸人们的生产生活、风俗习惯和历史文化，有感而发，于1875年创作完成了歌舞小曲，取名为《西厢调》。《西厢调》一共有27种曲调，大致可概括为叙述型、欢快型、忧伤型、风趣幽默型四个类别，在具体演唱中4类曲调常常穿插运用。 《西厢调》剧本有三十余本，内容丰富，借用神话传说，用浪漫的手法来表现当地群众的朴素、厚道、善良和男女之间的真挚爱情。喜唱者不论音调高低，皆可演唱，演唱形式自由灵活，深受当地百姓喜爱。

续表

序号	项目名称	公布时间	申报地区或单位	传承人简介	项目简介
5	陇剧	2006年（第一批）	甘肃省	雷通霞，女，汉族，1966年出生，靖远县人。国家一级演员，第十六届戏剧"梅花奖"得主，中国现代戏剧研究会会员，甘肃省戏剧协会副主席。2018年，入选第五批国家级非物质文化遗产项目陇剧代表性传承人。	陇剧是甘肃独具特色的道情戏，全称是陇东道情。陇东道情发端于汉代的说唱道情，唐宋时期由宫廷走向民间。陇东独创的渔鼓道情在继承当地民间音乐的基础上，在演奏中增加二股弦等乐器，发展成皮影唱腔音乐。其唱腔复杂，由板式、曲牌、麻黄组成，其中麻黄最特别，一唱众和，氛围热闹，有"一句一簧，两句一帮"的说法；音乐类型分为花音和苦音，花音轻松欢快，悦耳动听，苦音悠扬婉转，清扬幽雅。陇胡、唢呐、渔鼓、水梆子是陇东道情最具特色的伴奏乐器，表演中融入皮影侧身造型美，舞台美术借鉴皮影镂空、彩绘、装饰手法及旦角高髻燕尾头饰等，独树一帜。
				边肖，男，汉族，1971年1月出生，庆城县人，国家一级演员，中国戏剧家协会会员，2018年，入选第五批国家级非物质文化遗产代表性项目陇剧代表性传承人。	
6	南木特藏戏	2011年（第三批）	甘南藏族自治州		南木特藏戏的雏形是由贡塘·丹贝准美仿效西藏藏剧的表演形式，将藏族传记文学名著《米拉日巴道歌》中猎人受教化的一段故事改编成剧。19世纪末，第五世嘉木样·丹贝坚赞、琅仓活佛等以历史传记、佛教故事为题材，汲取民间歌舞和地方说唱艺术，配以小型乐队，编导演出了《松赞干布》等多部影响深远的剧目，在安多地区产生了强烈反响。

续表

序号	项目名称	公布时间	申报地区或单位	传承人简介	项目简介
6	南木特藏戏	2011年（第三批）	甘南藏族自治州		南木特藏戏大都以歌颂正面人物为主，用丰富的想象、浓郁的神话色彩、大胆的浪漫主义手法表现戏剧情景，具有浓郁的民族色彩和地方特色。
7	环县道情皮影戏	2006年（第一批）	环县	高清旺，男，1963年出生，是皮影戏"魏派"的杰出代表。2008年，入选第二批国家级非物质文化遗产项目环县道情皮影戏代表性传承人。	环县道情皮影是"道情"与皮影戏相结合的一种民间戏剧。环县曾是匈奴、羌、戎、狄等民族文化交汇的地方及古老秦陇文化发源地，特殊的自然和人文地理孕育了深厚的文化涵养，培育出了"环县道情皮影"这一民间艺术。经清朝末年解长春等一代道情皮影大师的改革创新，使其内涵更加丰富。在表演中，分前台和后台配合表演。前台一人挑杆，并承担戏中全部角色的坐唱读白，后台四五人伴奏并"嘛簧"，一唱众和，粗犷高亢，独具风格。优美的道情音乐和精湛的皮影制的结合使其在众多皮影戏中独树一帜，极具地方特色。
				史呈林，男，汉族，1947年7月出生，7岁就跟随父亲学艺皮影戏，擅长挑扦演唱。2008年，入选第二批国家级非物质文化遗产项目环县道情皮影戏代表性传承人。	

续表

序号	项目名称	公布时间	申报地区或单位	传承人简介	项目简介
8	通渭小曲戏	2011年（第三批）	通渭县		通渭小曲戏是由明清时调、南北俗曲演变而来形成的，小曲表演者用地道的通渭方言来演唱，故事题材大多来自民间，在本地极具亲和力，故深受当地群众喜爱。它的唱腔为曲牌联套，曲牌数量庞大，截至目前已搜集、整理出来的曲牌就有126个，器乐曲牌26首。其演出形式主要有两种：一种是清唱小曲，无须伴奏和繁杂流程，形式自由，是当地群众休闲时的自娱自乐；另一种是正式的戏曲表演，根据剧本来演绎角色，由专门的戏剧班子来进行表演，说事唱情。通渭小曲的脚本内容十分丰富，涉及百姓劳动、爱情、战争、家庭伦理等社会的各个方面，反映了当地百姓淳朴、勤劳、善良等品质。
9	通渭影子腔	2014年（第四批）	通渭县	刘满仓，男，汉族。2018年5月，入选第五批国家级非物质文化遗产代表性项目通渭影子腔代表性传承人。	20世纪60年代，通渭影子腔在陇中大地一度盛行，在民间俗称为"牛皮灯影子"。小黄牛牛皮是制作通渭皮影的主要原材料，制作的皮影主要是人物类皮影及其相关的配件，再配上桌椅和景物等造型。在整个人物的制作上，头部"头梢"的制作最复杂繁琐，一共包括九道工序，这也是最考验艺人制作技艺的环

续表

序号	项目名称	公布时间	申报地区或单位	传承人简介	项目简介
09	通渭影子腔	2014年（第四批）	通渭县		节。连本戏是主要在民间流传的传统影子腔剧目，另外还有折子戏、单本戏，剧目达一百余本。通渭影子腔是板腔体戏剧形式的地方剧种，古朴典雅，韵味悠长。通渭影子戏的唱腔分花音和苦音，基本板式有慢板、流水板、飞板、道情、滚板五个独立板式和阴思板、尖板、送板等九个非独立板式。
10	武都高山戏	2008年（第二批）	陇南市	尹维新，男，汉族，2008年，入选第二批国家级非物质文化遗产项目武都高山戏代表性传承人。	高山戏又名"高山剧"，是甘肃省独有的两大戏剧之一。鱼龙、隆兴等地人称为"演故事""走过场"，1959年10月正式定名为"高山戏"。据史料记载，为消除灾年或举办庙会，当地群众便一起请求"师公"（巫师）举行仪式，拜神祭祀，祈福消灾。久而久之，这种"师公赞神"仪式逐渐演变为极具娱乐性的民间把式舞。明初当地百姓为纪念开国将领李文忠，开始了唱戏的习俗，由此把式舞从随意性选择场地表演转变到在舞台上表演"敷演故事"的戏剧性，经过数百年的发展，最终形成了高山戏。

五 曲艺

甘肃省曲艺历史悠久，经过各个时期的发展，形成了独具西北特色的曲艺风格。具有地方色彩的曲种主要有兰州鼓子、兰州太平歌、宝卷、贤孝、河州平弦、秦安老调、酒泉老曲子、裕固族弹唱、藏族折嘎、陇南说书等 30 多种。甘肃省曲艺作品类型丰富，有以历史故事、爱情故事为主打的传统曲目；有劳动人民即兴创作的民间说唱；还有以反映现实生活的新创曲目。据统计，甘肃省拥有 6 项国家级、25 项省级和 57 项市（州）级等曲艺类非物质文化遗产项目（见表5—11）。

表 5—11　　　　　甘肃省曲艺类国家级非物质文化遗产一览

序号	项目名称	公布时间	申报地区或单位	传承人简介	项目简介
1	凉州贤孝	2006 年（第一批）	武威市	冯兰芳，女，汉族，1965 年生，甘肃武威人。其三弦演奏娴熟，精通贤孝传统曲目，演唱风格质朴。代表作品有《凉州贤孝》《盲艺人重见光明》等。2008 年，入选第二批国家级非物质文化遗产项目凉州贤孝代表性传承人。	凉州贤孝是在武威市凉州区及古浪、民勤和永昌县流行的一种传统的曲艺说书。凉州贤孝的出现可追溯到元末明初时期。内容大多讲述了英雄贤士、烈妇淑女、孝子贤孙、帝王将相和才子佳人的故事，寓意惩恶扬善、讲究因果报应、为贤尽孝等宗旨于其中，故名"贤孝"。凉州贤孝的表演形式为一人独自说白、诵唱和伴奏。表演时所说的语言大多为凉州方言，通俗易懂、幽默风趣。表演中的伴奏乐器以三弦和二胡为主，而三弦最常见，也有两者同时伴奏并加入竹笛或者木鱼、碟子、碰铃等打击伴奏乐器。

第五章　甘肃省非物质文化遗产资源赋存　139

续表

序号	项目名称	公布时间	申报地区或单位	传承人简介	项目简介
2	河州贤孝	2006年（第一批）	临夏市	王威学，男，1954年出生，甘肃临夏市人。2018年，入选第五批国家级非物质文化遗产项目河州贤孝代表性传承人。	河州贤孝发端于明末清初时期，因表演中多宣扬惩恶扬善、忠臣良将、妻贤子孝的内容而得此名。其传统表演模式为独自一人（过去主要是盲人）手持三弦，自弹说唱。其说唱节目数量内容丰富，内容多为艺人们根据书籍改编并且世代流传。为了便于区别，艺人们把体现国家兴衰、忠臣良将的节目叫"国书"，代表作品有《伍子胥过江》《三国演义》《薛仁贵征东》《杨家将》《包公案》等；反映寻常百姓中孝顺父母、男女情爱的节目叫"家书"；此外还有讲述"二十四孝"内容的节目。代表作品有《王祥卧冰》《郭巨埋儿》《孟宗哭竹》等。
3	兰州鼓子	2006年（第一批）	兰州市	魏世发，男，1940年出生。2009年，入选第三批国家级非物质文化遗产项目兰州鼓子代表性传承人。	兰州鼓子是在兰州及周边地区广泛流行的一种传统曲艺。相传，兰州鼓子的来历与甘肃农村流传的打枣歌和切调等送秧歌密切相关。清代末期，兰州鼓子又吸收了北京的"单弦八角鼓"和陕西的"迷胡子"等的艺术元素，进一步形成今天所熟知的兰州鼓子。表演者分别手握三弦、扬琴、琵琶、月琴、胡琴、箫、笛等坐唱，走上高台后由一人自击

续表

序号	项目名称	公布时间	申报地区或单位	传承人简介	项目简介
3	兰州鼓子	2006年（第一批）	兰州市	陈增三，男，汉族，1950年2月生，甘肃省皋兰县水阜乡水阜村人。2012年12月，入选第四批国家级非物质文化遗产项目兰州鼓子代表性传承人。	小月鼓站唱，另有多人用三弦、扬琴、琵琶、月琴、胡琴等伴奏。其唱腔为曲牌联套体，常用的唱腔曲牌有坡儿下、罗江怨、边关调等四十余支。长期以来，兰州鼓子一直作为一种民众喜闻乐见的娱乐活动。
4	哈萨克族阿依特斯	2008年（第二批）	阿克塞哈萨克族自治县	沃斯尔汉·加尼木汉，男，哈萨克族，阿克塞哈萨克族自治县人。2018年5月，入选第五批国家级非物质文化遗产项目哈萨克族阿依特斯代表性传承人。	阿依特斯是哈萨克族曲艺中的典型代表。阿依特斯有"撷取精华""精选""集萃"的意思。阿依特斯中所演唱的内容大多来自哈萨克谚语、格言、诗歌和其他文艺作品，从中汲取精华部分，再配上曲调进行演唱。其历史悠久、源远流长，距今已有两百多年的历史。阿依特斯根据内容上的差异可以分为传统对唱和阿肯弹唱两大类。传统对唱，没有固定唱腔，演唱男女以歌词互相赠答，音乐热情奔放，情趣盎然。阿肯弹唱有固定唱腔并且是一种高水平、程序化的弹唱，一般采取扬己抑人、力图先声夺人的方式，语言尖刻，但又互相谅解，胜不骄、败不馁。

续表

序号	项目名称	公布时间	申报地区或单位	传承人简介	项目简介
5	秦安小曲	2008年（第二批）	秦安县		秦安小曲又称"秦安老调"，主要在甘肃省天水市秦安县及周边地区流行的一种传统曲艺。据说，秦安小曲形成时期是明代中期，距今已有五百年的历史。秦安小曲表演中所使用的语言是正宗的秦安本土方言，其表演形式复杂多样；有一人自弹中三弦伴唱，有两人分别手持三弦与摔子对唱，或由多人分别手持三弦、摔子、四片瓦等乐器轮流演唱。其唱腔属于曲牌联缀体，表演中经常使用的曲牌有背尾、四六越调、穿字越调、背宫、单背宫等四十余支。
6	河州平弦	2011年（第三批）	临夏市		河州平弦主要在古称河州的临夏市及其周边地区流行的传统曲艺。表演形式比较固定，即一人自弹三弦说唱，以唱为主，附有说白。河州平弦曲目的内容丰富。涉及内容包括古代历史，民间传说，亦有感悟人生的。大体来说向上可推到唐五代间的变文、金元两代的诸宫调，下至明清宝卷弹词、民歌小调。河州平弦唱词文雅得体，曲调悠扬婉转，具有极高的音乐价值和审美价值。表演者多是儒雅的民间艺人。河州平弦的唱腔属于曲牌连缀体，即唱腔由若干个曲牌连缀而成。河州平弦有丰富多样的曲

续表

序号	项目名称	公布时间	申报地区或单位	传承人简介	项目简介
6	河州平弦	2011年（第三批）	临夏市		牌，即有"十八杂腔、二十四调"的美誉，常用曲牌有离情、前岔、大字、述腔、北宫、劈破玉、阳歌、挂金锁、诗篇等。

六 传统美术

千百年来，勤劳的陇原人民在这片广袤的土地上繁衍生息，并用非凡的智慧为人类文明史增添了许多灿烂的色彩。中国彩陶文化杰出代表马家窑文化，给后人呈现了一个五彩斑斓的世界，它那大胆热烈、单纯明快的色调，飞动流畅、严谨细密的线条，反映出原始人类的精神状态，既有热烈的童趣，又有庄重的和谐，构成了一幅幅生动的"有意味的符号"，被写进了人类的艺术史册。敦煌莫高窟以及麦积山、炳灵寺、天梯山等许多石窟艺术，以壁画、彩塑等美术形式，忠实地记录着中华民族一千多年的文明史，尤其可贵的是，通过历史的变迁和朝代的兴衰更替，不同时代的美术作品又透视着那个特定时代的人们的文化心理与处世态度以及认知世界的深度与广度。据统计，甘肃省拥有7项国家级、70项省级和250项市（州）级等传统美术类非物质文化遗产项目（见表5—12）。

表5—12　　甘肃省传统美术类国家级非物质文化遗产一览

序号	项目名称	公布时间	申报地区或单位	传承人简介	项目简介
1	甘南藏族唐卡	2008年（第二批）	夏河县	九麦，男，藏族，1936年出生。6岁便跟随著名唐卡绘画大师多杰先学习唐卡的制作技艺。	据考证，历史悠久的甘南藏族唐卡最早出现于吐蕃王朝；公元7世纪时期，吐蕃王朝为了大力宣扬佛教，修建了以布达拉宫为代表的大型宫殿，宫殿的修建带动

续表

序号	项目名称	公布时间	申报地区或单位	传承人简介	项目简介
1	甘南藏族唐卡	2008年（第二批）	夏河县	经过长时间的勤学苦练和潜心研究，在唐卡上取得了很高的造诣，在甘肃、青海、四川、云南等地都留下了精美的唐卡作品。2012年12月，入选第四批国家级非物质文化遗产项目藏族唐卡代表性传承人。	了藏族绘画艺术的繁荣发展，藏族唐卡也借此发展起来。甘南藏族唐卡构图巧妙，唐卡画面大小虽有限制，但画中的内容却好像能打破空间界限，即使是很小的画幅也能表现出广阔的空间，上有天堂，中有人间，下有地界。甘南藏族唐卡还可以巧妙利用变形的山石、祥云、花卉等图案将复杂的情节内容自然分割开来，形成既独立又连贯的传奇故事画面。甘南藏族唐卡具有浓郁的民族特色和神秘的宗教色彩，对研究藏族民俗和宗教信仰有极高的参考价值。
2	庆阳剪纸	2008年（第二批）	镇原县		庆阳剪纸，俗称花花，是庆阳最具代表性和群众性的民间艺术之一，大多由劳动妇女创作。在庆阳，民间剪纸与当地人的生活息息相关，逢年过节，娶媳嫁女，满月祝寿，农村妇女们都要制作窗花，增加节日氛围。它主要有前塬和山川两大风格。山川剪纸形状朴素，剪法粗放，样式继承了原始图腾的图案，体现了中华民族早期的文字艺术符号和阴阳五行哲学思想；前塬剪纸受汉文化影响，造型工整对称，线条细腻流畅，样式多吸收历史传统和生活装饰图案，作品多反映现实生活。

续表

序号	项目名称	公布时间	申报地区或单位	传承人简介	项目简介
03	会宁剪纸	2011年（第三批）	会宁县		会宁的剪纸有着悠久的历史，明清时期已经完全成熟，在百姓生活中广泛应用，具有美化、装饰的功能。会宁剪纸大多由劳动妇女创作，常见的题材有花卉草木、飞禽走兽、民俗事象、民间传说和日常生活等，多以窗花、灯笼花和炕围花的形式表现出来，剪纸结构对称，主要的对称结构有整体对称和十字对称，造型生动活泼，率直奔放，富有浓郁的乡土气息和别具一格的装饰趣味。
4	定西剪纸	2014年（第四批）	定西市		定西剪纸艺术源远流长，古朴自然，寓意深刻，有着广泛的群众基础。定西市有"中国剪纸艺术之乡""中华剪纸艺术传承基地""中华剪纸艺术创作基地"的称号。定西剪纸有很高的收藏价值和审美价值，从古至今以口传心授的方式流传，定西剪纸最经典和最有特色的是遮面、板帘子、春叶、窗花的四大形式与民俗事项类、现当代生活题材、文学戏曲人物类、飞禽走兽类、花卉草木类五大类。

续表

序号	项目名称	公布时间	申报地区或单位	传承人简介	项目简介
5	庆阳香包绣制	2006年（第一批）	庆阳市	贺梅英，女，汉族，1934年生，甘肃庆阳人。从小在母亲的指导下学习刺绣，十三四岁时就成了当地技艺高超的女红，制作的香包样式精致，针法细腻多变，造型独特。代表作品有《牡丹百寿图》《开屏孔雀》《梅竹图》等。2007年，入选第一批国家级非物质文化遗产项目庆阳香包绣制代表性传承人。	庆阳香包是在庆阳当地常见的一种生活饰品。图案是平面刺绣，但看起来十分立体；庆阳香包根据制作技艺的不同，可以分为四大类型，即"绌绌"类、线盘类、立体刺绣类、平面刺绣类。"绌绌"类香包一大特点是从表面看没有针线缝制的痕迹。线盘类的香包是用彩色的线条把香包盘成五角菱形的"粽子"。立体刺绣类香包款式丰富，有单面挂佩件、双面挂佩件、立体挂件和摆件等四百种。平面刺绣类香包风格敦厚凝重，厚实中流露出隽永。
6	夜光杯雕	2006年（第一批）	酒泉市	黄越肃，男，汉族，1950年出生。他在夜光杯雕的发展过程中，改进了制作工艺及设备，从纯手工操作改进为半电动半手工操作，培养传承人20余人，技术革新项目8项，开发新产品20余种。2007年，入选第一批国家级非物质文化遗产项目夜光杯雕代表性传承人。	酒泉夜光杯是甘肃民间杰出的传统艺术品。是一种用玉石雕琢出来的名贵酒杯。夜光杯的制作工序复杂繁琐，一共有28道工序。首先需到祁连山老山窝子挑选品质上乘的玉石，然后按照酒杯的规格把玉石切成不同尺寸的圆柱体，再按一定尺寸制作毛坯，然后切削和打磨外形，得到夜光杯的雏形，再经过掏膛后基本定型，最后通过细磨、冲、碾、拓、抛光、烫蜡等14道工序后，再用马尾网打磨，即可成晶莹剔透、体薄如纸的酒泉夜光杯。

续表

序号	项目名称	公布时间	申报地区或单位	传承人简介	项目简介
7	临夏砖雕	2006年（第一批）	临夏市	穆永禄，男，回族，临夏市人。2018年，入选第五批国家级非物质文化遗产项目临夏砖雕制代表性传承人。	临夏砖雕是一种传统建筑装饰雕刻。兴盛于明清时期。临夏砖雕主要有捏雕和刻雕两种制作手法。捏雕，顾名思义即先捏塑各种造型，然后放入窑里煅烧，捏雕多用于脊兽、套兽、宝瓶的制作；刻雕直接用刀在土窑砖上雕刻，多用于雕刻建筑物中的墙饰、台阶等。临夏砖雕在发展过程中，借鉴了石雕、玉雕、木雕等雕刻艺术的风格，同时还吸收了传统国画、书法、印章等的艺术手法，具有多元化的艺术特征。

七　传统技艺

传统技艺是综合了百姓日常生产、生活、艺术等的文化体系，是普通民众的造物思想、审美意识、技术能力的象征，是民族心理、精神、集体记忆的真实写照。甘肃省境内的传统技艺丰富，不同民族各有其特色的传统技艺，这些技艺见证了本民族社会、经济和文化等方面的发展。例如，保安族特有的腰刀锻制技艺，不仅是保安族特有的传统技艺，它还一直是维系保安族生存的重要手段，保安族经济文化的命脉。据统计，甘肃省拥有10项国家级、114项省级和476项市（州）级等传统技艺类非物质文化遗产项目（见表5—13）。

表5—13　　甘肃省传统技艺类国家级非物质文化遗产一览

序号	项目名称	公布时间	申报地区或单位	传承人简介	项目简介
1	生铁冶铸技艺	2014年（第四批）	永靖县	王业财，男，汉族，2018年5月16日，入选第五批国家级非物质文化遗产代表性项目生铁冶铸技艺代表性传承人。	生铁冶铸技艺是永靖县太极镇王氏家族祖传技艺。王氏铁器的制模原料是黄河沙，铸造原料是铸铁、铜、铝等，其生铁的冶铸要经过七道工艺程序，包括设计、制模、合模、化铁、浇铸、抛光打磨、彩绘，铸造的手工铁制产品有生活用具、农具、法器、人物造像，采用的是一物一模的方式铸造。最具代表性产品是古典法器，其风格朴素，造型精美，工艺精湛，既是传统手工翻砂工艺的活标本，又是民俗学、宗教学、美术等学科难得的文化载体。
2	保安族腰刀锻制技艺	2006年（第一批）	积石山保安族东乡族撒拉族自治县	马维熊，男，保安族，1958年生，甘肃积石山人。他从小跟随父亲学习保安族腰刀锻制技艺，在父亲的悉心指导下，青年时期已经拥有了高超的腰刀锻制技艺，成为马尕虎传承谱系中第三代传承人。2007年，入选第一批国家级非物质文化遗产项目保安族腰刀锻制技艺代表性传承人。	保安腰刀是保安族特有的传统手工锻制品。保安腰刀造型优美，线条明快，装潢考究，工艺精湛。它不仅是生活用具，也是别致的装饰品和馈亲赠友的上乘礼品。因此，深受西北各族人民的欢迎，在阿拉伯国家也颇有名气。保安人打制腰刀的历史久远，保安腰刀的出现与元代的军事活动密切相关。保安族迁徙到大河家以后，受生活条件的影响，于是保安族开始用腰刀交换牧民的牛羊和其他日常用品。从此，保安族腰刀和经济发展紧密联系在一起。

续表

序号	项目名称	公布时间	申报地区或单位	传承人简介	项目简介
3	兰州黄河大水车制作技艺	2006年（第一批）	兰州市	段怡村，男，汉族。作为段续的第20代传人，他一直在搜集、挖掘、整理其祖先留来的水车制作技艺的资料，并多次实地考察，不仅掌握了一整套古水车设计制造诀窍，而且拥有全市唯一的古兰州黄河水车图纸资料和全市唯一的观赏水车专利权。2018年5月，入选第五批国家级非物质文化遗产代表性项目兰州黄河大水车制作技艺代表性传承人。	兰州大水车，又名天车、翻车、灌车和老虎车，是明代开始出现在兰州地区的一种独特的大型提水工具，距今已有450多年的历史。 黄河水车利用河水流动的冲击力，推动带有水斗的车轮转动，从而将河水从低处提升到高处，提水高度可达15—18米，而且仅以河水作动力，日夜不息，是"天然自来水工程"，独特奇绝。兰州大水车原本的属性是生产工具，对兰州及下游人民农业生产的贡献是巨大的。它在发展过程中又成为黄河流域文化的重要组成部分，体现着中华民族的智慧和创造力，为中国农业文明和水利史研究提供了见证。
4	雕漆技艺	2008年（第二批）	天水市秦州区	张国栋，男，1941年出生。2009年，入选第三批国家级非物质文化遗产代表性项目掉漆技艺代表性传承人。	甘肃省天水市雕漆技艺历史源远流长，距今已有一千多年。清代同治、光绪年间，天水雕漆技艺发展出雕填的髹饰技法，成为西北地区最具代表性的传统髹饰技艺，此技艺流传至今也有一百多年的历史。 天水雕漆技艺流传包括首先用当地出产的生漆涂于松木、桦木、椴木等为原材料制成的器物表面，然后经反复的髹饰制成漆胎，打磨光滑后再在器物上雕刻

续表

序号	项目名称	公布时间	申报地区或单位	传承人简介	项目简介
4	雕漆技艺	2008年（第二批）	天水市秦州区		填色，最后选用美石、贝壳等镶嵌于漆面之上。制作出来的器物造型优美，图案精致，色泽光润，并有耐酸碱、耐高温、耐潮湿和耐腐朽等特点。
5	东乡族擀毡技艺	2008年（第二批）	东乡族自治县	马舍勒，男，1944年出生。为了传承和发展东乡族擀毡工艺，2004年，他在龙泉集市建立了擀毡手工作坊，专营毛毡加工，其孙马胡塞尼已继承了擀毡手艺。2009年，入选第三批国家级非物质文化遗产项目东乡族擀毡技艺代表性传承人。	擀毡技艺是在东乡自治县内广泛流传的一种传统技艺，制做出的擀毡是东乡族家庭必备的炕上用品。相传，元朝时期擀毡技艺被撒尔塔人（东乡族先民）从中亚传入东乡境内。它的制作工序包括选毛、弹松、成形、洗毡等。具体做法是：首先选出品质上乘的羊毛等用热水浸湿，然后用沙柳条对羊毛中的油脂进行清除，之用弓弹松，再喷洒清水后修正，修正后再洒水；之后在毡坯泡使羊毛成型，最后用棍棒碾轧和揉搓等方式使毛绒黏合在一起，形成名为"毡"的无纺织型毛织品。东乡毛毡以柔软、厚实、匀称、洁净、美观大方、耐用而远近闻名。

续表

序号	项目名称	公布时间	申报地区或单位	传承人简介	项目简介
6	天水丝毯织造技艺	2014年（第四批）	天水市秦州区	刘静波，1963年生，男，甘肃天水人，中国工艺美术大师，甘肃省工艺美术大师，中国工艺美术协会会员，甘肃省工艺美术协会第三届常务理事，甘肃省美术家协会会员，天水市美术家协会理事。2018年，入选第五批国家级非物质文化遗产项目天水丝毯织造技艺代表性传承人。	天水是古代秦非子为周王朝牧马之地，畜牧业发达，毛织产品丰富，制毯工艺流传已久。它的历史可以追溯到汉唐时期，唐代白居易的《红线毯》就是反映当时织毯的这种技艺。20世纪八九十年代，天水丝毯因制作精良大量出口至海外，当地丝毯业繁荣发展。据了解，天水丝毯以蚕丝为原料，经图案设计、染色、雕刻等20多道工序纯手工编织而成，因成品表面呈现特殊的质感被誉为"东方软浮雕"。其多以地方名胜古迹、自然风光和名人字画为题材，具有鲜明的地域特色和文化内涵，并有吸音、防潮、保暖、防蛀、绿色环保等特点。
7	洮砚制作技艺	2008年（第二批）	卓尼县		甘肃洮砚，即洮河绿石砚，是中国四大名砚之一。洮砚制作最早出现在唐朝时期，流行于宋明清时期，深受古代文人骚客的喜爱。洮砚色泽光润，质地细腻，玲珑剔透，具有"发墨快而不损毫，储墨久而不干涸"的优点，是文房四宝中的翘楚。 制作洮砚的原材料绿石，产自卓尼县、临潭县、岷县交界的喇嘛崖一带峡谷中。此地三面环水，气候湿润，在这样的环境

续表

序号	项目名称	公布时间	申报地区或单位	传承人简介	项目简介
8	洮砚制作技艺	2008年（第二批）	岷县	李茂棣，男，1942年出生。幼承父业，随父亲学习刻砚。他的刀法粗犷豪放，在当代老年砚工中有自己独特的刻砚风格，作品具有较高的艺术价值。代表作品有巨型砚"八仙过海砚""金钱绿石砚""九九归一砚"等。2009年，入选第三批国家级非物质文化遗产项目洮砚制作技艺代表性传承人。	中，砚石质地坚细莹润，浅绿色的砚石中夹着墨绿色的条纹，形成流水、云霞、清漪、雾霭等图案的天然纹理。用这种绿石制成的砚，由于质地湿润，可以呵之成珠，所以洮砚下墨既快又细，墨质佳，有光泽，具有滑不拒墨，经月不涸不腐，涩不滞笔等特点。从外观上看，可将砚石分为规则形砚和自然形砚两种，砚体由三部分组成，即墨池、水池和砚盖；按类型划分有单片砚和双片砚两种。砚的表面刻有图案和文字来加以装饰，最具代表性的图案是龙凤和原始宗教器物。
9	窑洞营造技艺	2008年（第二批）	庆阳市	李茂政，男，汉族，甘肃省庆阳市人。2018年5月16日，入选第五批国家级非物质文化遗产代表性项目窑洞营造技艺代表性传承人。	甘肃省庆阳市远在旧石器时代就有人类活动，以窑洞为基本居处之所。夏商时期，先人们在这里挖窑洞、建村落、耕耘稼穑，开我国农耕文明的先河。窑洞建筑美观耐用、冬暖夏凉、舒适安静，既可以节约土地、保护植被，又经济省工，是一种因地制宜的完美建筑形式。在农耕文明时代西北地区建筑史、社会生活史和相关的民俗文化研究方面，窑洞营造技艺具有不可替代的重要参考价值。

续表

序号	项目名称	公布时间	申报地区或单位	传承人简介	项目简介
10	古建筑修复技艺	2014年（第四批）	永靖县	胥元明，男，汉族，甘肃省永靖县人。2018年5月16日，入选第五批国家级非物质文化遗产代表性项目古建筑修复技艺代表性传承人。	千百年来，永靖的木工技艺代代相传，人才辈出。据《永靖县志》记载，1954年，永靖白塔寺川木匠有1686人；2005年，据永靖县统计，木匠技艺传到七代以上的有20多家，特别是改革开放以后，出现了胥恒通、胥元明、朱良环、朱庭栋、肖怀贤、李良栋、刘才发、高永发等能工巧匠，他们用勤劳的双手和惊人的智慧，使一座座精美的古典建筑傲立于西北大地。他们相继重建了敦煌上下寺、月牙泉月牙阁、"四库全书"文溯阁、阳关博物馆、兰州飞云阁、会宁会师楼等近万座古典建筑。

八　民俗

据统计，甘肃省拥有10项国家级、64项省级和329项市（州）级等传统舞蹈类非物质文化遗产项目（见表5—14）。

表 5—14　　甘肃省民俗类国家级非物质文化遗产一览表

序号	项目名称	公布时间	申报地区或单位	传承人简介	项目简介
1	乞巧节	2008年（第二批）	西和县		甘肃省西和县一带的乞巧节历史悠久，文化内涵丰富，地域特点鲜明；据调查，虽然全国很多地方都有乞巧节民俗，但西和县一带的乞巧节规模最大、持续时间长，被称为中国古代乞巧风俗的活化石。西和乞巧节最早出现于汉代，唐宋时期发展迅速，明清两代达于兴盛，至今已有千余年历史。"乞巧"一词，乞是乞讨，巧则是心灵手巧，有巧思妙想，其实质是向神灵祈求智慧。乞巧节时间从农历六月三十持续到七月初七，历时七天八夜，整个活动分为坐巧、迎巧、祭巧、拜巧、娱巧、卜巧、送巧七个环节。
2	太昊伏羲祭典	2006年（第一批）	天水市		伏羲是中华民族文明创始人，他勤于实践，观天察地，用文明的方式指导人们脱离了混沌的世界，结束了漫长的原始时代的生产生活。为了纪念和彰显伏羲的丰功伟绩，后人修建了伏羲庙，并进行一年一度的祭祀活动。天水伏羲庙祭祀活动自明成化十九年（1483）开始，一直延续至今。在长期的历史演进中，广大劳动人民把自己的愿望、审美和信仰寄托到可观可感的文化形态并融入庙会活动之中，形成了特

续表

序号	项目名称	公布时间	申报地区或单位	传承人简介	项目简介
2	太昊伏羲祭典	2006年（第一批）	天水市		定的仪式。它所包括的祭祀性和俗性乐舞、具有"劝善"意义的"守宫说唱"、保留着人类童年意识的民间美术和民间工艺等，由此形成太昊伏羲祭典丰富的文化内涵和多样的表现形式。
3	秦安女娲祭典	2011年（第三批）	秦安县	王世贵，男，汉族。2018年5月16日，入选为第五批国家级非物质文化遗产代表性项目秦安女娲祭典代表性传承人。	地处秦安县城45公里的陇城镇，相传为女娲出生之地。"女娲，风姓，生于成纪，长于风台，母系氏族社会的首领。"一种流传甚广的传说认为，远古时代，苍天破而降雨不止，洪水泛滥，于是女娲炼五彩石补天，积芦灰而止水。她又利用黄泥参照自己的形象创造了人类。秦安陇城女娲祠的建造年代，目前可追溯到秦朝，陇城镇百姓为了纪念女娲，自发筹资在原址重新建起一座仿古式女娲大殿。每年正月十五，虔信女娲的人们都要来庙里进香拜祭。后来逐渐形成了一套完整的祭祀仪式。
4	永昌县卍字灯俗	2008年（第二批）	永昌县	陈永清，男，汉族，1958年2月出生，永昌县红山窑镇毛卜喇村人。2012年，入选第四批国家级非物质文化遗产代表性项目永昌县卍字灯俗代表性传承人。	永昌县卍字灯俗是在甘肃省永昌县红山窑乡毛卜喇村一带流行的一种传统民俗活动。闹灯活动当天需要在村正中的位置选择一块空地，根据灯谱插杆，杆高2米，一排有19根，横竖各19排，一共361根杆，杆与杆之间的距离一般为2米，

续表

序号	项目名称	公布时间	申报地区或单位	传承人简介	项目简介
4	永昌县卍字灯俗	2008年（第二批）	永昌县		排列成一个正方形方阵。位于方阵中心位置的杆为主杆，高8—10米，杆上方挂大型花灯，其余杆上分别挂一个小型花灯，象征农历360天，在进出口处的位置还要扎一彩门彩灯屏障。杆与杆之间根据图谱用绳子联结，观灯者只能根据规定的路线欣赏游玩，左旋右转，像在迷宫中盘旋，十分有趣。灯场对面设置"灯山"，用360盏花灯逐次排成不同的祝福字样。
5	西王母信俗	2008年（第二批）	泾川县		平凉泾川是西王母祖屋。长期以来形成了一系列形式多样、内涵丰富的西王母民俗文化。已经是当地民众生活的一部分了，如庙会、祭祀、节庆、起名、民间故事、剪纸、布艺、建筑、郊游、农事等都与西王母信俗有关。其中最具特色和代表性的是农历三月二十西王母庙会和西王母诞辰祭祀活动。每逢农历三月二十的泾川西王母祭祀活动，许多信徒凌晨就从四面八方赶到西王母祖庙烧香祈求，或求神赐子嗣、长寿幸福，或祷请风调雨顺、国泰安康。

续表

序号	项目名称	公布时间	申报地区或单位	传承人简介	项目简介
6	岷县青苗会	2014年（第四批）	岷县		岷县青苗会是一项祭祀京华娘娘和京皇娘娘两位神灵的民俗活动。其祭祀活动由坐床、取水、坐庙等组成。每年农历六月初六至六月十二举行。
7	庄浪县高抬	2008年（第二批）	庄浪县		庄浪县高抬是一种民间造型艺术样式，往往以民间故事或传统戏曲中的某个情节作为表现内容。高台的制作首先是在木台上安装铁柱（称为"铁芯"）依据情节需要将铁芯加以弯曲形成高台的主体框架，然后将人物、动物和刀具捆绑在铁芯上，再用彩条、绸布装饰铁芯，并以假山水、花草树木和禽兽等背景来烘托人物形象和故事情节。高抬制作完成后，用人抬或车载着行进，在高抬设计制作者的指导下表演，显示出奇、险、俊、巧的艺术特色。
8	蒙古族服饰	2008年（第二批）	肃北蒙古族自治县	娜仁其其格，女，蒙古族，1960年出生，民族服饰副高级艺术师，酒泉市第一届人大代表，政协肃北县第十届、十二届委员会委员，酒泉市个体劳动者协会代表，肃北县	蒙古族服饰，又称蒙古长袍，主要包括长袍、腰带、靴子、首饰等。蒙古族服饰具有浓郁的游牧民族风格特点，在草原上，男女老幼四季都喜欢穿长袍，这就是蒙古族特有的蒙古袍。主要以长袍为主，便于鞍马骑马。因为蒙古族生活在边塞草原上很长一段时间。牧区冬季服装大多是浅板

续表

序号	项目名称	公布时间	申报地区或单位	传承人简介	项目简介
8	蒙古族服饰	2008年（第二批）	肃北蒙古族自治县	肃北蒙古族自治县娜仁蒙古服饰有限责任公司董事长（兼）总经理。2018年，入选为第五批国家级非物质文化遗产代表性项目蒙古族服饰代表性传承人。	革，也有缎纹和棉布。多种夏装。长袍宽大，袖长，多为红色、黄色和深蓝色。男人和女人在长袍的下摆没有缝隙。袍身宽大，束有腰带，因性别不同，样式和颜色也不同。一般女子所穿的蒙古袍比男子的窄些，多以红、粉、绿、天蓝等为主色，逢节庆之时，还要佩戴用玛瑙、珍珠、珊瑚、宝石、金银玉器等编织的头饰；男子则多喜欢穿棕色和蓝色的蒙古袍。
9	裕固族服饰	2008年（第二批）	肃南裕固族自治县	柯璀玲，女，1962年出生。她长期从事裕固族文创产品研发工作，将自己的美术专业知识与对裕固族民族文化的见解相结合，已开发出许多优秀的民族工艺品，如民族布艺堆绣、民族皮雕皮画、各部族服饰等。2012年，入选第四批国家级非物质文化遗产代表性项目裕固族服饰代表性传承人。	裕固族服饰色彩绚丽，文化内涵丰富多样。裕固族男性均头戴白毡帽，穿高领偏襟长袍，束紫红色或蓝色等彩色腰带，腰间系香牛皮材质的烟荷包，毡帽的帽檐后部卷起并镶以黑边，帽顶彩缎上用金线织成圆形或八角形图案。裕固族女性服饰特色鲜明，配饰丰富且色彩艳丽。女子和男子一样喜欢穿高领偏襟长袍，其衣服按季节和地区分为坎肩、夹、绵、毡、布、皮衣等，女子喜欢戴耳环、手镯和戒指。

续表

序号	项目名称	公布时间	申报地区或单位	传承人简介	项目简介
10	裕固族传统婚俗	2011年（第三批）	张掖市	安福成，男，裕固族，1943年出生。2012年，入选第四批国家级非物质文化遗产代表性项目裕固族传统婚俗代表性传承人。	裕固族婚俗不仅是裕固族传统文化的重要代表，而且是裕固族文化的集合。婚俗中蕴藏着裕固族古代语言、民歌、神话传说、谚语故事、传统礼仪等丰富的传统文化。 裕固族婚俗包括提亲订婚、选人请客、娘家宴请、姑娘戴头面、惜别送亲、打尖迎亲、马踏帐房、射箭拜天地、冠戴新郎、看验酒席、酒宴颂歌、新娘打茶、回亲等十多项仪式28个礼节。

九　传统医药

传统医药，通常是指历史上遗留下来的医药经验和技术，或指现代医药以前的各个历史发展阶段的医药经验和诊疗技术。作为人类认识自然与自身，用于维护自身健康的一种智慧成果，传统医药的价值早已得到世界承认。据统计，甘肃省拥有1项国家级、16项省级、38项市（州）级等传统医药类非物质文化遗产项目（见表5—14）。

表5—15　　甘肃省传统医药类国家级非物质文化遗产一览

序号	项目名称	公布时间	申报地区或单位	传承人简介	项目简介
1	甘南藏医药	2008年（第二批）	碌曲县	索南旺杰，男，藏族。2018年5月16日，入选第五批国家级非物质文化	甘南藏族自治州位于青藏高原东北边缘，平均海拔在3000米以上。甘南地域辽阔，自然环境丰富多样，制药原材料60%产于

续表

序号	项目名称	公布时间	申报地区或单位	传承人简介	项目简介
1	甘南藏医药	2008年（第二批）	碌曲县	遗产代表性项目甘南藏医药代表性传承人。	境内。由于地理环境特殊，日照时间长，甘南的药物活性成分很高。公元7世纪，藏医药学传入甘南地区。甘南藏药经过适时采集、妥善干燥、区分新旧、加工去毒和特殊的炮制工艺制成，其药性柔和、配伍恰当，疗效格外显著。甘南藏医药治疗方法较独特，主要有内服法（十种）和外治法两类。外治法包括柔治（熏疗、药浴、涂擦三种）、糙治（剖部放血、火灸、棒刺三种）和峻治（剪割、截断、牵拉、清除四种）。从史书记载和现有器械图谱看，曾达到进行开颅手术的技术水平。甘南藏医药是藏民族文化的独特创造，以甘南藏医药知识体系为核心，又与宗教、哲学、天文、物候、民俗等文化门类互相联系，共同构成了藏族人民的疾病观、社会观、自然观、生命观。

甘肃省除拥有一项国家级医药类非物质文化遗产项目外，其省级非物质文化遗产项目也极具价值。

1. 曹氏中医正骨法

曹氏中医正骨法是流传于会宁地区的最具代表性的民间传统中医骨伤疗法，历史悠久，技法精湛，疗效显著，有很高的医学价值。

曹氏中医正骨法在充分运用传统中医望、闻、问、切诊法的基础上，不断探索、创新，形成了独具一格的诊断方法——望、比、摸三法。讲究摸其外，知其内，轻摸皮，重摸骨，不轻不重摸肌肉。不用X光拍片透视，完全靠手摸心会，讲究知其体相、知其部位、机触于外、巧生于内、手随心转、法从手出，以及拔伸牵引、旋转回绕、屈伸收展、按摩推拿。施治过程讲究动静结合，筋骨并重，内外兼治，医患合作。在熟练运用传统中医正骨的摸、接、端、提、按、摩、推、拿八法的基础上，结合祖传活血舒筋、祛风除湿、驱寒健骨的中草药秘方进行熏洗，并用气功揉捏按摩，舒经、活血、化瘀，使患者达到早期清热解毒、活血化瘀，中期接骨续筋、活血通络，晚期补气活血、理肝补肾的效果。

曹氏中医正骨法是传统中医不可分割的一部分，它既是一种救死扶伤的科学技术，也是传统文化的重要组成部分。

2. 王氏正骨法

庆阳市西峰区是中华医学创始人岐伯的诞生地。早在黄帝时期，岐伯便在这块地方采集中草药，为民疗疾治病，开创了中华医学的先河。在历史上形成了岐黄文化体系，各种疗法在民间被以多种方式传承了下来。"王氏正骨法"便是一例。

"王氏正骨法"的第一代传人王永式早年是清代甘肃提督董福祥部署的随军伤科医师，曾随董福祥的军队西出新疆征战，为伤兵正骨疗伤，颇有名气。晚年解甲归田，在西峰一带行医，治疗骨伤尤为突出。其子王贵正自幼受父熏陶，习练正骨技艺，始为第二代传人，在实践中系统地总结了一套疗法，创立了独特的"王氏正骨法"，其特点是"摸、拔、捏"，简单易行，同时配有止痛、消肿、活血、化瘀的药方，在当地颇有影响。第三代传人王毅在传承的基础上，完善其理论体系，以简单、经济、快捷、慎开刀、痛苦小、并发症少的治疗特点，使"王氏正骨法"成为独立体系，并编著了由陕西科技出版的《王氏正骨法》一书，总结了王氏历时百年的民间传统医学经验。

"王氏正骨法"属于中国传统医学在民间流行并被氏族传承的一个流派。因其传统的传承方式使技艺受其制约，很难产生社会效力，同时缺乏社会保障机制。从社会角度讲，存在传承的消亡状况，作为庆阳区域内的传统氏族传承脉系，是典型的非物质文化遗产，亟须加强保护。

3. 灵台县皇甫谧针灸术

甘肃灵台县皇甫谧针灸术是皇甫谧采用针刺和艾灸的方法在人体不同部位刺激穴位，以打通经络、调和阴阳，为患者诊治病痛的医疗技术。

皇甫谧（公元215—282年），安定朝那（今甘肃灵台县朝那镇）人。他历经26年，研读古代医术，以身试针，完成了医学巨著《针灸甲乙经》，厘定针灸穴位349个，介绍了针刺艾灸方法，记述了内、外妇、儿科等200多种病症，500多个针灸处方，研究整理了经络学说，筑起了针灸医学框架。经两千多年的实践检验，该书至今仍是针灸临床、科研、教学的指南，被中医针灸界视为秘笈和准绳，不但在国内享有盛誉，而且在公元7世纪就流传海外，在国际上广泛传播。据《中国皇甫谧》介绍，《针灸甲乙经》已在140多个国家推广和应用。

1700多年来，皇甫谧故乡的灵台人继承、弘扬了皇甫谧针灸术这一伟大医学遗产，在县属医院、13个乡镇卫生院都开设了针灸科室；1985年，县上建起了以针灸治疗为重点的皇甫谧中医院。同时，200多个村医疗站都不同程度地运用针灸进行治疗。县上还先后组织建立了皇甫谧研究院、皇甫谧文化交流协会、皇甫谧文化遗产研究开发办公室，举办了三届国际性皇甫谧针灸研讨会、学术交流会，开展了一系列保护、开发工作。

十　传统体育、游艺与杂技

传统体育、游艺与杂技是中华民族宝贵的"活态人文遗产"，是中华民族在漫长的历史中创造和积淀下来的文化瑰宝，蕴含着中华儿女强身健体、休闲娱乐、修身养性、美化生活的记忆因子。甘肃传统体育、游艺与杂技，种类丰富，各具特色是十分重要的非物质文化遗产。据统计，甘肃省拥有19项省级、110项市（州）级等传统体育、游艺与杂技类非物质文化遗产项目。以下选取部分省级非物质文化遗产项目进行简单介绍。

1. 秦安壳子棍

壳子棍是流传于甘肃省秦安县高家屲一带的传统武术，距今已有200多年的历史。秦安壳子棍重实用、重打法，攻守兼备、变化多端，易学易练，总体上是由六十六个成形的壳子、一百零八棍法组成。

秦安历史上出过许多善骑射武艺高强的武士。相传，18世纪有一位和尚，因为参与反对清朝统治的活动在秦州被抓捕入狱。后来和尚从狱中逃走，出逃到秦安县高家屲。由于伤病和饥饿，体力不支，晕倒在高家屲村的高粱地里。恰逢此村村民高五太爷经过高粱地，看见晕倒在地里的和尚，怜悯之心油然而起，便将和尚背回家中，为他请医治愈，和尚痊愈后，为报答高五太爷的救命之恩，便向高五太爷兄弟传授了少林绝技——壳子棍法。和尚在高家屲先后住了三年多，总计给高家兄弟传授了少林单头壳子棍四十五个，双头壳子棍二十一个，共计六十六个壳子，凡一百零八棍法，以及所有壳子棍的破解之法，也就是主要的攻、防之法。从此以后，壳子棍在高家屲由高家人代代相传，也慢慢在秦安县流传开来，到2010年已经传了十代人。

秦安壳子棍技艺丰富，攻守全面，综合了棍术技击方法之方方面面。秦安壳子棍分为练着壳子和搏着壳子，有些壳子练用一致，有些壳子练用不同。壳子棍简单易学、方便易练，操作性强，实战中动作瞬息万变、技法变化多端。在高家屲，当地人把壳子棍俗称撒手棍，每个招数都由撒手棍开始，然后由撒手棍结束。撒手棍是壳子棍的基本棍法，实战时的应招、变招大多出自撒手。秦安壳子棍是甘肃省人民政府2011年3月16日公布的第三批甘肃省非物质文化遗产。

2. 崆峒派武术

千百年来，崆峒武术作为中原武林的主要一派，与少林、武当、昆仑、峨眉并列五大武术流派，为传播中华武术做出了重大贡献。从文献记载来看，崆峒派武术起源先于少林、峨眉、武当等武术流派。《庄子》《尔雅》《史记》等文献中记载，"空同之人武"。唐代，崆峒武术盛行一时，也使武术的体系得以完善，李白诗云"世传崆峒勇，气激金风荡"。传说唐朝时期，一位名叫飞虹子的少林寺游侠，来到了风景优美的崆峒山，在此地创立了崆峒派武术，为崆峒派第一代掌门人。飞虹子吸收了当时瓜州（现在的敦煌）等地的舞蹈，创立了崆峒派重要的高深武功"花架门"，正式完成了崆峒派武学的整体架构。艺成之后，飞虹子只身闯荡江湖，以武会友，是当时江湖上有名的五剑侠之一，使得一手"青英剑"，威震武林许多年。后世传人为了纪念飞虹子，拳谱名称中都带有一个"虹"字，历代掌派人的名号中，都有一个"飞"字。崆峒派宗师以人之不同性情，创编崆峒派武术飞龙门、追魂门、夺命门、醉门、神拳门、花架门、奇兵门和玄空门八门。每门有十五六套拳法，共计118种。其中飞龙门为初级武功，神拳门是攻击性最高的武功，奇兵门最为奇特，讲究阵法，而玄空门是秘传之宝，多以历代掌派独修之法，包含燕式古太极八式、无相神功、达摩神功，柔美绝伦，以舒展之手臂翩然涌动似母拥婴儿，柔情之身躯吸纳大地日月之精气，达到天人合一之境界。花架门的各种拳种，神情飘逸似飞天舞蹈，尽显人性之美，习练配乐，多以古筝、二胡之舒缓柔美之曲调，令武者陶醉，令观者入迷，极具观赏性。崆峒派武术是甘肃省人民政府2008年6月13日公布的第二批甘肃省非物质文化遗产。

3. 叼羊

叼羊是一种马背上的游戏，是维吾尔族、哈萨克族、柯尔克孜族、塔吉克族等多个民族喜闻乐见的传统体育活动，一般在结婚、生子、传统节日或旅游表演时进行。这些民族生活的自然环境造就了这一独特的民族文化。在当地流传一句"摔跤见力气，叼羊见勇气"的俗语，说明叼羊是骑手们骑术、力量、勇气和智慧的较量。一场叼羊比赛180分钟，在这3个小时里，双方队员需要马不停蹄、你争我抢、围追堵截、相互配合、声东击西，运用各种策略来追求胜利，而且越到最后，比赛越激烈，连马身上的皮毛都会被汗水浸透，甚至会人仰马翻，具有一定危险性，因此被誉为"勇敢者运动"。激烈的对抗性和丰富的战术性也让叼羊比赛极具观赏性。叼羊比赛的赢家，把叼来的羊尸，随意从别人家的毡房顶上扔进去，这时，毡房的主人会把此行为认为是吉祥和祝福的寓意，便宰羊煮肉，用手抓肉、奶疙瘩等美味佳肴，热情招待前来恭贺鸿喜的所有客人，待客人们吃饱喝足之后，又开始载歌载舞，彻夜通宵地庆祝娱乐。叼到羊的骑手是自豪、光荣的，大家纷纷给他披红挂花，进行嘉奖。吃到这只叼羊肉的人，也是感到幸福、光荣的；根据哈萨克族人的传统，吃了这只叼羊肉的人，不仅会逢凶化吉，而且还能心想事成。叼羊是甘肃省人民政府2011年3月16日公布的第三批甘肃省非物质文化遗产。

4. 万人扯绳赛

万人扯绳赛是甘肃省甘南藏族自治州东南部，洮河上游的临潭县城关镇的一种传统体育。每年正月十四至十六晚这里都会举办元宵节万人扯绳赛，据说已有600多年的历史了，2001年7月该活动还被载入了世界吉尼斯纪录。

自古以来，我国就有拔河的历史；据史料记载，春秋战国时期，拔河活动就已经出现，不过那时不叫拔河，而称为"钩强"或"牵钩"，后来演变为荆楚一带民间流行的"施钩之戏"。《隋书·地理志》称，故楚地南郡、襄阳一带有"牵钩"之戏，云从讲武所出。楚将伐吴，以为教战，流迁不改，习以相传，到明朝时曾为明驻古洮州临洮军中强体的游戏。后来明朝实行屯田戍边，许多人落户于洮州，扯绳之俗遂由军中转为民间，临潭县旧城地区每年元宵节的万人扯绳赛就起源于此。

万人扯绳赛在每年正月十四、十五、十六晚上举行，每晚三局，三晚九局。附近各地的汉、藏各族群众身着艳丽的民族服饰，齐涌临潭县城。将重达8吨左右的钢缆绳放置十字街口，由人们推荐"少壮"担任"连手"，将双方"龙头"（即绳头）联结，赛前将绳捆扎成头连、二连、三连、连尾，绳全长为1100多米，主绳直径达14厘米，参赛双方不分民族和男女老少，有数万人参与，成为世界扯绳史上绳之最重、直径最大、长度最长、人数最多的比赛。

"万人扯绳赛"不仅体现了古代军队中颇具特色的练兵形式，而且反映了各族群众期盼丰衣足食、国泰民安、安居乐业的美好愿望。在增进民族团结和互助意识的同时，也对发展民间传统体育活动和保留历史风俗有着重要的促进和推动作用。万人扯绳赛是甘肃省人民政府2006年9月30日公布的第一批甘肃省非物质文化遗产。

5. 天启棍

中国武术概括为"南拳北腿、东枪西棍"，而其中的"西棍"主要是指临夏地区的天启棍。天启棍自古有之，历史悠久、内容丰富、独树一帜、传承有序、自成体系，被武术界誉为"西棍之冠"。

据说天启棍的由来与一个叫王福海的人有关。他是清咸丰、光绪年间人，世居北塬三角乡杂户庄，因脚大，人称"王大脚"，自幼爱耍拳脚，少年时得一山东武师指教，拳艺大进。后赴山东、河南学艺，得天启棍真传，精熟天启棍十二门（十二折），36折（36招）。折子（棍法）、条子（套路）、排子（两人对打）等无一不精，棍法娴熟，以"棍法势连，密布透雨"著称。曾多次在尕庙台、东校场、尕校场等处以武会友，王福海总是礼让取胜，使外地来临武术同行十分钦佩，声明大振。王福海传艺于子麻狼、徒魏廷贤等，后广为传授，取长补短，天启棍渐成河州（今临夏）武术一大流派。天启棍是一个内容十分丰富的棍术流派。尤以抢子（基础棍法）、大小折子（组合棍法）、条子（套路）、排子（对抗）备全而卓成体系。天启棍是甘肃省人民政府2011年3月16日公布的第三批甘肃省非物质文化遗产。

第五节　甘肃省非物质文化遗产特色分析

一　文化底蕴深厚

甘肃是一块古老的土地，历史悠久，秦川是伏羲女娲的诞生地，史称羲皇故里；九曲黄河留下不少大禹治水的足迹；陇东高原是周人先祖不窋和公刘故地；河西走廊是秦汉开拓之地；陇南山地是氐、羌建政割据区域；甘南草原曾是吐蕃经营之所。甘肃又是历史上三条文明古道所经之处，丝绸之路纵贯东西2000多公里，唐蕃古道和蜀道都取道这里。兼容高原农耕、牧猎文化为一体而形成的黄河文化，更具广博的包容性。悠久的历史留下了种种优秀的非物质文化遗产，形成了甘肃独有的文化形态和内涵，并以博大精深，雄浑多姿的主体内涵，包罗了中国西部文化的种种素质，成为西部文化的典范。

甘肃的非物质文化遗产中保留着众多的远古文化因素。庆阳剪纸保留了大量的古老文化的图腾形态，被称为远古文化的"活化石"。剪纸中以鱼、龙、蛇为内容的造型，与半坡出土的彩陶图案"人面鱼"等装饰图形酷似。那些出自民间巧女之手的纸花，在专家眼里已经成为认识悠久历史、解读远古文化的图样。甘肃是中华文明的源头，天水的太昊伏羲祭典、平凉的西王母信俗、庆阳市的周祖陵庙会和公刘祭典等，从古至今长盛不衰，都反映了中华民族文化源头的许多特征，它们对

"人文初祖""农耕先祖"的崇拜与怀念，同全国许多地方的民间俗神信仰在性质上是有明显差别的。此外，清水道教音乐、武山旋鼓舞、永昌卍字灯会、陇南市西和县与礼县的七夕节（当地人叫"巧娘娘节"）、文县傩舞"池哥昼"，都以古老风俗本真性的存留而凸显其价值。如乞巧节在历史上曾广泛流传于全国各地，是中华民族最有特色的女儿节。在我国从传统农业社会向现代工业社会急剧转化的今天，这一风俗在大多数地区已明显淡化甚至消失。但在甘肃省东南部的西和县及礼县，这一传统节日风俗却保存得相当完整，并在继续大规模传承。其延续时间之长，流传地区之广，参与人数之多，活动内容之丰富，在全国可说是绝无仅有的，可称得上是"华夏第一"。

二 地方特色鲜明

甘肃的非物质文化遗产有着鲜明的西北地方特色。陇剧，是庆阳特有的地方戏种，它的前身是陇东道情。因这种戏种的乐器里有"渔鼓"，故当地又称为"渔鼓道情"。道情是一种以说唱形式为主的民间小曲，是广大人民群众自娱自乐的乡间小调。陇东道情是一个保存完好，集民间音乐、雕刻艺术于一身的民间艺术。陇东道情的发源地，是以庆阳环县为中心的古环江一带。在100多年前，由几个民间艺人，赶着一头毛驴，驮着小木箱和一套锣鼓乐器，用皮影民间艺术表演陇东道情，故当地群众又称为"一驴驮"。20世纪50年代，陇东道情经过系统的挖掘、整理、改造，于1959年被搬上戏剧舞台，并正式命名为"陇剧"。陇剧的传统剧目，多是历史传奇剧本，和姊妹剧种秦腔有着密切的联系。其伴奏有四弦子、唢呐、笛子、渔鼓、简板等。唱腔板式有阳板、慢板、弹板、飞板，以及耍孩簧、喝音子、采音子等，另外还有一些采用民歌和源于道情的曲牌体唱腔，作为辅助曲调。唱腔中风格特异的是曲调尾音的拖腔部分，俗称"嘛簧"。其拖腔细腻婉转，韵味悠长，余音袅袅，萦绕不绝。特别唱词末尾一个字的字音，由乐器演奏者兼任，既渲染了情绪，又烘托了气氛，得到强烈的艺术效果。陇剧节奏明快，曲调婉转动听，表演细腻优美，服饰飘逸素雅，布景柔和协调，富有民间色彩的独特风格。

陇东皮影艺术又称"灯影子戏""牛皮娃娃戏"，远在北宋时期就作为一种独立的艺术存在了。因受陇东民间剪纸艺术的影响,有了其独特的艺术构思和艺术处理手法——刀法,各种人物造型、山石花卉、金殿宝帐、神仙鬼妖和走兽飞禽形肖神似,异常逼真。主要艺术特征是比例紧凑夸张,以明线为主,着色简单明快,尤重图案变化的装饰。一草一木、一人一体,在刀法及着彩上都显现出色彩眩晕的效果,以雪花纹为最精致,所有刻工都镂现出中国远古文化的符号。

三 民族特色浓郁

民族性是指为某一民族独有,深深地打上了该民族的烙印,体现了特定民族的独特的思维方式、智慧、世界观、价值观、审美意识、情感表达等因素。特定民族的特性表现在从形式到内容的各个方面。从民族性的形式特征方面看,民族的服饰、饮食、生产方式、语言、风俗等,这些大都是自然而然地形成的;从更深层的民族特性来看,世界观、信仰、思维方式、宗教观、价值观、民族的文化—心理结构、审美情趣、生活方式、民族认同等,这些因素是长期以来氤氲形成的,表现在日常生活和行为的方方面面,有很强的稳定性。实际上,民族的形式和内容的特点都会在非物质文化遗产上有很明显的表现。

甘肃自古以来就是一个多民族的地区。早在商周秦时期,甘肃境内多是戎、氐、羌等古代民族活动的地区。秦汉之际,月氏与乌孙居于河西走廊。汉初,匈奴占领了河西走廊。公元265年,鲜卑族曾迁入甘肃河西和陇西。南北朝时,匈奴、氐族、羌族、鲜卑等族先后在甘肃境内建立了前秦、后秦、西秦、后凉、南凉、北凉等政权。隋唐时期,突厥、回鹘、吐蕃、吐谷浑也曾在甘肃活动过。宋代,党项族建立了包括今宁夏和甘肃大部分地区的西夏政权。经过长期的历史演变,甘肃省现有54个少数民族成分,世居甘肃的少数民族有回、藏、东乡、土、裕固、保安、蒙古、撒拉、哈萨克、满族等16个少数民族。其中,东乡族、裕固族、保安族为甘肃的独有民族。由于民族不同,生产方式和生活方式,以及文化和风俗习惯、语言和宗教信仰也不同。如回、保安、东乡、土、撒拉等民族主要从事农业生产;藏、蒙古、裕固、哈萨克等民族,以畜牧业为主。回、东乡等民族通用汉语、汉文,东乡族又有本民族语言,而没有文字;藏、蒙古、哈萨克等民族使用本民族的语言和文字；回、东乡、保安、哈萨克、撒拉、维吾尔等民族，信仰伊斯兰教；藏、裕固、蒙、土等民族信奉藏传佛教。这些多民族的文化特点形成了甘肃非物质文化遗产浓郁的民族特色，在甘肃国家级非物质文化遗产中，就有东乡族的民间文学米拉尕黑和擀毡传统手工技艺；藏族的民歌、传统舞蹈多地舞巴郎鼓舞、民间文学格萨尔、拉卜楞寺佛殿音乐、藏医药和唐卡艺术；裕固族的民歌和服饰；蒙古族服饰；保安族腰刀锻制传统技艺；哈萨克族传统戏剧阿依特斯；以及流行于回族、东乡族、撒拉族、保安族、藏族、裕固族、蒙古族等民族中的传统音乐"花儿"等，都展现着甘肃非物质文化遗产浓郁的民族特色。

四 生活气息浓厚

中国剪纸，最早出现在南北朝时期。以后历经唐、宋、元、明、清的不断创新，使剪纸形成了一种意味隽永的艺术形式。庆阳剪纸，数百年来经久不衰，其主要原因是这种艺术与人民生活、生产紧密相连。庆阳剪纸，就其种类来说，有彩色和单色两种，彩色绚丽多姿、单色朴素大方，二者犹如春兰秋菊，各有风韵。从工艺上讲，有刀剪、刀刻、熏花三种。其中熏花系在剪纸基础上的一种创新，即把剪纸样放在一张白纸上，喷上水，然后用油灯烟熏，熏好后，取下剪纸，其图案就原原本本留在白纸上了。以风格来分，有的简洁明快、干练有力；有的套色、染色，色彩艳丽；有的构图巧妙、内涵深刻；有的粗犷豪放、淳朴浑厚。不论哪种风格，剪出来的人物和动植物，均形象逼真、感情丰富，具有立体感。庆阳剪纸，以窗花为主，题材相当广泛。有喂鸡、放羊、读书、骑驴、走娘家、胖娃娃等反映劳动和生活场面的；有长寿桃、多子石榴、戏水鸳鸯、麒麟送子等寓意喜庆的；也有鲤鱼游莲花、喜鹊占红梅、猴子吃蟠桃、老鹰捉兔子等群众喜闻乐见的，还有戏曲人物和历史故事等。日月星辰、山川花木、人物鸟兽、民间故事、神话传说，以及与庆阳人民生产、生活紧密关联的牛驴骡马、猪羊鸡鸭、猫狗鼠兔等，都是庆阳剪纸所反映的永久性的主题，每到秋粮入囤，农事稍闲，庆阳的妇女们便在针线之余剪纸凑趣，并将剪纸的优劣作为衡量姑娘、媳妇勤劳智慧的标志。这样的习俗，使庆阳剪纸技艺越来越高，已由原来的单体造型向群体造型演变；由原来的单面造型向多面造型演变；由原来的静态造型向动态造型演变，使剪纸高手层出不穷。这些民间剪纸大师不是以剪纸为生的民间艺人，而是不脱离生产的劳动者，他们随心所欲、淋漓尽致地表达自己的思想感情，从不受瞬息万变的政治气候和市场价格的影响，这种艺术是最真挚、最淳朴的艺术。

第六章

甘肃非物质文化遗产的价值与困境

第一节 甘肃省非物质文化遗产的价值

非物质文化遗产作为人类伟大文明的结晶和共同财富,是人类文化整体内涵与意义的重要组成部分。它包含了人类的情感,是一个民族一个社会赋予生命价值的感动,无论是这个民族的语言、传统知识,还是她的物质文化产生方式、价值体系,抑或是反映客观现实的艺术和语言,均含于非物质文化遗产中。[①] 非物质文化遗产蕴含着一个民族传统文化的根源,保留着民族文化身份的原生状态,以及该民族特有的思维方式、心理结构和审美观念等。[②] 甘肃拥有诸多文化遗产,非物质文化遗产更是历数千年积累传承至今,凝聚着中华民族的智慧与情感,昭示着炎黄子孙的文化身份,具有重要的历史、文学、艺术等价值。随着科学技术的不断发展尤其是新媒体技术的发展,非物质文化遗产的价值也不断地发展,彰显着时代内涵。本书对非物质文化遗产的价值则以其基本价值与现今社会所表现出来的现代性价值进行讨论。基本价值主要包括历史、文学、艺术以及科学价值,现代性价值包括经济价值、教育价值、社会价值等。

[①] 欧阳正宇:《甘肃省非物质文化遗产旅游开发 SWOT 分析》,《干旱区资源与环境》2011 年第 25 卷第 7 期。

[②] 王文章、周和平:《在"非物质文化遗产保护国际学术研讨会"开幕式上的讲话》,《非物质文化遗产保护国际学术研讨会(2004)论文集》,文化艺术出版社 2005 年版。

一 历史价值

非物质文化遗产并不是短期速成的，需要经历一定的时间跨度，一定的地域范围，在一定的人群中形成并得到传承的历史财富。它反映一定时间、一定地点、一定群体的生产生活方式和价值观念。

每一项非物质文化遗产都是经过漫长的历史形成的，没有一件不能给我们提供历史信息，没有一件不具有历史价值。甘肃省非物质文化遗产是甘肃劳动人民的精神文化活动及其成果，是甘肃历史的缩影，是我们追溯历史、了解那个时代经济社会发展和民风民俗的重要历史依据。比如黄河水车的诞生、水磨的利用、旱田压沙技术的发明和以天把式为代表的果树栽培管理技术的出现，这都与兰州作为"瓜果城"相辉映；定西市漳县的漳盐古法制作技艺，从公元76年东汉在盐川设立县制，就正式掘井开采食盐，流传至今已有近两千年的历史。它是古代利用地下矿产资源的见证，也是漳县盐文化的重要组成部分，对于研究漳县历史具有非常重要的价值。

二 文学价值

民间文学是一个区域内广大民众群体创作和传播的口头文学活动，它以口头表演的方式存在，是一个表演的过程。[①] 民间文学是广大的底层人民，主要是农民，还有工匠等，由于所处的社会地位，被剥夺了文字的使用权，只有通过口头语言来表现和传播传统民间文学。民间文学主要包括神话传说、民间故事、民间说唱、民间戏曲、谚语和谜语等口头文学形式。甘肃省人文底蕴深厚，产生了丰富的民间文学。比如流传在甘肃地区的"花儿"，曲调悠扬、节奏鲜明、歌词即兴创作、语言动听朴实，具有丰富的文学价值。此外还有史诗类的藏族长篇史诗《格萨尔王》、甘肃民间故事（貂蝉传）、秦安小曲等众多非物质文化遗产，具有丰富的民间文学价值。

---

① 万建中：《民间文学引论》，北京大学出版社2006年版，第28页。

三 艺术价值

非物质文化遗产丰富多彩，更是兼具极高的艺术价值。非物质文化遗产都是历代民间劳动人民创作传承下来的，是劳动人民智慧的结晶。只有能给人以美的感受、能让人身心愉悦的作品才能得到认可，才具有传承的价值。

甘肃非物质文化遗产中包含着丰富的戏剧艺术、民间文学、传统习俗、民族服饰、传统手工技艺等，这些珍贵的文化资源历经岁月沧桑，流传至今，充分说明其具有极高的艺术价值、欣赏价值，其中有许多惊艳的艺术作品，孕育了精妙绝伦的艺术技巧，震撼着人的心灵，触动着人的情感。每个作品既具艺术的魅力，又充满深厚的历史底蕴，展示着一个民族或群体的精神面貌、文化内涵和审美情趣。像广泛流传于甘肃民间的剪纸、刺绣、藏族唐卡、服饰、夜光杯雕、临夏砖雕、皮影、庆阳香包等，构思巧妙、独具特色，体现了极高的艺术创造力。如久负盛名的陇东皮影艺术，早在北宋时期就已经作为一种独立的艺术而存在了。由于受到陇东地区其他民间艺术的影响，特别是受到剪纸艺术的影响，产生了其独特的艺术构思和处理手法——刀法，各种人物造型、山石花卉、金殿宝帐、神仙鬼妖和走兽飞禽形肖神似，异常逼真。主要艺术特征是比例紧凑夸张，以明线为主，着色简单明快，尤重图案变化的装饰。一草一木、一人一体，在刀法及着彩上都显现出色彩眩晕的效果，所有刻工都镂现出中国远古文化的符号。民族传统舞蹈中，旋鼓舞、巴郎鼓舞、多地舞和傩舞等舞蹈都朴素自然、规模宏大、气氛欢快，丰富了我国的舞蹈艺术。这些富有地域特色和乡土气息的非物质文化遗产激发了当代人对现实生活的热爱与追求，并产生了巨大的影响。

四 科学价值

非物质文化遗产是历代劳动人民智慧的结晶，经过历代劳动人民经验的验证，有相当程度的科学性和科学研究的价值。非物质遗产中包括的人类实践所反映出来的生产力水平与人们当时的价值观念，与非物质文化遗产中的民俗文化是人文社会科学家们重要的研究资料。

比如甘肃陇东的窑洞营造技艺，窑洞营造主要的工作有掘崖面、挖窑、箍窑等，首先是掘崖面，崖面通常为10—20米，崖面处理成水波浪、一镢倒、乱镢子等具有审美意义的花纹，为保证窑洞安全，土质不好的崖面所挖的窑洞需要箍，窑洞开一门一窗和一高窗，门窗和高窗有利于室内空气的流通及采光，门窗关闭则可防止热量流失。炕床是窑洞民居的一大特色，好的炕床能充分吸收来自火炕、灶台的热量，而好的火炕、灶台在燃料燃烧的过程中零烟利、不打倒烟，热量利用非常高。哪怕到了现代社会，窑洞仍被很多农村百姓使用，窑洞具有保温隔热性能，冬暖夏凉，有利于一些食物器物的储存。可以看出，窑洞及其营造技艺具有很高的科学性，对于现代社会的建筑建造也具有一定参考价值。此外，非物质文化遗产所反映的民俗历史、生产生活、仪式禁忌等对现今出现的社会问题也具有相当强的指导意义，以及科学研究的价值。

五 经济价值

我国对非物质文化遗产的保护方针非常明确，国务院下达的《国务院关于加强文化遗产保护的通知》曾指出：非物质文化遗产保护要贯彻"保护为主，抢救第一，合理利用，传承发展"的方针。[1] 在我国，非物质文化遗产资源丰富的地区大多分布在民族地区、偏远地区、贫困地区。因此，如何因地制宜、合理地对非物质文化遗产资源进行科学的开发，使非物质文化遗产资源转化为商品，获得经济价值，为非物质文化遗产的传承提供物质保障，也有利于非物质文化遗产的保护与传承。

随着人们日益关注非物质文化遗产，非物质文化遗产的经济价值也越来越凸显，许多地区的非物质文化遗产项目已成为当地一张亮丽的名片，使得当地经济焕发出新的活力，如庆阳香包、兰州牛肉面、临夏砖雕、甘南唐卡、保安腰刀等已成为代表地区形象的文化品牌，形成文化与经济绿色融合的发展态势，在文化产业中实现传承和可持续发展。

非物质文化遗产带有天然的民族文化基因，独具特色，具有强大的吸引力，一方面传递着文化的多样性，另一方面是其他产业发展取之不尽、用之不竭的资源，比如电影、电视、旅游等。尤其是非物质文化遗

---

[1] 参见《国务院关于加强文化遗产保护的通知》。

产资源与旅游业的结合,其前景广阔、蕴含巨大的经济效益。比如像藏族民歌、兰州的太平鼓舞、凉州贤孝、秦腔、曲子戏等表演艺术类非物质文化遗产,旅游开发价值潜力大,可以吸引市场资本来开发休闲演艺产业,遵循"遗产真实性"理论,将传统非物质文化遗产依托景区,创新性采取集中舞台化的表演方式,加入游客体验环节,来带动当地旅游业的发展。另外,对于传统节日节庆、礼仪、婚俗和服饰等民俗类非物质文化遗产,可采用节庆旅游开发模式,依托节庆仪式活动增加相应的非物质文化遗产旅游体验项目。对于庆阳剪纸、庆阳香包、酒泉夜光杯、洮砚等易于商品化的手工技艺性项目可发展成生产经济项目创造经济价值;而对于民俗文化资源、戏曲、舞蹈,武术等表演艺术则可以发展旅游项目创造经济价值。比如甘南藏族唐卡,在藏传佛教六大宗主寺之一拉卜楞寺所在地的夏河县城,夏河县政府打造了中国·拉卜楞唐卡小镇,这是一个集唐卡教学培训、唐卡制作体验、唐卡成品售卖于一体的特色小镇。每到旅游旺季,唐卡小镇上便游人如织,给当地居民带来很大经济效益,创造了大量就业岗位。巨大的经济效益吸引着更多的知名艺人到此入驻,也吸引着更多的藏族青年投入唐卡的制作学习中,是非物质文化遗产创造经济价值,反过来又促进非物质文化遗产传承发展的成功案例。将非物质文化遗产与旅游业融合而创造经济价值是本研究的目的,也是非物质文化遗产蕴含巨大经济价值的体现。

六 教育价值

非物质文化遗产内涵丰富,具有良好的教育价值,是基于非物质文化遗产所具有的基本价值所决定的。非物质文化遗产中包含着丰富的文化知识、科学技术知识、文学美学知识等。这些都是民族智慧的结晶,具有重大的价值,值得将这些有价值的东西通过教育传承下去,也需要通过教育来使非物质文化遗产为人所知、为人所用。在文化日趋一体化的今天,全国小朋友学着大致相同的课本,为保持中华民族文化的多样性,我们迫切需要全国各民族的青少年拾起本民族、本地的传统文化。非物质文化遗产代表着当地文化的核心内涵,是当地人民的共同记忆。而为了保护当地的传统文化,保护非物质文化遗产,就要充分发挥教育的作用。

第六章 甘肃非物质文化遗产的价值与困境

非物质文化遗产进校园是非物质文化遗产进行保护传承的重要方式之一，与此同时也丰富了学校的校园文化。例如，为深入开展非物质文化遗产进校园活动，兰州职业技术学院于2018年4月成立了非物质文化遗产学院，是全国首个成立非物质文化遗产学院的高职院校。据该学院院长杜军介绍，非物质文化遗产学院不仅是提升非物质文化遗产衍生产品的设计水平和文化创意水平方面进行的探索，吸引、集聚更多的青年人才学习和继承发展非物质文化遗产项目，也是对甘肃省"在贫困地区选择一批具备较好传承潜力、与当地经济社会发展结合紧密的国家级、省级非物质文化遗产项目"进行精准扶贫政策的实践。该学院还特意聘请了26名非物质文化遗产传承人、国家及省级工艺美术大师为客座教授，为学生传授技艺，并建成洮砚、唐卡、剪纸、彩陶、砖雕、葫芦雕刻、珐琅彩壁画、版画8个大师工作坊，希望通过联合传承大师、企业、行业、社会与学院一道，推动"非物质文化遗产项目"融入专业建设，形成甘肃非物质文化遗产研究保护、传承开发的工作合力，对甘肃省非物质文化遗产进行挖掘、传播及合理利用。

七 社会价值

联合国教科文组织在《保护非物质文化遗产公约》中指出，"非物质文化遗产是密切人与人之间的关系以及他们之间进行交流和了解的要素"，是一定地域人民长期的经验总结，代表着一定地域的文化，是一定地域人民的集体记忆。[①] 非物质文化遗产中蕴含着很多处理人与人、人与社会、人与自然关系的哲理。非物质文化遗产在传承的过程中也教化着当地人民，它对地域内人民的行为具有规范作用。非物质文化遗产对协调当地人际关系、家庭关系、族群关系、生态和谐方面扮演着重要角色，有利于区域社会的和谐稳定，具有重大的社会价值。

通过人民对非物质文化遗产的集体记忆以增加村庄人民的群体认同，进而增进村庄团结；通过非物质文化遗产的道德规范作用来规范个体及群体行为，维护社会秩序；通过非物质文化遗产以增强村民的文化自信，振奋村民的精神面貌。例如，凉州贤孝《二十四孝——为母埋

---

① 参见联合国教科文组织《保护非物质文化遗产公约》。

儿》的故事中，原记载："汉郭巨，家贫。有子三岁，母尝减食与之。巨谓妻曰：'贫乏不能供母，子又分母之食，盍埋此子？儿可再有，母不可复得。'妻不敢违，巨遂掘坑三尺余，忽见黄金一釜，上云：'天赐孝子郭巨，官不得取民不得夺'。"短短数语，反映了人们生活中真实遇到的事，其中包含着人们的道德观念、为人处世之道、人们的生活愿望等。故事在当地口耳相传，规范着当地人民的行为，对当地的社会和谐稳定具有重大指导意义。甘肃境内的女娲祭典，是在甘肃省天水市秦安县女娲祠举办的规模盛大的中华始祖祭祀活动。该非物质文化遗产项目具有极高的历史学、民俗学研究价值，对继承中华民族优良传统、增强民族凝聚力发挥着重大作用。再如西北各地的"花儿会"最初是与农业祭祀和民间信仰相关，在祭祀时由"花儿"歌手歌唱是为了取悦神灵，达到人神沟通的目的，后来"花儿"会逐步转变为广大民众的主要娱乐方式。每年春夏在甘肃各地举办的大型"花儿"会，不仅有"花儿"歌手声情并茂的演唱，还有队伍之间一问一答的对唱比赛；而且各族群众积极参与欣赏和评判，歌手与观众之间是亲密又和谐的互动关系，各族群众在歌会中增进了了解、达成了共识、促进了社会和谐。

第二节 非物质文化遗产保护与传承的困境

很多非物质文化遗产都是在特定的历史背景下产生并发挥作用，然而，改革开放以来，甘肃地区文化环境受到现代化的冲击，人民的生产生活方式经历着快速的变迁，甘肃省人才流失等问题严重，使得甘肃省本地的经济社会环境不足以应对现代化对传统文化的冲击，非物质文化遗产的生存文化空间逐渐萎缩，特别是传播载体的改变与缺失导致有一些非物质文化遗产文化已经不适用，甚至只能成为旅游业的噱头。这种生产生活的分离，使得非物质文化遗产的传承不能带来社群认同的效果，最终随着老一辈的去世而消失，成为"记忆中的背影"。近年来，为保护非物质文化遗产，国家推出一系列保护非物质文化遗产的政策，为响应中央的号召甘肃省在非物质文化遗产挖掘与保护方面也做了大量工作，并取得了一些不错的成绩，许多优秀非物质文化遗产得到了保护。但是甘肃省非物质文化遗产在保护与传承方面与我国中东部地区仍存在较大差距。正是在这种背景下，结合甘肃省的实际情况审视甘肃省非物质文化遗产保护与传承困境显得迫切而重要。

一 理论层面

1. 文化保护与经济发展的矛盾

当前，旅游业的发展已成为一些地方经济发展的重要组成部分，非物质文化遗产是历史的传承，非物质文化遗产资源往往又是旅游资源的重要内容。然而，地区的经济建设发展与传统文化保护之间的矛盾是客观存在的。经济发展是利用一切可利用的资源与合理的手段来实现收益的最大化。[①] 经济社会的全面可持续发展需要文化的推助作用，但文化存在某些根深蒂固的东西，从某种程度上制约着经济的发展。非物质文化遗产是旅游业发展的重要资源，经济建设离不开开发和利用非物质文化遗产资源发展旅游业，因此存在着既要利用非物质文化遗产资源，又以牺牲非物质文化遗产资源为代价发展经济的现象，乃至把保护非物质文化遗产与经济发展对立起来。旅游业发展、经济发展的潮水滚滚而来，非物质文化遗产的自然生态与遗产的保护受到了巨大的挑战，保护还是发展面临着艰难的抉择。

首先，经济发展模式的改变破坏了非物质文化遗产的自然生态。近年来，拥有非物质文化遗产的地区大都充分利用区位优势和人文优势大力发展旅游业，加快向多元化经济发展模式转变。在改变传统经济发展模式的进程中，随着商品经济的发展，人们对经济效益的追求越发热烈，逐渐缺失生态环境保护意识。另外，为了进一步适应现代产业和旅游业的发展，许多地区城镇化建设加快推进，物质文化生活不断改善和提高，但其地理环境以及非物质文化遗产赖以存在的自然生态也随之改变，经济建设发展与文化自然生态保护形成了一定的矛盾。

其次，经济利益的追求影响了非物质文化遗产的保护。改革开放以

---

① 黄家庆：《非物质文化遗产保护与经济发展矛盾的化解策略——非物质文化遗产开发利用研究之五》，《钦州学院学报》2003 年第 9 期。

来，许多非物质文化遗产地受到各种资本的支持以及大量游客的涌入，政府及民众都感受到了发展旅游业带来的实惠，如收入的增加、知名度的提高、产业结构的合理化、多元化发展等。然而，当人们以经济建设为根本，尤其是在市场经济条件迫于竞争的压力下，过多地关注和追求物质利益、经济效益时，如果没有适当的规范和约束，人们就会更多地为了解决眼前的生产生活问题，以获得最大的经济效益和既得利益，而忽视、放弃乃至抛弃传统文化。① 非物质文化遗产赖以生存的自然生态环境和人文生态环境得不到保护，非物质文化遗产的保护也就形同虚设了。

最后，经济发展带来的多元文化对传统的非物质文化遗产的冲击。非物质文化遗产地的经济发展带来了现代流行文化和都市文化，当地居民，尤其是年轻人更愿意选择现代生活方式和流行文化，对于传统的非物质文化遗产，如传统礼俗等不屑一顾，甚至嫌弃或否定。外来文化淹没了传统文化的自然生态与文化遗产，非物质文化遗产的保护和传承变得困难重重，经济发展与非物质文化遗产保护的矛盾日益显现出来。

2. 资源开发与资源保护的矛盾

西方在文化遗产保护实践方面起步较早，具有了成熟的理论基础与丰富的实际经验。但是对于处于西部地区的甘肃省而言，经济相对落后，追求经济利益仍然是其重要目标，各级政府与当地百姓也缺乏对于非物质文化遗产的保护观念。在市场经济体制下，人们过分追求经济利益，社会的各个事物都搭上了市场经济的利益，对非物质文化遗产进行开发时，往往看中其开发所带来的经济价值，而忽视其所"保护"的非物质文化遗产本身的社会文化价值与意义，但不是所有的非物质文化遗产资源都适合成为追求物质享受的手段。当非物质文化遗产被作为旅游资源开发时，如果剥离它的文化内涵和离开它的生存空间，那么非物质文化遗产就失去了它的神圣性和庄严性。

尤其将非物质文化遗产的保护放入旅游开发、地方经济发展的背景下时，原本单纯的"文化"更被复杂化，常常造成文化本身的价值被

---

① 黄家庆：《非物质文化遗产保护与经济发展矛盾的化解策略——非物质文化遗产开发利用研究之五》，《钦州学院学报》2003 年第 9 期。

忽略，而竞相追求其各种附加值（如旅游开发、经济发展、旧城更新等）的现实状况，资源开发和资源保护一直是困扰旅游开发商和政府的一对矛盾。

甘肃的旅游资源类型丰富多样，特点突出，为甘肃发展旅游业创造了良好条件。但是，甘肃旅游业发展也存在着重开发、轻保护的思想，在旅游开发过程中缺乏有效的规划、管理以及强有力的监督机制。长期以来，由于缺乏行之有效的管理，旅游景区环境遭到破坏，不仅影响到旅游资源的永续利用和旅游的可持续发展，也给社会带来了严重的负面影响。对于非物质文化遗产资源的开发与保护来说亦是如此。非物质文化遗产作为重要的旅游吸引物对于旅游者来说，其"魅力"不容小觑。然而，近年来对非物质文化遗产的掠夺性开发以及粗放式管理，严重影响了其生存的基础，威胁到非物质文化遗产旅游的持续发展。但是，对于非物质文化遗产的过度保护又必然限制了资源的开发、利用，反过来也失去了保护非物质文化遗产的经济基础和社会经济动力。

（1）单纯的保护抑制了非物质文化遗产的传承与发展

首先，保护令遗产地居民的收入锐减，甚至生活难以为继。为了维持生活，大量居民外出打工，不仅失去了传承人，且非物质文化遗产本身，如居民的生活方式、语言、传统礼仪、节庆等民俗，乃至文化场所都将不复存在。

其次，任何资源的保护都需要持续的经济投入，非物质文化遗产资源也不例外。政府财政投入是非物质文化遗产传承与发展资金来源的一部分，只能在一定程度上满足其发展的需要，而对其旅游发展和旅游资源保护的需求则难以保证。

最后，"酒香也怕巷子深"，单纯的保护势必降低非物质文化遗产的知名度，对旅游者的吸引力必然下降，因此其传承与发展仅靠专家呼吁显然"势单力薄"。

（2）过度开发对非物质文化遗产带来致命伤害

第一，非物质文化遗产的过度开发只能带来短期利益。由于当前利益更直接，充满着巨大诱惑力。因此，当前的利益具有得到实现的优先性，大多数地方往往只看重发展非物质文化遗产带来的经济利益，而忽略非物质文化遗产自身所带的文化基因，甚至可能为了非物质文化遗产的产业化发展，而过分解读或扭曲非物质文化遗产的文化内涵。特别是近年来，我国"申遗"非常热闹，但在这场"申遗"的热潮中，很多地方的出发点并不是真正地保护文化遗产，而只是为了"文化遗产"标签背后的经济利益。这种"重开发，轻保护"的发展模式，往往只能带来短暂的经济效益，不利于非物质文化遗产永久健康地发展下去。

第二，非物质文化遗产的过度开发违背了可持续发展观。可持续发展（Sustainable Development）是20世纪80年代提出的一个新概念。1987年世界环境与发展委员会在《我们共同的未来》报告中第一次阐述了可持续发展的概念，得到了国际社会的广泛共识。目前可持续发展研究不断深入，研究视角拓展到了人文和自然两个领域。

3. 坚守传统与文化创新的矛盾

《中华人民共和国非物质文化遗产法》规定：非物质文化遗产是指各族人民世代相传并视为其文化遗产组成部分的各种传统文化表现形式。① 非物质文化遗产属于传统文化，是传统文化的重要组成部分。文化是一种社会现象，是人们在长期的历史中创造的产物，是历史的积淀。而传统文化（Traditional Culture）就是文明演化而汇集成的一种反映民族特质和风貌的文化，是各民族历史上各种思想文化、观念形态的总体表现。② 包括历史上存在过的物质的、制度的和精神的文化实体及意识。中国的传统文化博大精深、世代相传。文化是我们与世界交流的独特语言，是经济发展、社会进步的核心动力，而传统文化更是独一无二地标志着我们的民族特征。

文化创新是一个民族永葆活力的重要方式。只有在实践中不断创新，传统文化才能焕发生机、历久弥新，民族文化才能充满活力、日益丰富。社会不断前进，所有的事物（包括传统在内）都在不停地发展和变化。保护非物质文化遗产不是将其放在博物馆展台上，而是要让它在现实中发挥作用。开展非物质文化遗产旅游活动，自然应在保护传统的基础上对非物质文化遗产进行适当的创新，使得非物质文化遗产能更好地融入现代社会，发挥它的功能和价值，这就意味着在一定程度上要

---

① 参见《中华人民共和国非物质文化遗产法》。
② 毕玉鹏：《对中国传统文化的新思考》，《科教导刊（中旬刊）》2011年第12期。

改进、要变革、要创造，它的传统文化含义可能会随着时间而发生动态变化。非物质文化遗产如果裹足不前，很有可能被历史前进的车轮所碾压。但是对非物质文化遗产过度的创新又会造成非物质文化遗产内涵的缺失。所以，在非物质文化遗产开发过程中，我们要把握好传统与创新之间的衔接点。

4. 保持个性化与产业化开发的矛盾

我国地域广博，拥有多姿多彩的非物质文化遗产。其涉及不同地域和民族独特的生活方式、风尚习俗和风土人情，是华夏五千年历史的"活化石"，是农耕文明的"基因库"。非物质文化产生于民间，具有强烈的地域性，个性化鲜明，可以满足人们探秘、猎奇、寻乐、求知等诉求。对于民族性、民间性和民俗性的文化，时间越久远，地域性越强，个性化越明显，市场差异化和异质性就越强，产品的特色性和唯一性就越突出。

非物质文化是社会实践的产物。与物质文化遗产相比，非物质文化遗产由于"无形"显得更加稀缺。为此，我们必须借助有效的方式来实现对其的保护与利用。经过改革开放 40 多年来的不懈努力，人民群众的生活发生了翻天覆地的变化，人民对于美好生活的追求，除了注重物质生活水平层面外，他们还更加关心精神文化生活层面。为了避免文化发展方面出现供不应求的情况，就需要借助各种资源和方式来拓宽文化供给的内容，使人民群众的不同文化需求都能够得以高质量的满足。[①] 产业化发展为文化发展提供了重要的方向，非物质文化遗产的产业化发展模式整合政府、社会等各方面的资源，拓宽文化供给的内容，不仅满足了非物质文化遗产保护与传承的需要，而且适应了人民群众的多样化文化需求。

5. 保护标准化与特色化发掘的矛盾

标准化主要指为了获得最佳的秩序，对实际的或潜在的问题制定出统一规则的活动。标准化追求的是程序化、共性化，标准化的重要意义在于能够改进产品以及服务的适用性。2011 年《中华人民共和国非物质文化遗产法》的颁布标志着我国非物质文化遗产保护的"标准化时

---

① 王勇：《非物质文化遗产为何要走产业化发展之路》，《人民论坛》2019 年第 1 期。

代"已经到来。此后,国家相继出台了《文化部关于加强国家级非物质文化遗产代表性项目保护管理工作的通知》(2011年)、《文化部关于加强非物质文化遗产生产性保护的指导意见》(2012年)、《国家级非物质文化遗产保护与管理暂行办法》(2016年)等一系列法律、法规及其相关文件。这进一步表明标准的构建与研究等将成为这一阶段我国非物质文化遗产保护工作的重点。① 刘魁立、张颖敏2006年就在他们联合发表的文章中,表达了他们对非物质文化遗产保护标准的态度:当今时代,标准化已经成为一种社会需求和发展趋势,但在非物质文化遗产保护过程中,由于强调的是地方特色和传统的特异表现,导致类似的悖论(如我们一方面要求推广普通话,另一方面为了保护地方戏曲、民间文学等非物质文化遗产项目又不得不强调方言),很难探寻出两全的答案。②

二 现实层面

1. 非物质文化遗产传承人相关问题

(1)传承人认定的困境

传承人在非物质文化遗产的保护、传承和发展中起到了至关重要的作用,是对非物质文化遗产进行保护的关键。合理地认定传承人才能更好地保护非物质文化遗产。但是,在我国非物质文化遗产的传承人的认定方面存在一定的困难。非物质文化遗产的传承人选定在有些情况下是很容易确定的,但在有些情况下,如果某项非物质文化遗产的传承具有了一定的群体特征,传承人的认定就会出现一定的困境。由于我国在认定传承人方面没有完善的法定标准,这导致在有些情况下,传承人的认定比较随意,甚至不合理,从而使非物质文化遗产的保护工作受到了很大的影响。③

(2)传承人后继无人

目前,我国非物质文化遗产传承中"人"这一最为重要因素——

---

① 白宪波:《"标准化时代"基层非物质文化遗产保护若干问题探讨》,《文化遗产》2018年第6期。
② 刘魁立、张颖敏:《悖论中的非物质文化遗产保护》,载谢沫华《2006中国·昆明:亚洲博物馆馆长和人类学家论坛文集》,云南教育出版社2007年版,第189—203页。
③ 郭海霞:《论我国非物质文化遗产法律保护的困境与对策》,《特区经济》2010年第6期。

传承人的年龄结构以中老年为主，我们无法对其传承能力妄加评论，但对其后续传承不禁有些担忧。这些中老年人在非物质文化遗产的传承中往往扮演着"台柱子"的角色，为数不多的年轻人则大都只承担辅助性角色。而且，单纯的"传承人角色"没有充足的生活保障，许多年轻的传承人将大部分时间主要用于从事谋生活动，都只是在自身本职工作之余参与到非物质文化遗产的传承的工作中，他们的参与行为多数出于个人爱好或者救场需要，年轻的力量不能有效补充到传承人队伍中来。传承人老龄化、传承队伍不稳定以及缺乏青年传承人等因素严重制约了非物质文化遗产的保护和传承。

长期以来，甘肃非物质文化遗产项目代表性传承人存在严重不足问题。截至2018年，国务院公布了五批国家级非物质文化遗产项目代表性传承人名单共3068人，甘肃只有68人，占全国的2.22%，这与甘肃省历史悠久、文化资源丰富的现实极其不符。另外，传承人年龄偏高，也是一个普遍问题。从全省来看，前四批国家级非物质文化遗产项目代表性传承人的平均年龄为71.07岁，随着传承人的老去或相继离世，一些传承项目面临着"人去技失"的危险境地。许多非物质文化遗产需要代表性传承人口传心授给继承人，难度高、强度大、耗时多，特别是现代文化的入侵和经济利益的驱使，非物质文化遗产的市场逐渐萎缩，愿意继承和学习非物质文化遗产技艺的年轻人越来越少；不少非物质文化遗产传承人面临无徒弟或徒弟少的尴尬境地，加上绝大多数传承人是土生土长的民间艺人，文化程度不高，长期以来，他们的艺术创造得不到社会应有的承认与回报。这需要政府给予有力的扶持和资助，否则，仅靠他们自身的维系是难以长久的，最后很有可能导致传承中断，这对非物质文化遗产的保护是极其不利的。

（3）传承人缺乏充足的生活保障

我国非物质文化遗产传承人中农民及手工业者人数众多，他们中的大部分人都以种地或打工为生，文化程度不高，长期以来，由于得不到社会的承认与回报，导致生活困难，条件艰苦。如果他们专门从事非物质文化遗产的传承，就会丧失生活来源。以甘肃脊兽制作为例，作为省级项目，甘肃省政府每年对每位传承人有5000元/人/年的现金补助，用于保障传承人的基本生活，并且还为传承设立专门的资金，传承人每招收一名徒弟，在考核合格后都会有相应的奖励。但这仅有的补助远远不能满足正常的传承需求。不仅如此，大部分非物质文化遗产的民间文化表演和展示都是非盈利性的，仅靠热情很难吸引年轻人的参与，所以需要政府给予有力的扶持和资助。

2. 非物质文化遗产文化内涵低俗化

非物质文化遗产的内容是其独特的文化内涵及特有的文化表现形式。然而，随着工业化的发展，商品化现象蔓延到文化领域，与文化符号相连接的一切生产与再生产过程背后都蕴含着经济力量的渗入，导致非物质文化遗产内容的"变形"，这一现象在非物质文化遗产的传承过程中屡见不鲜。但是，文化并非等同于商品，文化内涵深厚，包含物质与精神两个层面，并不是简单的符号重复就可称为文化的展示。相反，在文化商品化的过程中，其自身的内涵发生质变，甚至完全消逝。

例如曾经被政府视为乡土气息的西和乞巧节，在2008年华丽转身被评为国家级非物质文化遗产项目，成为陇南市的地方性标志文化，西和县乃至陇南市政府借此国家级非物质文化遗产追求经济利益，提高地方知名度，政府相关领导在不了解乞巧节日文化内涵和历史渊源的基础上，凭主观意愿、肤浅、片面、贸然指导本地姑娘们的"乞巧"活动，将原本七天八夜的乞巧仪式，进行压缩。又比如根据传统，乞巧节的迎水环节本应在初七清晨到井边或泉边燃香、跪拜、唱迎水歌后才能进行，可是电视台为了拍摄方便，理所当然地要求她们在水边迎水就行了。申遗后的乞巧节几乎是一种进行流水线作业的伪事件，硬生生地从它赖以生存的环境中剥离出来，成为提升当地政绩的工具，保留的只是躯壳，这与西和乞巧姑娘们的节日生活和神圣体验渐行渐远。

3. 表演或展示专业化程度低

部分非物质文化遗产的表演和展示团队由于组织和人员缺乏专业的艺术训练基础，不够专业化，其表演和展示仅以一项民间保留艺术的形式存在，缺乏广泛的传播和展示平台。对于普通大众来说，这些表演和展示更像是民间杂耍活动或者娱乐活动，而非纳入非物质文化遗产保护名录的艺术或文化。

4. 大部分非物质文化遗产文化品牌效应不高

近年来，国家对非物质文化遗产的保护和传承采取了一系列抢救性措施，但大部分非物质文化遗产承载的民族记忆和民族历史及其包括的文化内涵、文化价值没有被充分地发掘。加之宣传渠道和配套措施的不完善，传播平台的局限，如缺少线下文化展示平台（如民俗文化艺术馆、非物质文化遗产展示馆、博物馆等），媒体宣传、线上宣传渠道不充足等都影响了非物质文化遗产文化品牌的建设，其文化影响力和文化知名度都没有发挥出来。

5. 非物质文化遗产的专项保护资金不足

对非物质文化遗产的挖掘、传承保护以及开发是一项重大的工程，需要耗费大量的人力、物力。甘肃地处中国内陆西北地区，属于经济欠发达省份，经济发展缓慢，财政收入偏低，经济上的落后大大限制了对非物质文化遗产挖掘与保护的支持力度，投向非物质文化遗产挖掘与保护的经费就十分有限。全省非物质文化遗产保护工作主要依靠中央财政支持，省财政总投入额度远远难以适应保护工作的要求。多年来，经费不足一直是甘肃省开展非物质文化遗产挖掘与保护工作的"瓶颈"。从2005年开始甘肃省财政厅每年拨款150万元作为专项经费，支持全省非物质文化遗产保护工作，但由于各地区发展滞后，财力有限，普查和保护工作中投入的经费凤毛麟角，一些文化、艺术价值很高的非物质文化遗产项目由于缺乏经费，难以得到及时的挖掘与保护，非物质文化遗产保护工作依然面临着严峻的挑战。如果想更好地开展甘肃非物质文化遗产挖掘与保护工作，投入一定的经费是非常重要的，例如项目保护、资源普查、设备购置、人才培养、队伍建设等各方面都需要大量的经费支持。目前由于经费不到位，大多数文化馆只能维持人员的工资开支，用于抢救与保护非物质文化遗产的经费相当匮乏，面对一些濒危的民间非物质文化束手无策，专项业务无法正常开展。例如，缺乏出版非物质文化遗产丛书、拍摄及制作光碟的经费，这将影响到甘肃非物质文化遗产项目的宣传和永久保护。目前甘肃的非物质文化遗产旅游尚处于初级阶段，资源开发的深度不够，大多还属于观光层次。参与性、体验性产品还没有得到开发或开发不足，无法满足游客的多层次、多样化的需求。另外，由于旅游发展处于初级阶段，地方群众还没有感受到非物质文化遗产旅游给他们带来的经济利益，这直接影响到他们对非物质文化遗产保护重要性的认知。普查专项经费不足，阻碍了科学规范的展开普查建档工作，尤其是对重点项目的抢救工作无法开展；专业研究基地建设经费困难，没有传习、研究、展示阵地，无法有效开展传承活动，致使一些非物质文化遗产项目后继乏人；对外展演活动经费困难，非物质文化遗产项目也无法正常展演；传承人开展传承活动的补贴不能及时发放，挫伤了他们开展传承工作的热情和信心。

总之，资金不足是阻碍非物质文化遗产保护、传承和发展的主要因素。也导致一系列问题的出现，比如遗产保护机构设置数量不足、非物质文化遗产资源挖掘深度不够、保护队伍专业能力不强、非物质文化遗产项目开展有限、传承人积极性及传承热情受制约等。这些问题都需要我们尽快采取措施，以便更好地保护非物质文化遗产。

6. "师徒制"的传承模式面临挑战

目前，我国的非物质文化遗产的传承主要包括群体传承、父子或师徒间的代际传承、面对面的口传身授式的人际传承等模式，其中以"师徒制"传承保护方式最为常见。随着社会的发展、文化的变迁以及市场经济的冲击，非物质文化遗产无法带来直接的经济利益，愿意拜师学艺跟着"师父"长年累月地忍受清苦的年轻人越来越少。传承性的非物质文化遗产项目，其规范传承需要经历一个长期的师徒传习过程，需要学习者投入充足的精力和时间，但对于年轻人来说，现代化的生活方式无疑比传统生活方式有吸引力的多。传统的"师徒制"传承模式面临挑战，导致许多非物质文化遗产因没有传承人而造成"人走艺亡"现象的产生。

7. 非物质文化遗产开发过度商业化

非物质文化遗产保护与传承中的资金不足问题可以通过市场开发来满足，但是市场是把"双刃剑"，在提供资金保障的同时，其逐利性也暴露无遗，为了达到自身利益的最大化，过度的商业开发在所难免。但非物质文化遗产本身却付出相当惨痛的代价。

例如，在藏文化中，代表着藏族宗教信仰的甘南藏族唐卡是一种别具一格的绘画艺术，在藏族人民心中它有神圣而不可亵渎的力量。然而，在文化工业时代，人们越来越青睐唐卡，唐卡被商业化的趋势不可逆转，市面上充斥着五花八门、粗制滥造的唐卡工艺品。唐卡随处可见，价格也差距悬殊，逐渐失去了它内在的神圣性和精神性。许多唐卡制作不再遵循传统的手工绘制，而是采用电脑制作。唐卡上的图案也各式各样，严重亵渎和伤害了唐卡的文化性和宗教信仰。特别是有些地区为了追求市场利益，迎合消费者的审美和需求，唐卡的发展已被市场牵着鼻子走，对唐卡无限制的流水线生产贩卖。这种对文化艺术的粗暴复制，使唐卡逐渐走向庸俗化，这不仅将导致唐卡所体现的信仰的缺失和艺术品质的降低，也进一步显现出现代社会的浮躁和功利气息。这种同质性的文化工业一味追求利润，剥夺了文化的真实性和纯粹性，在利益的诱惑下，文化商业化，使之变得太肤浅，失去了遗产传承的历史价值内核，远远背离了非物质文化遗产的保护、传承和发展目标。我们应深刻反思这些乱象。

8. 民众对非物质文化遗产保护意识淡薄

非物质文化遗产是人类文明社会演变的见证，是人类文化多样性的象征。非物质文化遗产的保护不仅是为了保存我国的多元文化，更是为了丰富人民群众的文化生活。由于宣传及知识普及工作的缺失，大部分民众保护非物质文化遗产的意识淡薄，相当一部分人认为非物质文化遗产的保护是政府和专业人士的职责，政府在保护"非物质文化遗产"的工作中起着主导作用，与自身的关系不大，甚至没有关系。特别是一些知名度不高、区域性、民族性的非物质文化遗产项目，仅靠政府单方面投入，是不够的，需要社会力量和普通民众的广泛参与。非物质文化来源于人们的生产生活实践，体现的是当地最淳朴的民俗民风，群众才是非物质文化遗产真正的主人，如何唤醒群众的民间文化自觉性和本地文化自信是保护非物质文化遗产的基础。

目前，广大民众尚未认识到非物质文化遗产挖掘和保护工作的重要性，全社会也并未形成人人参与非物质文化遗产保护的良好氛围。部分干部群众和部门的领导还未意识到"非物质文化遗产"保护的必要性，没有认识到非物质文化遗产生存环境的日益恶化，认识不到传统民间文化属于"不可再生资源"。不少人认为非物质文化遗产保护工作是政府和文化部门的事情，因而处于观望状态，缺乏保护的紧迫感、责任感和使命感。重申报、重开发、轻保护的现象仍然普遍存在，保护文化遗产还没有成为一种自觉追求。

另外，全省各县区保护工作开展进度不一致，个别县区的相关单位和工作人员保护意识相对淡漠,未能摆正思想,缺乏战略意识,一味追逐政绩,重经济而轻文化,认为文化建设应该让位于经济建设和政治建设,经济发展起来了,文化建设自然就上去了。对保护非物质文化遗产的工作缺乏长远的规划和统一安排,工作不细致、不深入、不全面,成效不显著,档案资料、传承人、宣传工作等没有专人负责,普查、申报、保护、宣传、展演等保护和传承工作没有真正落到实处。

第三节　非物质文化遗产保护与传承走出困境的对策

非物质文化遗产的保护与传承关系到中华文明的传承以及民生福祉。只有加强非物质文化遗产的保护,让人民群众充分享受非物质文化遗产保护成果,广泛参与非物质文化遗产的保护与传承,才能真正有效的实现传承发展,开创文化建设的新局面。

一　理论层面

1. 正确处理文化保护与经济发展的矛盾

我们知道任何事物都包含着矛盾的两个方面,矛盾双方相互联系,相互依存并互为条件,共处于一个统一体中,即矛盾的统一性。经济发展可以为传统文化的发展提供物质基础和动力,另外,在经济建设中也需要合理利用传统文化,利用其经济价值,将其转化为经济建设的资源。[①] 无论是非物质文化遗产的保护传承,还是经济建设,无疑都是为了更好地满足人民的物质与精神生活的需要,这就要求我们必须处理好文化保护和经济发展中的不相适应。

(1) 坚持科学发展观,减少经济建设对传统文化的冲击

文化发展要与经济建设相协调,当传统文化严重阻碍经济发展时,要么对传统文化有扬弃地予以继承,弘扬传统文化中的优秀成分,使优

---

① 黄家庆:《非物质文化遗产保护与经济发展矛盾的化解策略——非物质文化遗产开发利用研究之五》,《钦州学院学报》2003年第9期。

秀的民族传统文化成为涵养新文化的重要源泉，以适应并服务于经济建设发展；要么在经济建设发展的冲击中消亡。① 因此，非物质文化遗产地的经济建设发展必须坚持科学发展观，科学地规划统筹，坚决不能以牺牲非物质文化遗产的自然生态和人文生态为代价，换取经济发展的成就。坚持协调原则，做到既满足对非物质文化遗产的保护传承，又要满足经济建设的需要。

（2）经济建设为非物质文化遗产的保护传承提供坚强后盾

非物质文化遗产的保护传承与经济建设是相辅相成的，在经济建设上不能片面地搞"唯经济论"。但是经济发展是社会发展的主线，以经济建设为中心是不以人的意志为转移的人类生存发展的最主要活动，经济发展是民族传统文化保护传承的物质基础。② 充足的财力是有效保护和传承非物质文化遗产的基础，非物质文化遗产资源也可以融入当地经济建设中去，成为其发展的资源要素。将非物质文化遗产融入当地的文化产业和旅游产业之中，将现代商品机制、市场机制注入非物质文化遗产的机体中，能够获得良好的社会效益，为地方增加经济收入。同时，也能够提高非物质文化遗产自身保护传承的造血机能，促进民众的文化自信心和自豪感，大大地提升保护传承非物质文化遗产的动力。

2. 坚持保护性开发的原则

社会发展依赖资源。非物质文化遗产资源不同于传统的不可再生资源（如矿产资源），如果利用得当，在开发利用非物质文化遗产资源时不仅不会破坏资源，还可能延伸甚至做到永续利用。因此，非物质文化遗产资源的开发，应明确资源的性质、类型、规模、利用价值、开发方向等，不能简单地以利润为导向，必须坚持保护性开发原则，使资源的开发利用与保护取得平衡。

3. 立足实践，推陈出新

经济社会的发展进步确实会带来生活习惯、价值观念的转变，但那

---

① 黄家庆：《非物质文化遗产保护与经济发展矛盾的化解策略——非物质文化遗产开发利用研究之五》，《钦州学院学报》2003年第9期。

② 黄家庆：《非物质文化遗产保护与经济发展矛盾的化解策略——非物质文化遗产开发利用研究之五》，《钦州学院学报》2003年第9期。

些承载着历史的非物质文化遗产是值得我们代代相传的民族文化,留下它们、引导它们、重视它们是坚守传统文化的重要工作。虽然坚守让传统文化得到传承,但传统要想延续,还要依靠创新。文化发展,是一个推陈出新的过程。一方面,社会不断出现新的问题,需要文化自身不断创新以适应新环境,回答新问题;另一方面,社会实践的发展,为文化创新创造了新的条件。所以,社会实践是非物质文化遗产创新的动力和基础。对于非物质文化遗产的创新,一方面,离不开对传统文化的批判性继承;另一方面,要不断适应新环境,与时俱进,反映时代精神。

4. 制定科学的产业化发展规划

目前国内外保护非物质文化遗产主要有两种方式:一是施救式保护。主要是依靠政府财政,以文物保护的方式来保持非物质文化遗产的真实状态。这种方式具有投入少、见效快的特点,适用于那些濒临消亡的遗产项目。二是开发式保护。主要由政府主导,将非物质文化遗产项目引入市场参与竞争,借助市场拓展非物质文化遗产的生存空间。

我国现阶段保护非物质文化遗产工作的方针是"政府主导,社会参与,抢救第一,谨慎利用"[1],体现了国家对非物质文化遗产保护工作的态度和原则。但是政府主导也存在一系列问题,在很大程度上会降低非物质文化遗产所具有的活态性,使非物质文化遗产逐渐变成静态的文物,也不利于非物质文化遗产的发展。因此,非物质文化遗产的保护传承还是应依靠自身的优势,成为当地经济建设的资源要素之一,探索出一条有效的产业化发展路径,为非物质文化遗产的发展提供了新机遇。目前来看,非物质文化遗产产业化发展的常见模式主要有两种,一种是与商品的融合,另一种是与旅游产业进行融合。第一种模式主要是通过提取非物质文化遗产中的某些元素,将这些元素打造成物化的商品,例如,甘肃庆阳的香包。后者是通过民俗村、古村落等旅游项目的开发与建设,借助旅游业的发展推广非物质文化遗产的产业化、集群化发展。[2] 但是我们必须明确,不是所有非物质文化遗产都能产业化,手工艺

---

[1] 参见《国务院办公厅关于加强我国非物质文化遗产保护工作的意见》,国办发[2005] 18号。

[2] 王勇:《非物质文化遗产为何要走产业化发展之路》,《人民论坛》2019年第1期。

品、生产生活用品等方面的非物质文化遗产可以产业化发展。

文化产业涉及制作、生产、营销等一系列环节，其运作需要一个成熟的产业链。所以，需要对"非物质文化遗产"的资源要素进行整合。合理规划、科学布局，实现产业聚集化发展，谋求"非物质文化遗产"项目形成规模效益。与此同时，要把握市场发展规律，吸引大量的社会资源投入到保护非物质文化遗产的事业中来，推动其实现可持续发展。

5. 在标准化的基础上兼顾特色

首先，要加强全国范围内对非物质文化遗产保护工作的统一部署，建立一个统一、完善的标准体系，实现对非物质文化遗产保护工作的全面规范，并逐步完善非物质文化遗产保护相关标准的制定。地方政府也要统筹规划，建立健全非物质文化遗产保护标准体系。

其次，处理好传统标准与当代标准之间的矛盾。传统标准是指非物质文化遗产代表性项目，在发生、发展过程中，长期形成的一种约定俗成的标准和习惯，具有一定的稳定性、时代性和局限性。[①]

最后，在非物质文化遗产保护工作中，并非所有的项目都适合制定标准，所以要在标准化的基础上兼顾自身特色。比如，一些老字号品牌，其竞争力正是建立在自身特色的基础上，就不适合标准化生产，否则便失去了自身的文化内涵，也背离了非物质文化遗产保护的初衷。这种情况下就不能死守标准，要区别对待、保持非物质文化遗产的特色和真实，所以，我们要坚持辩证对待，适合产业化生产的，就按标准化批量生产；不适合的就按传统方式来做。以此来适应不同情况。

二 现实层面

1. 处理好传承人相关问题

（1）明确传承人认定的法律标准

非物质文化遗产是一种无形财产，需要通过明确的法律标准来加强对传承人的保护，进而更好地保护我国的非物质文化遗产。在传承人确定过程中，要具体问题具体分析，对于某种个性化较强的工艺或技能，

---

① 白宪波：《"标准化时代"基层非物质文化遗产保护若干问题探讨》，《文化遗产》2018年第6期。

应通过制定一定的入选传承人的条件和标准的法律文件来确定传承人；对于群体性的非物质文化遗产，如果能够确定其代表人物，则可以确定在这一群体中的具有一定权威性的人物为传承人代表，但必须对该区域内的所有相关人群进行相应的资金上的资助或群体性的权利维护；而对于一些难以确定传承人的非物质文化遗产，则可以不必确定传承人，如中国的端午节、中秋节等，可以通过如现在正在实施的法定假日，来强化全民族的民众对该项非物质文化遗产的重视和认同。①

（2）以法律手段确定传承人的权利义务

非物质文化遗产传承人是非物质文化遗产保护传承的关键因素，针对传承人文化素质较低、传承人后继无人等问题，政府在认定传承人时要制定完善的选拔和管理制度，并出台相关法律来规范传承人的行为，保证传承渠道的畅通并确定合理的传承方式，对一些具有重要的历史价值而又濒临灭绝的非物质文化遗产的传承人和传习人予以法律保护。从目前情况来看，导致传承渠道不畅的主要原因是资金问题，由于有些非物质文化遗产因无法给传承人带来经济利益，导致传承人的生活窘困，从而使此类非物质文化遗产丧失了对人们学习传承的吸引力。所以，对此类非物质文化遗产必须通过法律的形式来进一步保障传承人和传习人的经济利益。在保证非物质文化遗产传承人和传习人的权利的同时，必须规定其相应的义务，传承人必须保证非物质文化遗产传承的原汁原味，不得因经济利益或其他原因而使非物质文化遗产在传承过程中丧失其基本的价值内核，否则应承担相应的法律责任。②

（3）制定相关福利政策，保障传承人的生活

我国目前关于非物质文化遗产传承人生活补助标准难以保障传承人的生活，他们在种地、打工之余参与非物质文化遗产的保护传承，精力、时间以及热情都十分有限。作为非物质文化遗产传承的主体，必须保障其基本的生活需求，各级政府可以考虑将其纳入事业单位编制之

---

① 郭海霞：《论我国非物质文化遗产法律保护的困境与对策》，《特区经济》2010 年第 6 期。

② 郭海霞：《论我国非物质文化遗产法律保护的困境与对策》，《特区经济》2010 年第 6 期。

中，让他们把传承非物质文化遗产当作一项专门的工作，这对于非物质文化遗产的保护来说具有重要的意义。①

2. 加强非物质文化遗产传承内容的规范化和标准化建设

非物质文化遗产的内容既要能实现文化传承的目的，又要兼顾现代价值和内涵，吸引民众的目光。所以，加强非物质文化遗产传承内容的规范化和标准化建设势在必行。这项工作需要政府和传承人共同努力，各司其职，严格把关，无论是表演形式和内容，还是创作形式、传播形式、传承形式都要坚持规范化和标准化。

3. 组建专业的非物质文化遗产表演或展示团队

非物质文化遗产表演或展示团队的专业化程度直接影响了非物质文化遗产保护与传承的效果。表演或展示团队组织松散、人员流动性高，且演出人员通常在农忙之余或从事营生活动之余参与到表演排练中，表演团队成员的技艺水准参差不齐，这些现象严重地制约和影响着非物质文化遗产的保护传承。非物质文化遗产相关管理部门要帮助传承人建立相对专业的表演队伍，对他们进行专业的培训和指导，并逐步提高他们对非物质文化遗产的认识，实现由表演人到传承人的自我定位转变，以更加专业的水准和更加饱满的热情投入非物质文化遗产的保护与传承的工作中去。

4. 充分利用线上、线下传播平台提高知名度

非物质文化遗产的文化品牌建设不仅有助于提升非物质文化遗产本身的知名度，还能够为当地经济建设带来品牌效应。因此，深入发掘非物质文化遗产的历史文化内涵和现代艺术价值，增强非物质文化遗产的文化话语和文化软实力，提高其文化品牌价值。充分利用线下（如文化艺术馆、展览馆、博物馆等公共文化服务场所）、线上（如微信公众号、微博、短视频 App 等网络媒介平台）传播平台介绍、宣传。同时，通过打造节庆、博览会等民俗活动，设计开发文创产品，充分发掘非物质文化遗产的经济价值和社会价值。

5. 增加非物质文化遗产保护传承专项资金的投入

非物质文化遗产的传承与保护离不开资金的支持，我国非物质文

---

① 吴川：《陕西省非物质文化遗产保护与传承的困境——以华县皮影制作工艺为例》，《开封教育学院学报》2013 年第 4 期。

遗产项目众多，但各级各地政府每年的财政有限。因此，国家应站在战略高度来看待非物质文化遗产的保护问题，加大对非物质文化遗产保护的投入力度，尤其应向西部地区项目倾斜，保障西部地区非物质文化遗产保护基本的资金要求。但是仅靠政府是不够的，应通过适当的方法动员社会组织，促进其对非物质文化遗产的关注和了解，让更多的社会组织参与到非物质文化遗产的传承和保护当中。社会组织种类繁多，具备一定的经济实力，在保护与传承中发挥着重要的作用。若能通过恰当的手段和方式促使一些民间组织参与到非物质文化遗产的传承和保护中去，那么在很大程度上可以解决资金短缺的问题。

6. 推行校园传承，建立校园传承机制

近年来，党中央高度重视传统文化的传承与发展，并出台相关文件推进传统文化进校园，许多地方也不断探索，开展一系列优秀传统文化进校园的活动。相比于一般的社会机构和群体，学校有着一定的特殊性。首先，学校是社会文化和知识最直接的传播者，学生在校园里接受文化熏陶，树立正确的世界观、人生观、价值观。其次，学生尤其是高校学生是具备一定素养的知识分子，优秀的传统文化被知识分子接受才能真正发挥文化的使命作用。[①] 非物质文化遗产通过校园传承有助于营造良好的文化氛围，提升非物质文化遗产项目的文化底蕴；有助于专业的师资团队对非物质文化遗产项目进行深度挖掘。但就目前来看，非物质文化遗产的校园传承仍存在很多问题，其长效机制和发展方式还需要进一步理顺，短期内仍无法解决"师徒制"所面临的存续困境。

7. 由政府引导非物质文化遗产的产业化发展

非物质文化遗产的保护、开发具有一定规律。非物质文化遗产的产业化发展有助于非物质文化遗产的保护与传承，但非物质文化遗产的产业化发展具有明显的公共性特征。因此，需要政府充分发挥引导和扶持的职能，对非物质文化遗产的产业化发展给予政策、资金以及人才等方面的倾斜，推进产业化发展战略有效实施。比如，地方政府根据该地区非物质文化遗产资源的具体情况出台相应的发展政策，鼓励更多的社会

---

① 金晓飞：《我国体育非物质文化遗产的传承困境与发展对策研究》，《哈尔滨体育学院学报》2019年第6期。

主体参与到产业化发展之中,并给予相应的财政支持。对于环境污染少、科技含量高的项目,可减免相应的税收,使产业化发展能够更好地推广。

8. 加强非物质文化遗产保护传承的宣传

非物质文化遗产是民族的"活历史",要通过各种渠道进行宣传,提升普通群众对非物质文化遗产保护的普遍关注。学校可以适当的方式开设非物质文化遗产保护和传承的课程,对于普通民众,可以从非物质文化遗产对中华民族繁衍和繁荣的重要意义入手,培养其对我国非物质文化遗产的自豪感和保护与传承非物质文化遗产的使命感。

第四篇　实践篇

第七章

非物质文化遗产与旅游融合发展路径研究

第一节 产业融合相关理论

一 产业融合的概念

产业融合是技术革新的产物,产业融合最初是发生在计算机、通信和广播电视业形成的"三网融合"中,后来随着产业融合的效应逐渐被认识,产业融合逐渐应用于其他诸如农业、服务业等领域。19世纪60年代就有学者开始研究产业融合的相关问题,卢森伯格通过对美国机械工具产业早期演变的研究最早提出技术融合的概念,即不同的产业在生产过程中由于对同样的生产技术的依赖而紧密关联起来,从而逐渐形成了一个独立、专业化的机械工具产业。[1] Stieghtz Nils 则认为产业融合是指以产品为基础的融合,由此产业融合可以分为替代性融合与互补性融合。[2] Lind 则从产业的角度认为产业融合是指产业在产业界限和市场准入障碍消除之后的合并与汇合现象。[3] 欧洲委员会绿皮书将产业融合定义为"产业联盟与合并、技术网络平台和市场等三个角度

---

[1] Rosenberg N. Technological Change in the Machine Tool Industry: 1840–1910 [J]. Journal of Economic History, 1963, (23), pp. 414–446.

[2] Stieghtz N. Industrial Convergence: the evolution of the handheld computers market [R]. Edward Elgar Publishing Limited, 2003.

[3] Lind J. Ubiquitous Convergence: market redefinitions generated by technological change and the Industry Life Cycle [J]. Paper for the DRUID Academy Winter 2005 Conference, 2005.

的融合"①。

我国对产业融合的关注较晚,于刃刚教授在著作《三次产业分类与产业融合趋势》中指出第一、第二和第三产业之间出现了产业融合的现象。② 学者厉无畏等认为,产业融合是不同产业或同一产业内的不同行业之间相互渗透、相互交叉,最终融为一体,逐步形成新产业的动态发展过程。③ 周振华认为:产业融合是指市场上的不同产业在产业界限模糊化和经济服务化的趋势下,通过竞争协同关系建立起来的复合经济效益。马健认为:"产业融合的内涵就是因技术进步和管制放松,不同产业或行业之间在产业边界处通过资源、业务、管理和市场出现融合的过程。在该过程中改变了原有产业的形态、市场需求的特征以及产业之间的竞争合作关系,并最终导致产业边界的模糊、重划或消失。"胡金星则从系统论的角度出发,认为产业融合是在开放的产业系统中,随着新奇的不断出现、扩散,逐渐引起不同产业构成要素之间相互竞争、协作,最终形成新兴产业的动态发展过程。周宇和惠宁提出的产业融合是在传统产业的基础上,是传统产业边界趋于模糊化甚至消失的过程。④ 基于以上学者对产业融合概念的讨论,笔者根据文化产业与旅游产业融合的实际情况,将产业融合定义为两个具有相互交叉、相互渗透的产业,因为实际需要而融合为一个高效益的新型业态的过程。

二 产业融合的类型

早期对于产业融合的关注主要集中于技术层面上的微观融合,Greenstein 和 Khanna(1997)通过对技术之间的替代和互补分析,将产业融合分为替代性融合与互补性融合两种类型。⑤ Hacklin, etc. 依据融

---

① Green PaPer on the Convergenee of the Teleeommunication, Media and Information Teehnology Seetors, and the ImPlication for Regulation, 1997.
② 于刃刚:《三次产业分类与产业融合趋势》,《世界经济与政治》1997 年第 25 期。
③ 厉无畏:《产业融合与产业创新》,《上海管理科学》2002 年第 4 期。
④ 周宇、惠宁:《试论产业融合的动因、类型及其对经济发展的影响》,《山西师范大学学报》(社会科学版)2014 年第 5 期。
⑤ Greenstein S, Khanna T. What does industry convergence mean? [A]. In: Yoffie, D (ed) Competing in the age of digital convergence [C]. Boston, 1997, pp. 201 – 226.

合技术的创新性将产业融合分为应用融合、横向融合和潜在融合三种类型，同产业融合概念分析，这种分类方法仅适用于以信息技术为基础的产业融合。随着社会的发展，产业融合逐渐由微观融合走向中观融合与宏观融合。① Malhotra 从顾客和企业对产品替代性和互补性的认识不同上将产业融合分为功能融合和机构融合，在融合程度上，划分为三种融合类型：功能和机构的高度融合、高功能和低机构融合及低功能和高机构融合。② 张磊等也从产品的角度将产业融合划分为替代型融合、互补型融合、结合型融合。Pennings 和 Puranam（2015）基于市场供需视角，提出了需求替代性融合、需求互补性融合、供给替代性融合与供给互补性融合四种产业融合类型。③ 厉无畏、王振从产业间融合的角度将产业融合分为渗透性融合、延伸性融合与重组性融合。马健从融合程度上将产业融合划分为完全融合、部分融合和虚假融合。④ 国内外对产业融合类型的研究经历了从微观到宏观的过程，从技术到产品再到市场最后到产业。

三 产业融合的效应

产业融合在我国近几十年经济发展中发挥着重要作用，逐渐受到企业与政府的重视。对于产业融合的效应研究，厉无畏指出："产业融合发展直接促进了产业创新。在产业融合基础上形成的新产业、新产品成为经济发展的新增长点，产业融合的新趋势对我国新一轮经济的发展具有重要意义"⑤。总体来看，产业融合使现有产业间资源重新整合利用，

---

① Hacklin, F, V. Raurich, C. Manxt. Implications of Technological Convergence on Innovation Trajectories: the Case of ICT Industry [J]. International Journal of Innovation and Technology Management, 2005, 2 (3), pp. 313 – 330.

② Malhotra A. Firm Strategy in Converging Industries: An Investigation of US Commercial Bank Responses to US Commercial Investment Banking Convergence [D]. Maryland University. 2001.

③ Pennings J M., P Purannam. Market Convergence and Firm Strategy: New Directions for Theory and Research [C]. ECIS Conference, The Future of Innovation Studies, Eindhoven, The Netherlands. 2001.

④ 马健：《产业融合识别的理论探讨》，《社会科学编辑》2005 年第 3 期。

⑤ 厉无畏、王慧敏：《产业发展的趋势研判与理性思考》，《中国工业经济》2002 年第 4 期。

通过类似于化学反应的多层次融合产生了"1+1>2"的经济效应，提高了产业绩效。以此类推，整个国民经济中众多的产业融合交织所产生的融合经济效应将是巨大的乘数效应。① 陈柳钦教授总结出六大效用：(1) 创新性优化效应；(2) 竞争性结构效应；(3) 组织性结构效应；(4) 竞争性能力效应；(5) 消费型能力效应；(6) 产业集群的区域效应。② 桑彬彬（2014）认为产业融合已成为产业发展的必然趋势，它是一种从信息产业逐渐扩散到其他产业的经济现象，使得传统产业的结构形态不断重塑。③ 随着信息技术，人工智能技术的不断发展与应用，产业之间可融合的领域将越来越多，产业间的隔阂将不断模糊，产业融合的效应也将不断放大。

四 旅游产业融合的相关理论

产业融合是旅游产业发展的基础，旅游产业的形成离不开与其他产业的融合。1845年托马斯·库克组织了第一次真正意义上的团体消遣旅游，其成功之处在于将铁路、水路、陆路交通的成功连接，即旅游产业自其诞生之初便已和交通产业融合。而后随着经济社会的发展，交通、餐饮、住宿、娱乐等产业的逐渐成熟，形成了传统的食、住、行、游、购、娱六大部门。如今，随着消费者需求和层次的提升，越来越多的产业与旅游产业发生了融合，最终形成了目前相对独立的现代旅游产业。所以说，旅游产业是一个与相关产业相互交叉、相互渗透的新型产业，脱离了其他产业，它便无法存在。国外对于旅游产业融合的研究主要聚焦于融合之后新的产业形态上，农业旅游、体育旅游、文化旅游以及互联网背景下的网络技术与旅游的融合等。Otto D. 研究发现农业旅游是包含农业和旅游业两大行业功能和特征的一项休闲活动，并为游客

---

① 李美云：《国外产业融合研究新进展》，《外国经济与管理》2005年第12期。

② 陈柳钦：《产业融合的发展动因、演进方式及效应分析》，《西华大学学报》（哲学社科版）2007年第26卷第4期。

③ 桑彬彬：《旅游产业与文化产业融合发展的理论分析与实证研究》，中国社会科学出版社2014年版，第4—5页。

提供参加农业生产的活动经历，帮助农场和社区增加收入。① Gholam Reza Taleghani 和 Ali Ghafar 认为体育旅游作为旅游产品的一个组成部分，是体育产业与旅游产业有机融合的结果，体育旅游正受到越来越多游客的喜爱，已成为很多国家经济发展的一个新领域。② Kim，Nam 和 Stumper 提出网络通过改变进入壁垒、减少交易费用、改革分销渠道促进价格的透明度和竞争而正在改变产业结构。③

我国较早就认识到了旅游产业与其他产业融合的重要性。早在 1995 年全国国际体育旅游座谈会上，国家体育总局在《关于体育旅游业的几个问题》的报告中，就明确表达"体育旅游是体育与旅游有机结合的结果，其性质既是体育性的旅游事业，又是旅游性的体育事业"，并对体育与旅游、体育旅游与健身的关系等问题进行了深刻的阐释。国家旅游局将 2001 年旅游年主题定为"中国体育健身游"，制订并颁布了《2001 年中国体育健身游活动方案》，确定了一批体育旅游产品和旅游线路。2009 年 12 月，国务院出台《关于加快发展旅游业的意见》，2014 年的《国务院关于促进旅游业改革发展的若干意见》和 2015 年的《国务院办公厅关于进一步促进旅游投资和消费的若干意见》，在这些文件中都明确提出要大力推进旅游与文化、体育、农业、工业、林业、商业、水利、地质、海洋、环保、气象等产业的融合发展。可见，我国政府相当重视旅游与相关产业的融合，而近 20 年的实践也证明旅游产业融合在推动我国旅游创新发展方面发挥了巨大的作用。旅游的产业融合也引起了我国学术界的广泛关注，国内对旅游产业融合的研究成果较多，在旅游产业融合的概念、类型和融合模式上都有了较多的研究成果。

在概念研究上：颜林柯将旅游产业融合定义为旅游产业与其他产业之间以及旅游产业内部不同行业之间，相互融合、相互渗透而逐步形成

---

① Otto D. Overview of lowa agritourism: results from the 2008 enterprise survey. 2010 – 08 – 21.

② Gholam Reza Taleghani, Ali Ghafary. Providing a management model for the development of sports tourism [J]. Annals of Tourism Research, 2014 (12), pp. 289 – 298.

③ Kim E, Nam D, Stimpert J. L. The applicability of porter's generic strategies in the Digital Age: Assumptions, conjectures and suggestions [J]. Journal of Management, 2004, 305, pp. 569 – 589.

新产业的动态发展过程。[①] 徐虹基于系统论的视角把旅游产业融合定义为在一种开放的旅游产业系统中，产业系统的各构成要素的变革通过扩散引起的不同产业要素之间相互竞争、相互协作与共同演进，进而使一个新兴产业得以形成的过程。[②] 李锋从促进旅游产业结构优化的视角出发，认为旅游产业融合是旅游产业及其内外关联企业为实现更优发展，利用新技术和新手段加快旅游资源、旅游人才、资本市场和业务市场等方面的动态发展，其目的是实现旅游企业综合价值最大化，最终表现为促进旅游产业结构的转型升级。[③] 从以上学者对旅游产业融合的界定可知，旅游产业融合是个动态发展过程，随着旅游产业不断向前发展，可融合的领域、模式、结构、效益等也都将协同发展。

在类型研究上：张辉认为旅游产业融合可以涵盖两个方面：一是旅游产业与其他产业的融合，二是旅游产业内部的融合。杨颖将旅游产业的融合分为两种类型：一类是旅游业与以服务业为主的第三产业的融合，如教育旅游、会展旅游、体育旅游、节日旅游、医疗旅游等；另一类是旅游业与第一、第二产业的融合，如工业旅游、农业旅游（观光农业、乡村旅游等）[④]。

在融合模式上：宋娜认为旅游产业有三种融合模式，分别是旅游产业内部之间的重组融合、旅游产业与其他产业的延伸融合、旅游产业与高新技术产业的替代融合。[⑤] 程晓丽、祝亚雯以安徽省旅游产业与文化产业的融合发展为例，认为两大产业融合存在重组融合、渗透融合与延伸融合三种模式，要通过建立示范基地、培育产业集群来实现安徽旅游产业的优化升级。[⑥]

[①] 颜林柯：《中国旅游产业转型年度报告2005：走向开放与联合的中国旅游业》，旅游教育出版社2006年版，第224—234页。

[②] 徐虹、范清：《我国旅游产业融合的障碍因素及其竞争力提升策略研究》，《旅游科学》2008年第4期。

[③] 李锋、陈太政、辛欣：《旅游产业融合与旅游产业结构演化关系研究》，《旅游学刊》2013年第1期。

[④] 杨颖：《产业融合旅游业发展趋势的新视角》，《旅游科学》2008年第22卷第4期。

[⑤] 宋娜：《旅游产业融合方式与实现机制研究》，《江苏商论》2011年第9期。

[⑥] 程晓丽、祝亚雯：《安徽省旅游产业与文化产业融合发展研究》，《经济地理》2012年第32卷第9期。

第二节 文化产业与旅游产业的融合

我国自改革开放以来,经济得到快速发展,国民的旅游需求逐渐被激活,我国逐渐步入大众旅游时代。与此同时,中国传统文化得到复兴,文化产业逐渐繁荣,成为我国国民经济支柱性产业。文化产业的复兴时期也是旅游产业快速发展之时,两种产业一直存在相互交叉的关系。而今,随着游客素质的提高,传统的走马观花式的大众旅游产品消费已不能满足游客需求,游客们对旅游产品的文化内涵有了更高的要求。此时旅游产业迫切需要文化产业提升旅游产品内涵,满足新型旅游市场的需求,文化产业也需要旅游产业的传播功能、营利功能,实现其内在价值,并支持其不断向前发展。"没有旅游,文化就是孤立的;没有文化,旅游就是空洞的。旅游实现了文化产业化的最佳模式,文化则为旅游提供了丰富的内容,充实了旅游本身的内在价值。"因此,旅游产业与文化产业的融合发展是大势所趋和内在的要求。

一 文化旅游的内涵研究

国外对文化旅游的研究可追溯至20世纪70年代,最早提出文化旅游这一概念的是McIntosh,他在《旅游学——要素、实践、基本原理》著作中最先使用了文化旅游这一概念[1],书中他提到文化可以加深旅游过程中彼此的理解。接着Smith在《Hosts and Guests: The Anthropology of Tourism》一书中对文化旅游的概念进行了详细的解释[2],这两位学者开起了文化旅游相关研究的先河。澳大利亚学者Reisinger认为文化旅游就是旅游者对旅游目的地文化产生浓厚的兴趣和好奇从而开展的旅行活动,文化旅游不仅包含了普通的观光旅行,还包括了以体验旅游目的

---

[1] McIntosh. Tourism-princl Ples, practices, philosophies [M]. NY: Wiley, 1977.
[2] V L Smith. Hosts and Guests: The Anthropology of Tourism [M]. Pennsylvania: The University of Pennsylvania Press, 1977.

地文化为动机的相关活动。① 加拿大学者 Jamieson 认为文化旅游所关联的内容必须碰触到人们内心深处，它包括古迹、遗产、教育、民族艺术、宗教、特殊建筑等。② MacCannell 和 Stebbins 在他们的著作中对一般意义上的旅游者和真正的文化旅游者分别做出了区分，他们认为真正的文化旅游者是对那些特殊的文化有着自己特定的偏爱，并且他们在进行文化旅游的过程中很清楚地知道自己的需求。③

与西方国家相比，我国的文化旅游研究起步较晚。国内学者魏小安最早在《旅游文化与文化旅游》中提出文化旅游一词，他认为旅游业具有很强的文化性，强调了旅游业的文化特点是为了更加顺利地实现以经济目标为主的综合性目标，并指出了制度文化、传统文化、民族文化、民间文化是中国文化旅游活动的具体体现④，之后越来越多的学者对文化旅游进行研究。郭丽华基于旅游活动形式的视角，表明文化旅游是一种旅游经营者的创意，它不同于观光、度假等形式的旅游产品，它要与各种旅游产品相结合，使旅游者在旅游过程中，领略旅游地丰富的文化底蕴。⑤ 蒙吉军从产品形式的角度认为文化旅游是旅游产品提供者为消费者提供的旅游产品，是学习、研究、考察旅游目的地某方面文化特征的服务，如历史文化旅游、文学旅游、民俗文化旅游等。⑥ 刘宏燕从旅游者的动机角度认为文化旅游是旅游者通过旅游这种方式，以自己的亲身经历了解其中的生活习俗、宗教、文艺等特点的行为，其目的是为了解不同文化的相关知识和体验。⑦

---

① Reisinger Y. Tourist—Host contact As Part of Cultural Tourism [J]. World Leisure And Recreation. 1994, 36 (summer), pp. 24 – 28.
② Jamieson W. The Challenge of Cultural Tourism. Canadian Tourism Bulletin [J]. 1994, 3 (3), pp. 3 – 4.
③ Mac Cannell D. Empty Meeting Grounds [M] London: Routledge, 1993, pp. 24 – 28.
④ 魏小安:《旅游文化与文化旅游》，旅游教育出版社 1996 年版，第 133 页。
⑤ 郭丽华:《略论"文化旅游"》，《北京第二外国语学院学报》1994 年第 4 期。
⑥ 蒙吉军、崔凤军:《北京市文化旅游开发研究》，《北京联合大学学报》2001 年第 1 期。
⑦ 刘宏燕:《文化旅游及其相关问题研究》，《社会科学家》2005 年第 S1 期。

二 文化产业与旅游产业融合研究

1. 国外关于文化产业与旅游产业融合研究

因为西方并没有文化产业与旅游产业融合的提法，专门从产业角度讨论文化产业与旅游产业两种产业融合发展的研究相对较少，Craik 对旅游文化的内涵进行探讨，认为旅游行为的综合性、旅游内容的丰富性，必须与旅游者对文化需求的多样性相匹配，文化传播的良好载体——旅游，两者互融，将创造出更大的价值[1]。Reinhard Bachleitner 在对文化旅游产业融合发展进行研究的时候发现把文化产业融合到旅游产业里面去可以提高旅游目的地对旅游者的吸引程度，并且把两者融合就能开发出以文化为基础的遗产旅游、宗教旅游等[2]。Reinhard、Andreas H. Zins 指出，文化要素不断向旅游产业渗透，为旅游产业注入了更高的文化内涵，并以文化遗产旅游或工业文化旅游的方式相融合，从而使新诞生的文化旅游产品更加具有吸引力[3]。而 Csapo 认为，文化产业融合涉及多种要素，包括自然、科技、教育等，它以观赏与休闲娱乐为消费内容，技术的支持与政府放松管制将推动其融合过程的实现[4]。

2. 国内关于文化产业与旅游产业融合研究

近10年来国内专门以产业的视角对文旅融合的理论研究越来越得到重视，2009年年底，国务院在《关于加快发展旅游业的意见》中将旅游产业定位为兼具经济和社会功能、资源消耗低、带动系数大、综合效益好的综合性产业。该意见同时将文化产业与旅游产业融合发展作为未来旅游发展的一个重要方向，这是文旅产业融合发展首次出现在国家战略层面。2018年我国文化部与旅游局正式合并

---

[1] Craik J. The Culture of Tourism [J]. The Cultures: Transformations of Travel and Theory, 1997 (1), pp. 113 – 136.

[2] Reinhard Bachleitner, Andreas H. Zins. Cultural Tourism in Rural Communities: the Residents' Perspective [J]. Journal of Business Research, 1999, p. 44.

[3] Bachleitner R, Zins A H. Cultural Tourism in Rural Communities: The Residents' Perspective [J]. Journal of Business Research, 1999, 44 (3), pp. 199 – 209.

[4] Csapo J. The Role and Importance of Cultural Tourism in Modern Tourism Industry [M]. INTECH Open Access Publisher, 2012.

为文化和旅游部，随着文旅融合的发展与国家政策的驱动，文化产业与旅游产业的融合成为国内学者们研究的热潮。国内对文化产业与旅游产业的研究成果已经非常丰富，并且越来越趋于系统化，从文旅融合路径、融合模式、融合的动力机制、融合的效果等都有了较为丰富的研究成果。

首先，关于文化产业与旅游产业融合的路径研究，研究成果也已经非常丰富，研究方法上以定量为多，广泛应用各种模型进行实证研究。张海燕、王忠云从价值链的角度，对二者融合过程进行分析，并从技术、产品、企业、市场四个层面对融合过程进行解释，并指出通过体制观念整合引导市场整合，从而促进文化产业与旅游产业资源整合的产业融合发展路径。① 赵华、于静等采用定性方法从乡村旅游的发展出发，在分析了两大产业在我国的发展阶段和现状的基础上，结合对国内外产业融合研究成果的分析与评价，从产业融合的视角，提出现阶段我国创意产业与旅游产业融合发展建议。② 翁钢民、李凌雁等人以全国31个省市区为研究载体，2005—2013年文化产业和旅游产业发展情况为研究对象，在构建耦合协调度模型的基础上，运用探索性空间数据分析方法，测定中国文化和旅游两大产业融合发展的耦合协调度，并分析产业的空间相关性，在此基础上提出文旅产业融合的路径建议。③ 在具体的案例研究上，程晓丽、祝亚雯以安徽省为案例，采用定性分析的方法指出，文化产业和旅游产业的融合发展要立足安徽省发展实际，采用完善政府机制和建立示范基地的路径，来推动产业集群的培育，加强市场营销、提高对人才培养的重视，进而促进文化产业和旅游产业的融合。④ 黄蕊、侯丹通过对东北三省文化产业与旅游产业融合度的测算，指出辽

---

① 张海燕、王忠云：《旅游产业与文化产业融合发展研究》，《资源开发与市场》2010年第26卷第4期。

② 赵华、于静：《新常态下乡村旅游与文化创意产业融合发展研究》，《经济问题》2015年第4期。

③ 翁钢民、李凌雁：《中国旅游与文化产业融合发展的耦合协调度及空间相关分析》，《经济地理》2016年第36卷第1期。

④ 程晓丽、祝亚雯：《安徽省旅游产业与文化产业融合发展研究》，《经济地理》2012年第32卷第9期。

宁省、吉林省、黑龙江省应分别选择不同的产业发展路径。① 许春晓、胡婷将生产力模型与生产要素理论运用到产业融合的研究领域内，从资源、资料、劳动力、技术四项生产要素出发，提炼构建文化与旅游融合潜力测度模型，对大湘西45个区县市文化与旅游融合潜力进行定量测算，并分析其空间差异，最后提出促进文旅融合发展的建议对策。② 本书认为，文化产业与旅游产业的融合路径应因地制宜，文旅融合应当充分考虑市场需求、文化资源特性、融合技术等各方面因素，结合技术—产品—企业—市场由微观至宏观的融合过程，逐渐达到消除产业边界和文旅融合的共赢效果。

其次，关于文化产业与旅游产业融合模式的研究，可从宏观、中观、微观进行研究：宏观进行旅游产业与文化产业的整体融合模式研究；中观进行旅游产业与文化产业分属的子产业的融合研究；微观则是具体案例的具体融合模式研究。关于宏观研究，学者们大都借鉴产业融合模式。辛欣根据文化旅游产业的核心价值特征、融合互动方式与融合程度大小，以产品、服务过程、市场等形成不同角度，将两大产业融合的发展模式分为产业一体化融合模式、产业重组融合模式、产业延伸融合模式和产业渗透融合模式。高滕从经济学的视角，指出文化产业与旅游产业融合发展的模式有渗透式、延伸式和重塑式，渗透式是指文化产业与旅游产业的双向渗透，相互发展，延伸式是指通过两大产业所涉及的产业链产品的研发来实现二者的融合，而重塑式是指开设如大型节庆、展览等新型产业组合，从而促进文化产业与旅游产业的发展。③ 关于中观研究，杨娇、刘志觅、王伟年探讨了实现旅游产业与文化创意产业融入的模式。吴金梅、宋子千等则基于产业融合的视角，对影视旅游发展模式进行了具体的划分。④ 雷波则探讨了体

---

① 黄蕊、侯丹：《东北三省文化产业与旅游产业融合的动力机制与发展路径》，《当代经济研究》2017年第10期。

② 许春晓、胡婷：《大湘西地区文化与旅游融合潜力及其空间分异》，《经济地理》2018年第38卷第5期。

③ 高滕：《文化创意产业与旅游产业融合发展机制研究》，《经贸实践》2017年第19期。

④ 吴金梅、宋子千：《产业融合视角下的影视旅游发展研究》，《旅游学刊》2011年第26卷第6期。

育产业与旅游产业融合的模式。① 董桂玲则构建了动漫业和旅游业产业融合的动力机制模型。② 关于个体个案的文旅融合模式的研究则成果较丰。辛欣以开封市为研究个案，结合开封市具体旅游资源状况，提出开封社区旅游一体化发展模式。崔文娟以"印象刘三姐"为个例进行应用研究，总结了我国目前演艺与旅游融合过程中的四种典型模式：实地型、景区型、剧院型、会展型。杨军以玉树州为案例，从文旅产业多元融合的角度，探讨了藏区民族文化、节庆文化、赛事品牌等与旅游产业的深度融合模式。③

再次，关于文化产业与旅游产业融合的动力机制研究，黄细嘉、周青指出，旅游者需求、市场竞争、政府支持以及科技进步这四个方面，是文化产业与旅游产业融合的动力。④ 鲁明月则认为文旅融合的内驱动力包括产业关联性强、产业边界模糊、旅游资源观的改变、消费需求的提升，外驱动力包括政策支持、经济推动、社会发展、技术创新。张俊英、马耀峰则通过实证分析得出民族地区旅游产业与文化产业融合的内在驱动力为企业，文化旅游需求为拉力，政府主导是推力，而支撑力为科学技术。⑤ 但红燕，徐武朗认为旅游产业与文化产业融合的动因主要包括市场需求、企业对效益最大化的追求、技术革新、管制放松等。⑥ 夏兰、王娟、刘斌在对民族传统体育文化与旅游产业融合发展的研究中指出，其动力主要来源于共生系统的自动力（主要指系统的创新能力）和外部环境的支撑力（产业政策、体育文化市场、资源开发水平）两

---

① 雷波：《我国体育产业与旅游产业互动融合模式分析》，《北京体育大学学报》2012年第35卷第9期。
② 董桂玲：《动漫业和旅游业产业融合的动力机制研究》，《经济研究导刊》2009年第32期。
③ 杨军：《青海藏区旅游业与文化产业深度融合发展研究——以玉树州文旅产业多元融合为例》，《青海社会科学》2018年第5期。
④ 黄细嘉、周青：《基于产业融合论的旅游与文化产业协调发展对策》，《企业经济》2012年第9期。
⑤ 张俊英、马耀峰：《民族地区旅游产业与文化产业融合的动力机制研究——以青海互助为例》，《山西农业大学学报》（社会科学版）2015年第6期。
⑥ 但红燕、徐武朗：《旅游产业与文化产业融合动因及其效应分析——以四川为例》，《生态经济（中文版）》2015年第31卷第7期。

个方面。① 孟茂倩认为内生性动力与外生性动力是促成文化产业与旅游产业融合发展的动力因素，其中内生性动力包括市场需求、追逐高额利润和利益最大化、企业的竞合行为，外生性动力则有创意产业勃兴、技术进步及"市场友好型"产业政策。② 从以上学者们对文旅融合的动力机制的研究可以看出，将动力机制划分为内部动力与外部动力的框架已形成一定共识，内部动力指的是企业内部为满足新型旅游市场需求、提高产业市场竞争力、获取更大利润等目的的动力；外部驱动力包括政府政策的支持、科学技术的进步、经济社会的发展等。

最后，关于文化产业与旅游产业融合的效应研究，文化产业与旅游产业融合的效应是文旅融合的最终要追求的目的，谌可佼通过对重庆旅游产业与文化产业融合发展的研究认为文旅融合能产生的效应有成本节约效应、市场开拓效应、产业转型升级效应以及经济增长效应。霍艳莲研究了旅游产业与文化产业融合的效应，提出了包括创新、竞争、消费和区域整合在内的四种效应。③ 但红燕对四川省文化产业与旅游产业融合的动因与效应分析认为，这两大产业融合会导致产生一系列效应，比如：催生产品创新，丰富产品内涵、推动市场拓展，改变市场结构、实现产业链的价值增值和成本节约、促进组织创新和管理创新、产业融合可延长产业生命周期等。④

总的来说，文化产业与旅游产业的融合就是在经济社会不断向前发展，科技愈加发达，旅游者需求转变，政府政策驱动等背景下，通过对两种产业现有的资源进行重新整合，从微观到宏观逐步融合，逐渐消除两种产业的产业边界，最终形成一种新型的文化与旅游相结合的新业态的过程，这种新的产业业态必定具有比原先的业态更强的竞争优势。这种竞争优势包括更低的成本、更强的创新能力、更广阔的市场、更强的

---

① 夏兰、王娟、刘斌：《民族传统体育文化与旅游产业融合发展研究：机制、模式与对策》，《广东开放大学学报》2016年第5期。
② 孟茂倩：《文化产业与旅游产业融合发展探析》，《中州学刊》2017年第11期。
③ 霍艳莲：《产业融合视阈下文化产业与旅游产业的融合效应、机理与路径》，《商业时代》2015年第12期。
④ 但红燕、徐武朗：《旅游产业与文化产业融合动因及其效应分析——以四川为例》，《生态经济（中文版）》2015年第31卷第7期。

市场适应能力等。

第三节 非物质文化遗产与旅游融合发展研究

非物质文化遗产展现了一个国家历史、文化的精华。当今各个国家都在不同程度上重视非物质文化遗产的保护和发展，积极探寻保护传承非物质文化遗产的有效方式。美国人类学家格雷本（Graburn）曾这样说过："越是濒临灭绝的东西，越能够吸引都市旅游者。"正因如此，非物质文化遗产与旅游业具有难以割舍的联系，旅游开发作为非物质文化遗产与市场结合，以文化产业化实现非物质文化遗产传承与促进区域经济文化发展的重要方式正在被实践。正如蔡寅春、方磊所指出，非物质文化遗产能为旅游业的发展提供文化资源基础，而旅游业的发展能为非物质文化传承提供市场基础，这是二者融合发展的基础条件（见图7—1[①]）。旅游活动与非物质文化遗产的结合，激发了非物质文化遗产的内在活力因素，为非物质文化遗产的传承、保护和发展提供了新的平台，能够进一步加强人们的传承保护意识，增进文化自信。也为旅游发展增添了新的文化内涵，对于推动文旅融合发展具有重要的作用。

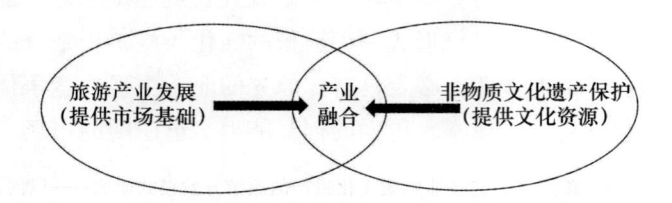

图7—1 非物质文化遗产与旅游业融合发展的基础

[①] 蔡寅春、方磊：《非物质文化遗产传承与旅游业融合发展：动力、路径与实例》，《四川师范大学学报》（社会科学版）2016年第1期。

旅游与非物质文化遗产融合发展的方式是非物质文化遗产旅游研究的重要内容，许多学者根据非物质文化遗产的诸多特点提出了不同的融合发展模式。刘桂兰、刘楠霞在对民俗类非物质文化遗产的旅游开发模式研究中提出了"原真性博物馆""实景舞台式""生态文化园区""原生地融入""旅游商品"五种融合开发模式。① 韩双斌提出，抚州的非物质文化遗产旅游开发研究可以分为静态和动态两种开发模式，静态开发模式包括专题博物馆、传习机构及教育基地等；动态开发模式则包括文化生态保护区和生态博物馆。② 贾鸿雁根据非物质文化遗产旅游产品的表现形式，提出非物质文化遗产开发的四种模式即：原生地静态开发模式、原生地活态开发模式、原生地综合开发模式、异地集锦式开发模式等。③ 杨洪、袁开国则认为湖南省侗族非物质文化遗产旅游的融合发展可依托景区与市场，建立景区依托型和市场依托型这两种模式。④

通过分析总结前人的研究成果，本书构建了四种融合发展模式：开发型融合、体验型融合、功能型融合、创意型融合。开发型融合主要通过整合资源的方式，开发非物质文化遗产主题公园、民俗博物馆等非物质文化遗产展示场所，以静态的方式向游客展示；体验型融合主要强调游客的参与性，通过市场运作开发如节庆活动、旅游演艺、民俗体验类以及旅游研学等方式，让游客充分参与其中，体验感知非物质文化遗产的魅力；功能型融合指的是将非物质文化遗产蕴含的功能与旅游产业进行融合，诸如研学旅行、医药保健等旅游项目，使旅游者获得某些功能性的体验；创意型融合是指通过高新技术进行融合，加入创意元素，将非物质文化遗产蕴含的文化内涵通过特色旅游产品、饮食、特色服饰等方式展现出来。

---

① 刘桂兰、刘楠霞：《民艺类非物质文化遗产的旅游开发模式研究——以河南为例》，《河南科技学院学报》2010年第7期。

② 韩双斌：《江西抚州非物质文化遗产保护与旅游开发研究》，硕士学位论文，南昌大学，2007年，第43—49页。

③ 贾鸿雁：《论我国非物质文化遗产的保护性旅游开发》，《改革与战略》2007年第11期。

④ 杨洪、袁开国：《侗族非物质文化遗产旅游开发研究——以湖南省怀化市为例》，《管理观察》2009年第6期。

第四节　非物质文化遗产与旅游融合发展的路径

一　开发型融合

开发型融合主要通过整合资源的方式，开发非物质文化遗产主题公园、民俗博物馆等非物质文化遗产展示场所，以静态的方式向游客展示。对于民间文学、传统医药等类型的非物质文化遗产，最适宜的方式莫过于采用静态的展览形式，如文化长廊、博物馆等。通过形式多样的展示方式，有利于进一步吸引游客对非物质文化遗产文化的认识。通过静态发展来推动旅游与非物质文化遗产融合是一种有限的发展方法，通过建立博物馆、民俗村以及主题公园等对于一些面临传承困难的，或者由于历史、环境原因造成难以开发的非物质文化进行收集、保护与传承。这些方式是旅游者了解一个地方文化的重要窗口。对区域非物质文化遗产资源进行整合，通过集中展示的方式展现给游客，游客能够直观系统地了解地方特色非物质文化遗产文化，也能够更好地展示出非物质文化的风采。为了更好地融合发展，应该充分挖掘地方特色的民俗文化资源，突出地域文化的精粹。旅游是一种手段，一方面是为了更好地满足游客的文化需求，另一方面不能为吸引观众眼球或片面追求经济效益，使得非物质文化庸俗化。非物质文化遗产大多具有丰富的内容和表现形式，博物馆、民俗村以及主题公园要顺应潮流，采取多种形式，力求新颖、科学、生动地将非物质文化遗产"动态化"展现，拉近游客与非物质文化遗产的距离。

1. 非物质文化博物馆

近年来，随着我国加强对非物质文化遗产的保护与传承，如何更好地展现非物质文化遗产成为人们不得不考虑的问题。"非物质文化遗产"博物馆化保护普遍成为人们的共识。博物馆是征集、典藏、陈列和研究自然和人类文化遗产实物的场所，并对那些有科学性、历史性或者艺术价值的物品进行分类，为公众提供知识教育以及欣赏的文化教育机构、建筑物或者社会公共机构。其功能包含搜集、保存、修护、研究、展览、教育、娱乐七项。形态上包含建筑物、植物园、动物园、水族馆、户外史迹、古城小镇博物馆化、长期仿古代生活展示（民俗村），以及视听馆、图书馆、表演馆、档案资料馆等。内容上一般分为美术馆、历史博物馆、人类学博物馆、自然历史博物馆、科学博物馆、地区性博物馆及特别专题博物馆等。随着技术的不断发展以及人类生活的多样化发展，除了一些传统的博物馆类型，一些新型博物馆也不断出现，比如虚拟博物馆、露天博物馆等。非物质文化遗产博物馆作为博物馆的一种，建立的目的在于梳理历史和现实的非物质文化遗产事项，反映当地民众的风俗、文化、艺术样式，展现一个地区的文化和历史沉淀。作为展现非物质文化遗产的平台，其形式并不满足于静态展示，随着技术的应用，数字化非物质文化遗产博物馆也不断出现更好地满足人们了解非物质文化遗产的需求。

多年以来，博物馆与旅游的结合是密不可分的，形成了旅游发展的新形式。国际博物馆协会（ICOM）在2007年前后发布了《关于全世界可持续文化旅游的宣言》《博物馆与文化旅游原则宪章提案》等一系列纲领性文件。这些文件进一步促进了旅游与博物馆的共同发展。近年来，各省市博物馆采取一系列措施推动博物馆与旅游业融合发展的新实践。博物馆与旅游业结合的工作领域、博物馆与旅游业的合作机制在摸索中建立与发展，而非物质文化遗产作为博物馆的重要展示内容，得到了越来越多的重视。建设非物质文化遗产博物馆，展现地方非物质文化遗产是吸引游客成为地方发展旅游的新热点。

2. 非物质文化遗产主题公园

非物质文化遗产指各族人民世代相承的、与群众生活密切相关的各种传统文化表现形式和文化空间。非物质文化遗产是各族人民在长期的生产生活实践中所创造出来的，体现了各民族的历史，蕴含丰富的文化资源。近年来，随着人们对文化遗产尤其是非物质文化遗产保护开发的日益关注，遗产类主题公园进入人们的视线。为了加强对非物质文化遗产的传承保护建设，遗产主题公园成为地方保护开发遗产的新热点。比如丽江世界遗产公园等一系列遗产类主题公园的开发建设，开启了非物质文化遗产旅游的先河，同时也开始了努力探寻文化与产业完美结合的路径。

主题公园（theme park），是指以营利为目的兴建的，占地、投资达到一定规模，实行封闭管理，具有一个或多个特定文化旅游主题，为游客有偿提供休闲体验、文化娱乐产品或服务的园区。主题公园是现代旅游业在旅游资源的开发过程中所孕育产生的新的旅游吸引物，是自然资源和人文资源的一个或多个特定的主题，采用现代化的科学技术和多层次空间活动的设置方式，集诸多娱乐内容、休闲要素和服务接待设施于一体的现代旅游目的地。一个主题公园设计有没有发展潜力，有没有生命力，其蕴含的文化内涵起着非常重要的作用。因此，必须将旅游业和文化紧密地糅合在一起，将文化作为旅游来经营，通过发掘和宣扬文化来综合地发展旅游，以经营旅游的方式多方位地展示文化，赋予主题公园以丰富的文化内涵，从而创造出具有鲜明特色的旅游文化。现代游客追求的娱乐模式是，不仅要有身体的感官体验，还要有心灵的精神体验，从这个层面看，独特的文化内涵也是吸引游客的核心内涵。因此，在构思建设一个主题公园之前，必须对选址进行充分的考察，对该地的历史、原有的旅游资源进行分析，力求主题和其文化相吻合。

非物质文化遗产主题公园是将分散于各地区，知名度广以及影响大，能够代表地方特色的某一类非物质文化遗产资源，集中在某一地方范围内进行整合，采取集中式的开发建造，打造体验型的非物质文化遗产主题公园。在我国，此类主题公园也比较多。在云南比较具有代表性的是云南民族村。云南民族村寨采用复原的手法将云南的特色民族风情展示出来，使之成为云南省重要的旅游景区之一。"云南民族村"于2009年6月16日被云南省文化厅正式定为"非物质文化遗产保护传承基地"。同样，在丽江建立了世界第一座遗产主题公园。丽江世界遗产公园的设计紧扣"遗产"国际品牌主题，突出"丽江"本土文化特色，营造人性化休闲游览空间，景区内将丽江拥有的"世界遗产"、民族文化以及自然景观集中起来，利用现代造园技术，将其浓缩在一个遗产公园之中。这种开发模式不仅有利于发挥非物质文化遗产的传播、教育功能，而且对于非物质文化遗产的保护和传承起到一定的作用，同时也能满足大众游客观光、休闲、娱乐的需求。在开发遗产公园时也要注意过度的商业化以及文化的庸俗化，它不仅不利于文化的传承与保护，还极易扭曲文化的内在含义，对非物质文化遗产造成伤害。

3. 民俗文化村

民俗，是指一个民族或一个社会群体在长期的生产实践和社会生活中逐渐形成并世代相传、较为稳定的文化事项。随着中国旅游经济发展的深入以及人们精神生活追求的提高，人们对民俗旅游越来越感兴趣，民俗旅游在旅游发展中占有重要的比重。民俗旅游以地方文化特色为基础，为游客展示不一样的文化风情。促进民俗旅游发展对于保护民族文化、增强文化自信具有重大意义。民俗旅游近年发展火爆，在展现地区独特文化的同时也走了不少弯路。文化作为一种特殊的人类历史活动产物，具有不可再生性，一旦消亡便不复存在。民族地区文化的趋同化、庸俗化以及认同感的失落、价值观的退化和遗失现象，造成旅游地价值降低等一系列问题，对文化发展产生严重的负面影响。所以，为了进一步推动民族文化旅游资源的保护性开发，走可持续发展、多元化道路，正确处理旅游开发中民族文化继承与变革之间的关系，推动建立民俗文化村是一项有效的举措。民俗文化村是针对民俗资源的新型开发模式，主要是指在旅游地兴建的，把某一时期或某一民族或某一区域的民俗文化，依照一定的方式和风格加以集中反映的人造旅游景观[1]。

各民族地区文化资源丰富，在历史的长河中形成了各具特色的民俗文化，差异性、可展示性、高品质性等特点凸显。差异性是不同民族地区发展民俗旅游的最大特点，游客前往民俗村就是为了了解不一样的文化，所以，差异化是民俗旅游开发的突破口以及中心。民族地区要重点关注并维护其特色民俗文化，避免趋同化，保持自身的独特气质。再次，民俗资源具有可展示性。发掘和利用、整合民族地区优秀文化资源，将民俗文化展示出来，为游客提供丰富多彩的旅游产品是民俗旅游发展的重要方式。比如蒙古族的"那达慕"大会、四川彝族的"火把节"、庆阳的香包文化节等。最后，民族文化具有高品位的特性。拥有历史悠久、风格独特、品位高的民俗文化资源是确保旅游开发成功的重要因素。不是所有的民俗资源都是可以展现给游客的，如果文化是庸俗的、常态化的，没有对应的艺术品位是很难得到发掘和提炼的，很难吸

---

[1] 董丽丽、杨文棋：《民俗旅游资源的保护问题研究》，《贵州民族研究》2004 年第 3 期。

引游客。如新疆维吾尔族的"十二木卡姆"表演、甘肃"花儿"表演，正是高品位的体现，吸引大量游客参观游览。

在民族聚集的地区对民俗资源进行整合，建设民俗文化村对于平衡民族文化和经济的开发、保护和利用之间的关系，实现文化、自然生态与经济发展具有重要推动作用。近年来，我国许多地区不断摸索这种发展方式，比如深圳锦绣中华民俗村，规模之大，展现了白族民居、蒙古包、北京四合院、客家土楼等民俗民居。各地不断挖掘地方民俗资源，结合地方具体环境不同程度地打造民俗文化村，推动我国民俗旅游的发展。

二 体验型融合

随着旅游发展的不断深入，旅游群体需求层次的多样化以及高要求，一些游客并不满足于停留在观光的层面，渴望更多地参与到旅游地中，与当地的文化、风俗进行亲密的接触，获得切身的感受，获得满足感。为此，进行体验型融合开发势在必行。体验型融合强调游客的参与性，通过市场运作开发如节庆活动、旅游演艺、民俗体验等方式，让游客充分参与其中，体验感知非物质文化遗产的魅力。随着旅游的深层次发展，体验越来越受到游客的重视，游客体验构成旅游者参与旅游活动的重要组成部分。对于一些非物质文化遗产项目来说，其具有可参与性的特点，在参与过程中，游客可以更好地接触到非物质文化遗产，不仅有利于了解非物质文化遗产，激发游客兴趣，对于进一步传承和发展非物质文化遗产也具有重要意义。

1. 民族节庆开发

节庆活动是民族地区最丰富多彩的文化活动，近年来随着民族旅游的发展，节庆活动吸引着许多游客的目光，是旅游产品的重要组成部分，发挥着越来越重要的作用。我国节庆旅游的研究开始于 20 世纪 90 年代，随后在国内学术界引起广泛的关注。吴必虎认为民俗节庆活动是少数民族地区文化、体育以及娱乐活动的载体，应将少数民族重大节日的主会场和节期固定下来，形成定时定点的旅游产品。民族节庆的开发主体主要包括政府、企业以及社会公众等，以民族地区的节庆资源为基础，以旅游者的广泛需求为导向，积极探寻开发新模式，挖掘民族节庆的文化内涵，不断开发新的旅游产品。旅游活动对民族节庆仪式的利用，主要包括节庆活动的空间以及时间位移。空间位移主要是通过建设民俗村、民族村以及风情园的形式，将具有特色的民族节日文化集中在村寨园区内进行展示。时间的位移主要指民族节庆的时间安排。

我国许多民族并没有自己的文字系统，表达主要通过心口相传的方式进行，人们借用节日里的游戏、舞蹈以及唱歌等形式进行交流、传承，在历史中不断地演化、传承至今。在藏、蒙等地区，有许多骑术表演竞赛、摔跤、射箭等项目，展演古时人们的生存技能。白马藏族表演的"杀野猪"傩舞，同样是人们对原始狩猎的祈福。民族生产生活的文化特征深深地嵌入民族传统体育活动方式中，成为一种特殊的文化形态，是对少数民族传统文化的再现。

民族节庆的开发为人们了解地区民族文化带来了新的方式，但是在开发过程中也存在许多问题，传统节庆的空间以及时间移位导致了严重的后果，旅游民俗风情园的建立导致旅游者观看或许只是民族节庆的舞台化，引发了关于旅游者体验真实性问题，而民族地区节庆的时间转变则存在对少数民族节庆活动被改造以及节庆的日常化问题，导致传统节日趋于庸俗化，节庆活动的神圣庄严性被抹杀。因此在民族节庆的开发过程中要避免这类事情的发生，积极引导探索发展的新路径。

2. 非物质文化遗产演艺

最近几年，我国对于民族非物质文化遗产表演研发的工作不断重视。人们对文化演艺的关注不断得到提升。在我国众多的非物质文化遗产中，民间音乐、舞蹈、曲艺等项目繁多，这些非物质文化遗产具有较强的表演性，很适合开发成为旅游演艺产品。目前这样的开发在全国普遍存在，成为许多非物质文化遗产保护采用的新形式，并获得人们的好评。非物质文化遗产演艺对于加大地方宣传、促进旅游业发展具有重要的作用，无论是在景区表演、舞台表演还是独立演出，都能够吸引游客，营造良好旅游氛围。

与传统演出相比，旅游演艺有其独特之处，观众主要来源于游客，演出地点以及演出内容多与地方景区有较大的关联，总结旅游演艺特征，主要包括以下几个方面：第一，旅游演艺主题明确，突出地方文化特色。特色鲜明的演艺主题和风格是旅游演艺市场竞争中的有力武器。

无论是实景旅游演出、主题公园旅游演出，还是较普遍存在的剧场表演旅游演出，都非常重视对本土文化资源和内涵的挖掘，力图打造具有本土特色的文化演艺大餐。比如《印象·刘三姐》把桂林的山水文化，侗、壮、苗族等少数民族文化融入演出中，突出了桂林的地方文化特色。第二，娱乐性与体验性的结合。旅游演艺是为旅游者提供娱乐产品，所以在注重演艺产品艺术性的前提下，也要注重其娱乐性。运用舞蹈、歌曲、杂技等多种方式使演出氛围欢快热闹，激起观众兴趣，使其获得更多愉悦的体验。另外通过演员与游客的互动，调动游客的积极性，增强观众的参与性。第三，商业性特征明显。旅游演艺具有很强的吸引力，延长游客在旅游目的地的停留时间，从而产生住宿、餐饮、交通等多方面的效益，带来巨大的利益。第四，旅游演艺具有明显的周期性、区域性和季节性。周期性是指旅游演艺作为旅游行业的附属行业，与旅游市场具有较高的关联性，与旅游业一样随着经济的波动而出现周期性波动的现象。地域性是指将地方文化内涵注入演出作品中，节目的创意充分展现地域特色，展现地方差异化，为游客带来不一样的文化大餐。所谓的季节性与旅游行业的季节性特征一样，旅游演艺也存在淡旺季。

  非物质文化遗产的旅游演艺产品同样具有以上特点。非物质文化遗产旅游演艺在内容上具有很大的独特性。中国自古以来就是多民族国家，各个民族都保持着自己独特的传统，非物质文化遗产演艺展示各个民族不同的风情。再者，民族演艺形式多样，舞台布局丰富多彩，充分展现多样化特征。非物质文化遗产演艺主要是文化和舞蹈、歌唱的互相结合，我国大部分少数民族聚集的地区非常适合于旅游演艺产品。在甘肃，非物质文化遗产演艺产品的开发具有得天独厚的优势，甘肃传统音乐、舞蹈和传统戏剧丰富且本身就具有演艺的特征，开发成综合性的各类演艺活动是最恰当不过的。例如由敦煌艺术剧院创作的大型民族舞剧《丝路花雨》取材于敦煌莫高窟壁画艺术，博采各地民间歌舞之长。该剧自1979年起首演，歌颂画工神笔张和歌伎英娘的光辉艺术形象，描述了他们的悲欢离合以及与波斯商人伊努斯之间的纯洁友谊。《丝路花雨》曾先后访问20多个国家和地区，演出深受好评，被誉为"中国民族舞剧的典范"。这些演艺项目十分火爆，吸引众多游客。

文化演艺这种类型的开发有较大的影响力，对于品牌特色旅游产品的建设具有重大意义，但非物质文化遗产"表演化"倾向对于文化本身的原真性可能产生异化。文化的演艺由于编排的混乱以及脱离了实际，极易造成演艺内容的庸俗，不能反映地方特色，损害文化的真实，也不利于游客满意度的提升，这是开发时应注意的。

3. 民俗体验

中国是一个多民族国家，各民族在不同的自然和人文环境下创造、积累并传承了不同类型的民俗文化。民俗文化作为一个地区、一个民族历史文化发展的见证，蕴含着丰富的社会内容，由于各民族的文化是旅游资源开发的灵魂，具有独特性与不可替代性。这种民俗文化对其他民族的人们来说是神秘的，具有非常强的吸引力。

陈南江、吴月照在《论民俗文化的旅游开发》中对国内外民俗旅游开发中所采用的基本模式进行概括，总结出精华荟萃式、复旧再造式、原生自然式、浓缩改进式、短期表现式5种民俗开发模式。由此可见，民俗旅游蓬勃发展，采用的模式较多，但是真正属于体验性的开发却很少，在文旅融合发展的大背景下，为了充分满足游客的体验需要，展开多种体验式开发显得尤为重要。随着旅游业的发展和旅游者消费心理的日益成熟，旅游者的需要更加多元，不再满足于走马观花式的旅游观光，而更倾向于体验性强的旅游活动，以此来获得美好的回忆。通过开展民俗旅游活动，旅游者亲身体验当地民众的生产生活，感受当地文化，进一步促进旅游发展。

三 功能型融合

功能型融合是指通过功能融合手段将非物质文化遗产的某些功能与旅游业相结合，诸如传统医药保健、传统技艺修学等旅游项目的开发，让旅游者获得某些功能性的收获和体验。

1. 传统医药保健

随着中国经济的快速发展，国民经济水平不断提高，旅游者需求日渐旺盛，旅游与养生文化、休闲创意、医疗科技融合创新备受关注。其中，中医药健康与旅游的融合，成为市场关注的焦点。2016年5月国务院印发的《关于促进健康服务业发展的若干意见》中明确表示，到

2020年，基本建立覆盖全生命周期、内涵丰富、结构合理的健康服务业体系，这个体系包括健康养老、医疗健康旅游等多样化健康服务。鼓励有条件的地区面向国际国内市场，整合当地优势医疗资源、中医药等特色养生保健资源、绿色生态旅游资源，发展养生、体育和医疗健康旅游。

中医药旅游作为生态旅游的一部分，旅游与中医药的结合既是中医药的延伸又是旅游业的扩展。[①] 中医药旅游有着独特的理念，寓休闲于治病，寓治病于休闲。将医疗、保健、娱乐、休闲、度假等融合，一方面为游客提供健康美食、保健按摩、水疗等康乐服务；另一方面帮助游客营造轻松愉悦的氛围，缓解日常工作和生活带来的压力。中医药旅游凭借自身的独特治疗理念、优势和特点，发挥着重要的作用，深受人们的喜爱。目前，国内中医药旅游尚处在起步阶段，国内中医药旅游主要呈现出各地自发开展的特点。安徽亳州"中医药文化园"旅游项目按4A级风景区标准设计，建设了游客中心、药膳、药浴、药饮等保健场所、中医药文化博物馆、中医药植物园，参与性旅游活动和专家诊疗园区、五禽戏、五禽剑等旅游项目。在江苏省苏州市更是建立了中医药博物馆，向游客揭秘了蜚声宇内的"吴门医派"。在博物馆中设立中医文史资料展示、制药药具、苏派中药标本等多个展厅，吸引了来自英国、荷兰、日本等世界各地的数千名游客和医学界人士参观体验了苏州中医文化的魅力。在杭州中医药旅游早已开始面向公众，先后有美国、加拿大、瑞士、韩国、日本等地的几千名游客前来"医疗旅游"。在甘肃灵台和庆阳市，分别建立了皇甫谧文化园以及庆阳岐黄中医药博物馆，吸引人们前来学习中药文化，体验中医药保健，感受医药文化遗产的魅力。

2. 非物质文化遗产研学

2018年文化和旅游部的合并组建，各地对文化和旅游机构相继进行机构改革，为文化和旅游融合发展开辟了新的方向。文旅部提出了"宜融则融，能融尽融；以文促旅，以旅彰文"的融合理念，不断探索和浅析新形式。"非物质文化遗产"与"研学旅行"的有机结合是一个

---

① 王景明、王景和：《对发展中医药旅游的思考与探索》，《经济问题探索》2000年第8期。

伟大的创举，以研学旅行促进非物质文化遗产的发展兴盛，让民族瑰丽之花更显烂漫，让研学旅游更添文化内涵。

研学旅行并不是稀罕之物，在古代就有出现。但是进入新的时代以来其内涵愈加丰富。2013年国务院办公厅印发的《国民旅游休闲纲要（2013—2020年）》，文件中首次提出"研学旅行"这一新的名词。"研学旅行"从定义来看有广义和狭义之分。广义上的研学旅行是指以获取知识为目的，不分年龄阶段、前往异地开展的知识性的旅游活动。狭义的研学旅行特指那些由学校统一组织，以学习知识、提升学生的文化素养等为主要目的，通过集体出行开展有组织、有计划的旅游活动。非物质文化遗产是由各族地区人民世代相传，最能体现当地的历史和人情风貌，最具地域特色的资源。让游客切身体验那些参与度高、体验性强的非物质文化遗产项目，亲身感知当地文化，对于增强体验度有巨大的作用。

"非物质文化遗产"与"研学之旅"相互促进。非物质文化遗产有着珍贵的历史、文化和艺术价值，凝结着优秀的传统文化内涵。近年来我国加大对非物质文化遗产的保护力度，采取一系列的措施，成效显著，受到社会的关注。例如，2015年推动"中国非物质文化遗产传承人群研修研习培训计划"项目，得到了社会各界的大力支持和广泛参与，也取得了可喜成绩。但是非物质文化遗产的发展仍然存在着诸多问题。非物质文化遗产传承面临着后继无人的绝境，年轻人对非物质文化遗产的认识不足，对非物质文化遗产也缺乏十足的兴趣。同样受到其他文化的冲击，非物质文化遗产消费市场狭小，传播动力不足。因此，如何开拓市场，让更多的年轻群体参与进来是非物质文化遗产发展的难题。将"非物质文化遗产"和"研学旅行"融合起来，提供了新的思路，对于拓宽非物质文化遗产的传承群体规模，提升非物质文化遗产的传播度具有巨大的推动作用。"非物质文化遗产研学旅行"将进一步推动人们懂得非物质文化遗产，让年轻人更直观、更全面、更深入地了解学习非物质文化遗产，走进非物质文化遗产的原生环境之中，使他们喜爱、传播再到想要去传承非物质文化遗产，增强民族认同感和自豪感，提升文化自信，提高文化意识。非物质文化遗产是珍贵的文化旅游资源，将非物质文化遗产与研学旅行结合起来，打造具有代表性、地方性的民族品牌，由此加大市场经济驱动力，增强旅游业发展功能，从而进一步拓展旅游市场。

为弘扬优秀的传统文化，提升文化自信和文化认同，国家鼓励学校开展研学活动。跟非物质文化遗产传承人学习制陶、捏面人或者听传统戏曲演员表演，听讲解员介绍有关非物质文化遗产诞生地的故事以及亲自实践非物质文化遗产等活动在各地得到了巨大的发展。在青年的研学旅行活动中出现越来越多的非物质文化遗产元素。在青岛胶东非物质文化遗产博物馆，研发出多项非物质文化遗产研学课程，把非物质文化遗产保护、传承工作真正落到实处，实现了旅游与非物质文化遗产的真正融合。青岛胶东非物质文化遗产博物馆本着"弘扬传统文化"的宗旨，遵循"文旅融合"的方针，整理、展示多项非物质文化遗产项目，实现了文化保护、旅游观光、休闲娱乐等多功能的融合发展。目前已经确立了《非物质文化遗产·品文化·传经典》这个教育品牌，开发出传统技艺、酿酒、美食、戏剧、艺术等 60 多个研学项目，获得全国优秀非物质文化遗产研学项目奖。在安徽黄山的徽州地区，人们采茶、学习宣纸制作以及徽墨等传统工艺，许多学生也陶醉其中。

四　创新型融合

创新型融合是指通过技术手段进行融合，将非物质文化遗产中的文化元素与特色旅游产品、特色餐饮、服饰以及民族旅游景区（点）相结合。在非物质文化遗产与旅游的融合过程中，创新始终扮演着重要的角色。通过高新技术将非物质文化遗产蕴含的文化元素与特色旅游产品、特色服饰以及特色美食等文化遗产结合起来是融合发展的一种趋势。随着旅游业的不断发展壮大，人们的旅游需求也渐趋多样化，一些过时的形式早已不能吸引更多的游客。同时，随着年轻一代出行次数的增加，追求新形式成为其旅游猎奇的重要目标。非物质文化遗产资源多形式、新方式的开发，能够吸引年轻人的目光，这对于旅游的发展以及非物质文化遗产的传承与发展具有重大的意义。为此，采取新的形式，特别是利用新的技术显得尤为重要。近年来，在旅游与非物质文化遗产融合方面采用新技术的例子不胜枚举，比如通过抖音爆红的大唐不夜城、现代大型歌舞实景表演等。这些新形式顺应了时代潮流，深得年轻人喜欢。

1. 特色文创产品

近年来，文化创意产品日益成为主流的市场商品。旅游文创产品是丰富旅游体验和提升旅游档次的主要途径。独特的文创产品，不仅能够提升景区的品牌形象，而且在某种程度上也能扩大景区的传播范围。随着互联网流量红利逐渐消失，获客成本不断增加，许多景区面临着渠道短缺的困扰。发展文创产业无疑是旅游业发展的一大趋势。

非物质文化遗产具有鲜明的地方特色，富有深厚的文化内涵，开发具有特色的非物质文化遗产创意产品，一方面能够更好地传播非物质文化遗产，另一方面增强造血功能，增加产品收入，为非物质文化遗产的保护提供资金支撑。这是非物质文化遗产与旅游融合的重要发展方向。非物质文化遗产特色文创产品的开发，主要通过创意或者技术手段开发遗产所在地的旅游纪念品，集中在传统手工技艺以及美术类的非物质文化遗产的产品上。这些物化的产品能够通过各种形式展现出来，也可以制作成商品进行出售。随着现代工业社会的发展，机器制造充斥着市场，传统手工艺遭受着严重的破坏，制作环境也每况愈下。把传统手工艺制作的实用品开发成旅游文创产品，有较大的市场升值空间。在少数民族地区，具有民族特色的传统工艺品往往深受旅游者的青睐，不仅如此，民族工艺品加工的过程也成为吸引旅游者注意力的因素。正是由于旅游市场的存在，许多民族旅游地的传统工艺在政府的引导、规范和管理下获得长足发展。

2. "互联网+"

近年来，非物质文化遗产与互联网的联系越来越紧密。在保护、利用中国非物质文化遗产方面需要不断与时俱进。当今社会发展已进入网络时代，非物质文化遗产的传承与发展更是离不开数字化和网络手段。新技术与文化结合的例子数不胜数。中国许多游戏厂商关注到传统文化这一丰富的创作资源宝库，推出多款与各大博物馆联合创作的游戏。国产网络游戏《梦幻西游》电脑版与敦煌博物馆、中央美术学院进行合作，在游戏中融入敦煌的文化元素，让玩家在玩游戏时潜移默化地了解敦煌文化。短视频的流行紧随其后，2019 年抖音 App 推出"非物质文化遗产合伙人"计划。平台覆盖 1275 项国家级非物质文化遗产项目，相关视频获赞无数，深得人民喜欢。在"非物质文化遗产抖起来"账号上，用户能看到各种与非物质文化遗产相关的内容，从基础知识介绍，到非物质文化遗产传承人的访谈，再到各种平时难得一见的非物质文化遗产作品制作流程，喜欢玩短视频的年轻人和大批海外用户在这里发现了中国传统之美。

科技是手段，文化是核心，旅游融合发展的过程中应把握好尺度，兼顾两者，仅有新科技或者仅依靠文化的自我展现是很难促进二者发展的，所以科技与文化的良好融合是非物质文化遗产旅游发展的关键。一方面，通过网络发布传递旅游新产品信息，满足以及挖掘潜在的旅游需求。同时借助互联网进行宣传与营销，运用大数据对非物质文化遗产旅游人群进行科学分析预测，人性化提供服务或延伸服务链，提升旅游服务质量。另一方面，虚拟空间是一种新的技术，可以帮助旅客更好地了解地方文化景观。拓展虚拟网络旅游的发展空间，在实景环境的条件下建设虚拟空间，帮助旅游者深入了解实景以外的文化元素，实现对非物质文化的全面了解，形成线上线下的良好互补。总的来说，互联网的发展为旅游与非物质文化遗产融合发展带来了极大的发展空间，进一步促进了旅游发展、产业升级以及非物质文化遗产的传承与保护。

3. 产业园

产业园是指政府或企业为了实现产业发展目标而创立的特殊区位环境。它的类型十分丰富，包括高新技术开发区、经济技术开发区、科技园、工业区、文化创意产业园区等以及近年来各地陆续出现的产业新城、科技新城等。

为了进一步促进旅游产业的发展，许多地区建立旅游产业园，开拓发展新模式。旅游产业园区是指在一定区域内，建立统一有效管理机构，以旅游业为统筹，以产业融合为特征，以旅游生产要素和消费服务业态集聚为核心，旅游功能完善，经营主体多元，品牌效应凸显，对区域旅游发展具有示范、带动作用的新型产业园区。旅游产业园区一般分为三种类型：主导型产业园区、融合型产业园区和总部经济型产业园区。主导型产业园区指以 A 级旅游景区和度假区为核心支撑，多业态融合发展的"旅游+"型产业园区。融合型产业园区指以农业旅游、工业旅游、体育旅游或康养旅游等为主题特色，具有5种以上有一定规模的不同类型旅游业态，旅游要素配套完善，旅游产值占园区综合收入30%以上的"+旅游"型产业园区。总部经济型产业园区指发挥中心城市人才、技术、资本等独特优势，吸引国内外知名旅游企业区域总部、涉旅组织机构集聚而形成的产业园区。

目前国内出现许多比较成熟的旅游产业园区，比如中国旅游产业园、梅州客天下旅游产业园以及兰州国际嘉年华文化旅游产业园等，这些产业园突出特色、优化布局，促进旅游等多种产业快速发展，为旅游发展提供了新的模式。

第五节 非物质文化遗产与旅游融合发展路径解析

关于非物质文化遗产与旅游业融合发展路径，业界有许多学者曾撰文进行探讨，蔡寅春等曾提出非物质文化遗产与旅游融合发展的四种模式，并以湖南湘西地区的非物质文化遗产进行具体分析。但是非物质文化遗产与旅游业融合发展所采取的路径并不是相互独立的，正如事物的联系具有普遍性那样，许多非物质文化遗产的开发是多种融合方式的相互关联。为此，我们在其基础上对非物质文化遗产与旅游业融合发展路径进行创新，并指出四种融合路径的相互关系（见图7—2）。

首先，以非物质文化遗产博物馆或者民俗村的具体发展路径来看，不仅仅体现出开发型融合的特点，集中展示静态的非物质文化遗产，还兼具功能型融合的特征，发挥博物馆向公众提供教育的功能。随着技术的发展，更多高新技术被应用到博物馆之中，人们通过虚拟技术体验非物质文化遗产，更展现了博物馆的体验性特征。其次，从节庆开发和民俗体验这一融合路径来看，其开发也不是简单地属于某一种融合类型。在我国，许多民族没有自己的文字系统，主要通过心口相传或者借用节日里的游戏、舞蹈等形式进行交流、传承，所以各民族都保留着许多展现地方特色的节庆活动。在民族节庆开发的过程中，通过开展节庆活

228　第四篇　实践篇

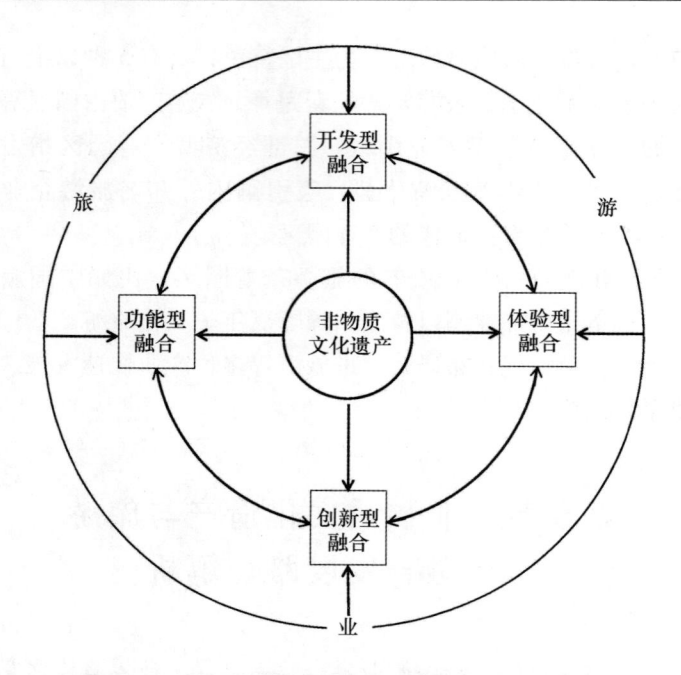

图7—2　非物质文化遗产与旅游业融合发展路径①

动,向人们展示民族节庆的魅力。仅仅展现节庆活动是不够的,许多地方在开展活动时为游客提供众多的体验性项目,使得游客更好地参与到节庆活动之中。以傣族特色节庆泼水节为例,在其活动开展中,游客们能够参与到活动之中,亲身体验这一民族节庆活动,充分体现了开发型融合和体验型融合的多种特征。最后,在开发特色旅游产品这一路径上也体现出多种融合开发的特征。不仅展现出旅游产品的功能,还体现了创新的元素。在产品开发过程中,各地委托相关设计公司对其地方非物质文化遗产进行深度产品开发,在产品设计上突出非物质文化遗产产品的特色性,融入本土文化元素,开发出具有民族特色的旅游产品。与此同时,随着旅游产品需求的多元化,旅游产品也需要与时俱进,不断创新。近年来许多地方依托特色文化资源,开发特色文创产品,深受人民

---

①　蔡寅春、方磊:《非物质文化遗产传承与旅游业融合发展:动力、路径与实例》,《四川师范大学学报》(社会科学版)2016年第1期。

喜欢。

　　文化与旅游融合发展的大背景下，非物质文化遗产与旅游融合发展受到越来越多的重视。在融合开发中一定要把握内在规律，坚持"宜融则融，能融尽融"的原则。另外，在具体的开发过程中，要充分了解地方非物质文化遗产的特征，不拘泥于某种融合路径，坚持打"组合牌"，多方位体现非物质文化遗产。这样才能更好地推动文旅融合进程，使非物质文化遗产与旅游发展相得益彰。

第八章

甘肃省非物质文化遗产与旅游融合发展实践

甘肃位于西北内陆腹地，丝绸之路横贯，是东西方交流的重要地方，自古以来就是多民族聚居地，孕育了数不胜数的杰出文化遗产。在文旅融合发展的大背景下，甘肃如何发挥地区优势，将厚重的非物质文化遗产与旅游融合发展，实现旅游发展与非物质文化传承保护并行是急需解决的问题。据统计，目前甘肃省拥有国家级非物质文化遗产项目共68项，省级非物质文化遗产项目共493项。在我国颁布的第四批国家级非物质文化遗产名录中，非物质文化遗产分为十大类，甘肃省各类非物质文化遗产均有涉及，充分反映出其资源之丰富、类型之多样。本章以甘肃省现有旅游与非物质文化遗产资源融合发展的实例为基础，对融合实例进行分类评述，总结经验以及发展方向，促进甘肃省文旅融合发展新篇章，推动非物质文化遗产的传承与保护。

第一节 非物质文化遗产+博物馆

甘肃省处于丝绸之路的沿线，众多民族杂居于此，又是中西方文化交流的交汇点，这里文化多样，民俗众多。在发展旅游、促进文旅融合发展的过程中，如何展现地方文化，是文化发展与保护的重中之重。以博物馆开发的形式进行融合，一方面有效地整合相关资源，更好地展现非物质文化遗产；另一方面也充分发挥了功能性作用，博物馆作为一种公众文化教育机构，可以充分发挥传播教育的功能。环县道情皮影博物馆以我国重要的民间传统艺术为参观对象，与当地旅游开发结合，取得了长足发展。

皮影戏是一种用兽皮或纸板剪制形象并借灯光照射所剪形象而表演故事的戏曲形式。其流行范围遍及全国各省区，由于环境的差异，各地所演绎的皮影戏也各有千秋。皮影戏历史悠久，但是具体形成的年代尚无准确的说法，根据南宋风俗人情散记《东京梦华录》记载，东京汴梁瓦舍中的影戏艺人已有董十五、赵七等9人，因此大致可以推断出皮影在宋代已经渐趋成熟和盛行。经过时代的变迁发展，皮影在清代流行全国，出现一片繁荣的局面。皮影戏主要包括影人制作、表演技术、曲目、声腔等几个方面。影人的制作以动物皮毛为主要原料，大多为牛皮、羊皮或者驴皮。将这些动物的皮毛刮去毛血、晾晒、加工成半透明状，然后刻画上彩。在雕刻过程中讲究刀工。影人主要包括头、身以及四肢等部分，整个影人均为侧面，根据不同的人物需要，身体四肢以及头部皆绘有服饰和各种帽饰，再经过上油彩之后进行烘烤，压平之后一个影人即制作完成。除了雕刻人物形象，还需要制作情境所需的一些辅助道具、桌椅和景物造型，以此来配合表演。演出时在身体和两手上安装三根竹扦，即可操作演出。展演的舞台被称作"亮子"，即约高3尺，宽5尺，最高不过4尺，宽不过6尺，以白纸做幕的影窗。再者油灯一盏，用以映射影人和表演动作。

甘肃皮影，又称"影子戏"，是一种"借灯显影，配声以演故事"的地方传统戏剧形式，它主要受陕西皮影的影响，同时又结合了本地的传统民俗与音乐。甘肃民间影子戏主要集中在陇东、陇西、陇南三地，三地音乐唱腔不同，各具特色，其中陇东环县的音乐唱腔属于道情系列，源自道家的音乐，其特点是以唱为主，以说为辅，高亢激扬。陇南的唱腔俗称"灯调"，其后改称为"影子腔"，位于陇西通渭的唱腔则包括道情、秦腔以及皮影小调"三下锅"。

环县位于甘肃省庆阳市，在古代曾是匈奴、羌、狄等少数民族交往及多种文化相互碰撞交融的地方。深厚的文化底蕴以及独特的自然环境，孕育了"环县道情皮影"这一传统戏剧艺术。环县道情皮影戏形成于北宋时期，是古老的道情与皮影的完美结合，同时也是目前国内保存最完整的原生态艺术群体之一。经过不断发展，结合地方生活实践活动,它与当地人民的习俗信仰不断交融,形成了以环县为中心,延伸至庆城及宁夏盐池、陕西定边等县在内的区域,地域范围广泛。环县皮影独特的道情音乐唱腔和精湛的皮影制作及表演,体现了较高的艺术价值。戏班演出时,以灯光下的布亮为舞台,前台一人挑杆表演,后台四五人伴奏并"嘛簧",其伴奏乐器中的四弦、笛子、渔鼓、甩梆子、简板、唢呐等均为自制。在其演唱过程中,一唱众和、粗犷高亢、独具风格,具有较强的艺术感染力。通过研究馆藏及民间流存的数千件清代皮影原件,可以发现其构思奇妙、雕刻细腻逼真的艺术特点,有极高的艺术和研究价值。经普查,全县境内现有47个戏班、285名艺人、40多名皮影雕刻者。

中华人民共和国成立以来,环县皮影受到党和国家的重视以及人民群众的欢迎。20世纪50年代,环县道情皮影多次进京展演,并受到毛泽东、周恩来等党和国家领导人的高度赞誉。进入21世纪以来,环县皮影更是获得更多认可,先后在2002年和2003年获得"中国皮影之乡",首批中国民间文化保护工程试点之一的荣誉,并在2006年5月进入国家级非物质文化遗产保护名录,道情皮影艺人被文化部和中国文联命名为国家级非物质文化遗产代表性传承人和杰出传承人。2011年中国皮影戏入选《联合国人类口头与非物质文化遗产代表作名录》,至此,作为中国皮影一员的环县皮影登上最高舞台,向全世界展示中国的传统文化。近几年,中央电视台及省市多家媒体记者对环县道情皮影戏班及艺人进行采访,制成专题节目,在中央、省、市电视台播放30多次,并在各级报刊发表相关论述、报道近百篇。环县民间道情皮影艺术团也不断地走向世界,展示其魅力。先后14次应邀赴欧洲、大洋洲、东南亚、非洲,进行了交流演出,被国际友人誉为"东方民间文化的活化石"。

为了更好地保护与传承皮影艺术,当地政府建立了环县道情皮影博物馆,并将道情皮影的演艺、雕刻作为一项产业来抓,以发展经济,赢得现代社会对皮影艺术的关注支持。2011年10月,国家公布了全国41家文化产业生产性保护示范基地,环县道情皮影名列其中,明确环县道情皮影保护中心为该项目的责任保护单位。通过对外宣传和交流展演,为道情皮影保护传承工作注入了新的活力,从而使其得到更充分、更有效的保护。环县道情皮影保护中心不仅是环县道情皮影戏的保护单位，也是环县唢呐、环县民歌、环县道情戏等非物质文化遗产保护单位。该保护中心先后成立了道情皮影研究会，设立了皮影民俗、道情音乐、皮影艺术和口传文学四个研究协作体系对皮影进行保护。出版了《环县道情皮影》画册、《中国非物质文化遗产·环县道情皮影研究论丛》和传记小说《影神》等进行宣传，并通过现代技术手段，完成了道情皮影普查工作，建立了数字化管理系统、"环县道情皮影保护中心"以及"环县道情皮影博物馆"，为环县道情皮影的挖掘、整理、保护和传承提供了平台。

环县道情皮影博物馆坐落于革命老区、中国皮影之乡——甘肃环县县城。依山傍水的环江新区文化博览中心，2006年10月建成正式对外开放，是我国唯一一座综合各流派与陇东特色的皮影博物馆。设计有明、清的皮影精品、历史文物这两个展室，两个展厅占地规模较大，有710平方米。藏品陈列展出达500多件，是从全县筛选整理出的明清时期的皮影精品佳作，充分展示明清以来的珍贵艺术品。除精品展外，在馆内还可全面了解环县道情皮影音乐、皮影民俗、剧目、日常业务和图片管理资料，能近距离欣赏皮影的雕刻制作过程，更可以观看皮影艺人现场演出。

通过建立博物馆的开发型融合方式，环县皮影走上了文旅融合发展之路，通过展示皮影藏品，游客更全面地了解皮影艺术。通过近距离观赏皮影的制作以及观看皮影演出，极大地激发了游客的兴趣，为皮影戏的传承保护增添了动力。将非物质文化遗产集中展示是旅游与非物质文化遗产融合发展的重要方式，通过将收集、研究、展示区域内非物质文化的精粹，直观系统地展示给游客，使游客快速了解地区文化。随着新技术的运用，展示方式多种多样，日益得到了游客的喜欢。与此同时，博物馆以及相关遗产基地的建立也为传承人提供了活动的场所，游客可以与传承人面对面接触，对于非物质文化遗产的传承也是极为有利的。

博物馆通过静态展示，向大家传播文化的知识，是保护和传承文化的有效途径，但是仍存在不足。一方面，对于文化保护而言，未考虑到非物质文化所存在的环境。非物质文化具有无形性的特点，与其生存的文化环境具有密切的关系，博物馆的建立虽然保护了非物质文化遗产外在物化的实体，但是将其与生存环境割裂，不利于文化的整体保护。另一方面，文旅融合发展，不仅应推动文化发展，突出文化在旅游中的作用，还应该满足游客不同的文化需求。对于游客来说，追求高体验度越来越成为其旅行的一部分，如何满足游客的需求是景区要深思的问题。在以后的发展过程中，博物馆要注意对文化的活态保护，营造非物质文化遗产发展的环境。通过现代技术多形式展现非物质文化遗产，增加游客体验项目，让游客更好地接触非物质文化遗产。

第二节　非物质文化遗产+主题公园

非物质文化遗产主题公园是将分散于地区的、知名度以及影响较大的、能够代表地方特色的某一类非物质文化遗产资源，集中在某一范围内进行整合开发建造、打造体验特色鲜明的主题公园。主题公园因其地域广大、文化资源类型多的优势，能更好地展现非物质文化遗产，是非物质文化遗产保护、开发、利用的重要方式。位于兰州的非物质文化遗产主题公园——兰州水车博览园，是甘肃非物质文化遗产与旅游融合发展的重要代表。

水车本是灌溉工具，又名"天车""翻车""老虎车"，明宋应星著《天工开物》中曾记载："凡河滨有制筒车者，堰陂障流，绕于车下，挽水入筒，——顷于枧内，流入亩中，昼夜不息，百亩无忧。不用水时，栓木碍止，使轮不转动。"兰州的黄河水车也是源于此。兰州地处西北内陆，虽有黄河穿过，但水位不定，不利农业发展，解决水利问题成了当务之急。正是在这一背景下，黄河水车由兰州人段续引进并仿制改造成功。段续是明朝嘉靖二年的进士，在云南任道御史时，曾宦游南方数省，发现南方木制龙骨筒车可汲水灌溉，对农业发展产生巨大影响，想到家乡的农业灌溉问题，每次游历便仔细观察其构造原理，绘成图样，后来回到故里，悉心研究实践，于1556年研制成功了历史上第一轮水车。《甘宁青史略正编》一书中曾这样记载段续改制的兰州黄河水车："至黄河两岸不能开渠之处，又有水车，其车形如轮，辐二三丈至四五丈不等。轮径小者四五丈，大者八九丈。用二木夹轴，高擎，下入河流，上出河干，轮周围斜挂水桶，水激轮转，顺承倒泄，空中高架木槽，承水引入河干，分灌陇亩，计一轮可灌七八百亩，虽系人力，亦一水利也。"由于水车对灌溉的用处很大，黄河两岸的水车很快盛行起来。据 1891 年统计，至清末时兰州大小水车已达到 157 轮。20 世纪 50 年代前后，从青海到宁夏的黄河岸边共有水车 350 多轮。黄河两岸水车林立，提灌面积达 10 万亩。可见黄河水车灌溉效果之好，极大地推动了黄河两岸农业的发展。

兰州市的水车之多远远超过号称世界"水车之城"的叙利亚哈马市，据统计黄河水车达到其 8 倍之多，是当时世界上当之无愧的"水车之都"。水车自诞生以来，至今已有近 500 年的历史，一直是黄河沿岸著名的提水灌溉工具，为甘肃农业文明和地方经济发展做出了巨大贡献。然而随着现代水利设备的使用，水车已逐渐被效率更高的机器替代而退出历史舞台，只保留了为数不多的水车。随着老艺人的相继离世，水车制作技艺面临失传的困境。在政府部门的保护和重视下，水车制作技艺得到了有效的保护和传承。现今，黄河水车已经成为兰州的一张名片，水车制作技艺也列入第一批国家级非物质文化遗产名录，这让古老的兰州水车焕发出新的生机。

兰州水车巧取黄河之水，灌溉农田，为黄河两岸人民的生活带来了便利，推动了各项生产的发展。为了弘扬黄河文化，开发旅游资源，充分展现劳动人民的智慧，1994 年兰州市建设水车园，不仅保护了黄河水车这一非物质文化遗产，同时促进地方旅游发展，向游客更好地展示这项非物质文化遗产。2005 年 8 月 26 日，又在黄河岸边打造了一处水车博览园，重现黄河两岸水车林立的壮丽景观。兰州水车博览园位于黄河风情线滨河东路的黄河南岸。东连中立桥码头、体育公园；西接亲水平台、兰州港、中山桥、白塔山公园等景点。该水车博览园由水车园、水车广场、文化广场三部分组成，是一个展现水车文化的主题公园。水车园内巨大的水车立于黄河南岸，在旺水季水车利用自然水流助推转动，枯水季则以围堰分流聚水，通过堰间小渠、河水自流助推。当水流自然冲动车轮叶板时，推动水车转动，水斗便舀满河水，等转至顶空后再倾入木槽，源源不断，流入园中。另外，水车园还有各种展现兰州传统生活的雕塑以及供游客体验的水车磨坊，更好地满足游客的游玩需求。水车园的建立使得曾经屹立在黄河两岸雄伟高大的水车重新展示在人们面前,展现了先民的勤劳智慧,增强了民族自信、文化自信。水车园的建立不是孤立的保护,而是依黄河而建,融入水车发展的具体环境之中。水车园中有数十架大小不一的水车,依靠黄河的动力不断地旋转,让人们能够直观感受水车的魅力。站在数十米高的水车面前,不禁感受到劳动人民的智慧。公园里流水不止,依靠水车不断奔腾,充满着生机,许多游客流连忘返。

主题公园以突出主题为核心,一方面主题公园一定要突出地方特色,充分展示出地方的文化精髓,通过主题公园打造自己的文化 IP,采取多种途径输出自己的文化标志。另一方面主题公园不仅仅要展现文化,还要打造各种体验活动,满足游客的体验需求。兰州水车博览园内就有一些手动的小水车以及水车磨坊供游人体验。打造体验式活动能够吸引更多的游客,促进主题公园的发展。总的来说,非物质文化遗产主题公园的建设要紧紧依托文化景区建设,注重非物质文化遗产的休闲性、文化性、参与性和娱乐性渗透,兼顾旅游发展与保护非物质文化遗产的双重目标。

第三节 非物质文化遗产+景区

非物质文化遗产的传承与发展离不开其生存的环境,同样,缺乏文化内涵的旅游景区也难以持续吸引游客前来参观。非物质文化遗产依托旅游景区这一载体,充分展现非物质文化遗产的魅力,特别是表演类的非物质文化遗产,游客在景区内便能近距离欣赏,增强了体验感。"非物质文化遗产+景区"是开发型融合与体验型融合的产物。一方面,景区就是一个露天的"博物馆",非物质文化遗产能够在原生态的环境中充分展现,而不是简单的异地复制;另一方面,景区通过开发相关非物质文化遗产旅游产品,可以更好地加强游客与景区的良好互动,提升游客的体验度和满意度。在甘肃有许多非物质文化遗产依托景区发展,极大地促进了非物质文化遗产的发展,其中平凉崆峒山景区的平凉笑谈与武术便是其中的代表。

"神奇秀美崆峒山，风景秀美人称赞。"崆峒山大景区是甘肃省平凉市最重要的旅游景区之一，崆峒古镇又是平凉文化旅游的窗口，平凉市为了更好地展现非物质文化遗产，在古镇搭设了一座大舞台用来展示当地的文化遗产，在这个舞台上除了秦腔、曲子戏等传统戏曲，还有被当地人称作"平凉相声"的非物质文化遗产项目——崆峒笑谈。

崆峒笑谈俗称"笑摊子""谝干传"，是流传在平凉一带的民间小戏，大约形成于宋元年间，成熟于明清两代，盛行于清末民初，许多经典段子就出自这个时期并且流传至今。"笑谈戏"音乐伴奏用的乐器与平凉曲子戏一样，文场面以"胡胡"（板胡、二胡）笛子、三弦、大头嗡子（低音二胡）等为主；武场面以铜器配合动作，用"一马三件子"（暴鼓、"扇子"铙钹、小锣）。演唱中用交子、水水（碰铃）；个别用"甘鼓""牙子"。"笑谈"最值得一说的是——它是当地劳动人民自己创造的，是一种口头文学，是当地社火头子一代一代传下来的，从内容到形式均散发着浓郁的乡土气息，特别是它的语言，朴实而生动，通俗而机智，幽默而耐人回味，具有强烈的表现力和感染力。总之，"笑谈"剧情多以笑谑逗趣为主，以丢丑、弄怪、耍神气见长，是一种以逗乐为主的民间小戏，是以说唱和表演为主的笑的艺术。千百年来一直流传在平凉民间的一些乡镇村社，具有强烈的口头传承意识。现存资料比较稀少。为了更好地传习笑谈，在崆峒古镇一侧新建了"崆峒笑谈"传习所，作为平凉市首个非物质文化遗产传习所，这里的展厅并不算大，但展柜里陈列着整理和收集来的服装、道具、剧本等老物件，墙面上的老照片一一记录着崆峒笑谈的前世今生。走过展厅，一部完整的崆峒笑谈发展史清晰地呈现在面前。

"笑谈"是一种具有地方代表性的传统演唱艺术。它以一个剧目为一个故事情节，有故事、有人物、有"白口"、有唱、有生活化的表演，有简单的化妆、道具和服饰，具有戏曲艺术的形态。最突出的特点是：具有强烈的娱乐性，其剧目多以笑谑逗趣为主，几乎每出戏都以丑角为主要人物，逗观者开心捧腹构成了它存在的价值。"笑谈"剧目内容多为民间日常生活的纠葛、琐事，包含笑料，也有青年男女爱情小故事。这些"笑谈戏"，情调幽默滑稽，语言风趣诙谐，具有浓郁的乡土气息，招人喜爱、逗人发笑。演出时不受场地限制，唱腔多取自当地民歌小调，但也可自由地借用曲子戏、秦腔及其它剧种的某些曲调。有的曲目以快板或说白为主，有的从头至尾完全由唱词完成，近于曲艺说唱。

　　如果说崆峒笑谈是文艺，那崆峒武术可谓是有血有肉的非物质文化遗产项目了。崆峒武术在其手法、套路、技击功夫上自成一体，讲究实打、实拿，以技击强身健体和增加功力为目的。崆峒派武术特点是"奇兵"（兵器），它不属于十八般兵器。兵器形式丰富、小巧玲珑、方便携带，不容易被对方发现，交手中往往能出奇制胜。无论是在金庸先生的武侠小说中，还是在如今的崆峒古镇，崆峒武术都以其独特的魅力和深厚的文化内涵备受关注，平凉市崆峒区也因此获得"中国武术之乡"的称号。非物质文化遗产，是一个地方民间历史的活态表现，记录着这片土地千百年来民间生活的精神文化气质，并延续至今而不衰绝，若非凭借文化自信和执着坚守，恐怕早已烟消云散。

　　近年来，崆峒山大景区为增加旅游服务项目，弘扬崆峒民俗文化、武术文化和养生文化，先后成立了崆峒山大景区艺术团和武术表演团，并聘请崆峒笑谈中心工作人员，以深厚的崆峒文化内涵为主线、史料为依据，成功编排《问道崆峒》《忆画崆峒》《武僧护经》等大型历史情景剧文艺节目，分别在崆峒山中台和问道驿站循环演出。通过还原历史事件、开展特色文艺演出，使游客在景区感受到更浓厚的旅游文化气息。2016年3月底，崆峒山大景区组建了自己的创作团队。在打造编排精品节目、立足本地深度挖掘崆峒旅游文化和养生文化的同时，面向省内外，在旅游推介、文化交流和提质增效上寻求新的突破口，走文化搭台、武术"唱戏"的宣传之路。在继承艺术创作手法后，结合历史史实、故事和典故，勇于创新，编排了集故事、武打场面和实景演艺于一体的《武僧护经》《忆画崆峒》《王母夜宴》《问道崆峒》等情景剧。大型情景剧《问道崆峒》和《武僧护经》，形式新颖、栩栩如生地再现了人文始祖轩辕黄帝向广成子问道这一千古盛事以及崆峒山明慧禅院众僧大战西夏军的历史场景。精湛的武打场面，气势宏大的演出效果把游客的思绪带到了遥远的年代。由武术表演团担当的角色和武打场景，受到游客的热情赞誉。整台节目编排新颖、构思巧妙。演出后，好评如潮。

走在平凉，不难发现那些古老艺术的守护者、传承者……一个个家喻户晓的名字，一项项精彩绝伦的非物质文化遗产，在政府精心组织的展演和比赛中传播开来，非物质文化遗产从老百姓茶余饭后的消遣，变成平凉文化的一张闪亮名片，这些精美的手工艺制品，夹杂着生活的气息，在这片土地上散发着文化和艺术的芳香。

第四节 非物质文化遗产+民俗村

非物质文化遗产是民族精神价值、思维方式、想象力和文化意识的外在表现，体现着民族的生命力和创造力，如何直观而生动地展现非物质文化遗产是不得不考虑的问题。自2013年以来，继承与发展传统文化成为经济社会发展的重要组成部分。随着国家和社会各界对传统文化的继承与发展的重视程度不断提高，不断采取新的措施推动文化的发展与保护，一些民俗街、民俗村如雨后春笋般地出现在各地。民俗村作为集中展现民俗文化与非物质文化遗产的载体是开发型融合发展的重要途径，但是民俗村并不是简单的集中展现，而是进一步针对不同的非物质文化遗产开发出能够提供游客体验的旅游项目。它是体验型融合与开发型融合的多重体现，充分发挥了两种融合类型的优势，进一步推动了"非物质文化遗产+民俗"的快速发展。

位于甘肃兰州新区的晴望川民俗文化村，一开园便成了"网红"，创下了单日游客量4万多的佳绩。兰州新区是2012年8月获批的第五个国家级新区、西北第一个国家级新区。兰州新区地理位置优越，在国家政策的支持及当地政府的重视下，兰州新区文化旅游产业近几年发展迅猛，成了兰州新区的一个增长极；同时，修建民俗村对于地方的发展以及文化的保护能够起到巨大的推动作用，晴望川民俗文化村便应运而生。晴望川（也就是今天的秦王川）的来历可追溯到隋朝。据考证，秦王川早在隋朝之前就叫"晴望川"，因这里地势平坦，宽阔空旷，一望无际，在晴天远望时经常出现海市蜃楼奇景，古人给这里起名"晴望川"，意思就是"天晴方能望见川之雄阔"。隋大业十三年（公元617年），金城校尉薛举在兰州起兵反隋，自号"西秦霸王"，定王都兰州，建年号为秦，秦王川成为西秦霸主薛举的屯牧之地，"晴望川"由此改名"秦王川"；穿越千年，风沙略过，晴望川依旧平坦雄阔，只是没有了水草的丰美。为了让晴望川再现灿烂，甘肃万象生态农业发展有限公司投资建设了晴望川民俗文化村。晴望川民俗文化村是兰州新区重点文化旅游招商引资项目，一期占地312亩，绿化土地252亩，计划总投资约9.2亿元，完成投资2.1亿元。甘肃万象生态农业发展有限公司坚持发展与创新中华优秀传统文化，以"树立文化自信，传承华夏文明"为企业宗旨，努力实现传统文化的创造性转化、创新性发展，使传统文化的优秀价值理念、道德精髓与当今社会发展需要相契合，通过项目载体的传播让优秀传统文化在民众心里落地生根。晴望川民俗文化村打破旧的门票经济观念，向游客民众免票开放，景区以民俗文化村落、民俗博物馆、客栈民宿群落、地方特色文化饮食中心、农耕文化体验区、育苗基地为建设主体，形成了以特色餐饮、住宿、观光、展览为主要内容的特色文化旅游产业。2018年接待游客30万人次，实现营业收入300万元，2019年接待游客40万人次，实现营业收入450万元。

晴望川民俗村顺应兰州新区的发展，按照科学规划、合理布局、点面结合、商旅结合的原则，以创意研发、继承非物质文化遗产为使命，以植入有形文化建设为宗旨，将"民俗"确定为规划的文化理念，彰显以有形文化为魂，充分挖掘凝粹民俗文化，构造传统与现代相呼应的传统作坊、民俗店铺和古建街道相关的配套设施。近年来，经过不断打造，民俗村初具规模，建成了"两心一带七区"的初步格局，即综合服务中心、民俗演艺中心、滨水景观带、民俗文化活态体验区、古建筑传承保护区、酒店客栈区、非物质文化遗产文化创意产业园区、展览培训区、农耕体验区及民俗户外活动社区等。建设包括民俗文化博物馆、地方特色小吃、特色民俗展示、农家田园风光、生态绿化观光为主要业态的特色文化体验区以及一些创意区域。在这里，复活的祠堂、古朴的民俗住宿、缝纫机、老报纸、传统手艺展示、民国风情体验等特色区域吸引了大量游客驻足欣赏，游客在品老味道、触摸老物件中，感受传统文化的魅力，流连于此。在美食一条街，鳞次栉比地坐落着各种小吃店。在这里可以吃到烤全羊、手抓、炸油壶璇、洋芋搅团、鸡蛋牛奶醪糟、宋记酿皮、武威糖油糕、武胜驿的羊肉等传统美食，品类丰富，让人一饱口福。园区里更注重游客的体验,在晴望川民俗文化村,可以到成衣店租或者买一套旗袍、汉服,在园区内拍摄美美的照片。更让人惊奇的是在晴望川民俗文化村,可以认领一块属于自己的土地,带着小孩体验一把农耕田园生活。而在传统手工艺街有各种传统手工艺制作展示,可以亲自参与体验制作,带回去送给亲朋好友。民俗村倾力将其打造成集展示创作、体验、生产、销售于一体的民俗文化产业集聚地、民俗文化旅游地,进一步传承西北民俗文化,弘扬了民俗风情,为兰州新区文化旅游产业注入新的活力。

晴望川经过两年多的运营发展,现已形成亲子游、研学游、休闲游等旅游业态,为晴望川的发展和运营奠定了初始阶段的基础。其拥有的文化资源、公司运营模式等具有非常大的潜力。晴望川不单纯是一个旅游景点,更是一种全新的产业模式,是在甘肃深厚的历史文化与华夏精神之上产生出的复合型产业链条。其融合了文化、旅游、建筑、产业、教育五大要素,集中力量打造晴望川文化品牌:一方面,整合甘肃文化资源,把甘肃有形文化做好、做足、做精;另一方面,对非物质文化遗产实行保护性开发,邀请民间艺人进行现场表演,使非物质文化遗产能够更好地得到认知、传承与发场。

第五节 非物质文化遗产+校园

非物质文化遗产既是中华优秀传统文化的瑰宝,也是各级、各类学校进行校园文化建设、营造校园文化育人氛围的重要抓手,学校作为人才培养、文化传承的重要基地,应当承担使命、有所作为,通过传播、宣传地方优秀的非物质文化遗产,探索和弘扬中华优秀传统文化。非物质文化遗产作为中华优秀传统文化的典型代表,体现着中华民族独有的精神特质和文化气质,具有浓厚的乡土气息,也蕴含着丰富的中华优秀传统文化和思想道德教育资源。非物质文化遗产进校园充分发挥了非物质文化遗产的教育功能,通过近距离接触以及参与到非物质文化遗产的制作中,加深了学生们对非物质文化遗产的认识,也进一步促进了非物质文化遗产的传承与保护。

一　非物质文化遗产走进中小学校园

攻鼓子是发源于甘肃武威的一种民间鼓乐舞蹈，表演风格浑厚豪迈、威武雄壮，具有强烈的地域特色。2008年，凉州攻鼓子被列为第二批国家级非物质文化遗产。为更好地传承这项非物质文化遗产，甘肃省武威市凉州区四坝镇九年制学校组建攻鼓子艺术社团，开设攻鼓子校本课，定期由当地攻鼓子代表性传承人对学生进行指导，推动"非物质文化遗产"攻鼓子艺术教育普及。

2017年兰州市七里河区的非物质文化遗产保护成果展演走进西湖小学。兰州陶艺、兰州剪纸、兰州百合栽培技术、石佛沟"花儿"演唱、木雕摊面、兰州刻葫芦、兰州砂锅烧造技艺等非物质文化遗产给孩子们带来了一堂生动的非物质文化遗产普及课程。老师与孩子们一起感知、体验非物质文化遗产的魅力，了解七里河区本地的历史文化，参观非物质文化遗产保护项目代表性展馆、七里河区西果园百合种植保护中心、阿干镇甘肃民俗博物馆、八里镇叶家湾（宋雅倩）陶艺传习所。同时，七里河区还针对区属各中小学组织开展非物质文化遗产项目的授课和培训，组织非物质文化遗产传承人以"非物质文化遗产传承人—教师—学生"和"非物质文化遗产传承人—学生"的模式走进校园进行授课培训。

二　非物质文化遗产走进大学校园

高等院校的人才培养是一项系统性的工程，高职院校作为高素质技能人才的培养基地，不仅要强化学生的职业技能，更要强化理想信念教育，提升学生综合素质。在校园文化建设过程中，应当突出社会主义核心价值观的引领作用，深入挖掘中华优秀传统文化蕴含的思想观念、人文精神和道德规范。将中华优秀传统文化教育作为学生素质教育的重要一环，纳入学校整体人才培养计划。将非物质文化遗产文化传承融入学校的课堂建设，倡导以非物质文化遗产为代表的中华优秀传统文化进课堂、进专业、进社团。不仅如此，还可以在政府相关部门的组织指导下，根据学校专业特色，整体规划非物质文化遗产教育进校园的路径，搭建非物质文化遗产教育的培养机制。

兰州职业技术学院是兰州市政府所属的全日制普通高等职业院校。该校在深入推进内涵建设、优化调整专业结构中，发现甘肃非物质文化遗产极其丰富，种类繁多，特色鲜明。文化发展大有作为，但也存在传承人断裂、手口相传产品"广、散、小"、创新能力不足等问题。为响应国家对中国传统文化及非物质文化遗产保护、传承的号召，切实发挥高校先进文化传播主阵地作用，助力兰州市创建全国文明城市，该校在甘肃省文化和旅游厅、甘肃省教育厅、甘肃省文明办、兰州市委、兰州市政府、兰州市文明办等上级部门的大力支持下，于2018年4月26日成立了非物质文化遗产学院。兰州职业技术学院非物质文化遗产学院是省内首家，也是全国高职院校中第一个独立设置从事非物质文化遗产保护、传承与创新教育工作和研发工作的二级学院。

兰州职业技术学院非物质文化遗产学院目前共有在校学生236名，行政班级8个。全院共有专、兼职教职工48名，以人才引进方式引进非物质文化遗产传承人5名为学院正式教师，外聘非物质文化遗产传承人教师26名。已建成洮砚、唐卡、剪纸、彩陶、木雕、葫芦雕刻、版画、书画装裱等九个大师工作坊。该院以包容、开放、创新为宗旨，围绕"四个基地、一个中心"，即建设甘肃省非物质文化遗产传承人培养基地、非物质文化遗产手工技艺传习基地、非物质文化遗产文化创意产品研发基地、非物质文化遗产国际交流合作培训基地、非物质文化遗产项目艺术研究中心。先后成立6个非物质文化遗产项目研究中心，分别是唐卡艺术研究中心、洮岷雕刻艺术研究中心、砖雕艺术研究中心、珐琅彩绘画艺术研究中心、剪纸艺术研究中心、葫芦雕刻艺术研究中心。打造非物质文化遗产合作交流职教集团，建立非物质文化遗产"政校行企研"联盟。在提升非物质文化遗产产品的设计水平和文化创意水平方面进行探索，吸引、集聚更多的青年人才学习和继承发展非物质文化遗产制作项目。项目依托甘肃工商技师学院和非物质文化遗产学院这两大育人引擎，以大师工作坊、现代学徒制、订单班、"非物质文化遗产大讲堂"等人才培养模式，运用数字化多媒体保护手段，建立起类别齐全、内容丰富的甘肃传统文化遗产信息资源数据库群。以现代化、系统化的专业教育，使得非物质文化遗产文化传承与现代职业教育深度融合，推动非物质文化遗产的保护、传承、创新和发展；并与苏州工艺美术学院达成联合办学协议，通过交流、培训等多种方式共同进行人才培养、师资队伍建设。非物质文化遗产学院成立首年就与"读者文化旅游有限公司"、"临夏青韵砖雕有限公司"、"卓尼县万荣洮砚文化艺术品有限公司"、"夏河县白噶尔文化传承创新博览园有限公司"签订了联合办学协议，保证学生就业。与此同时，学院还邀请到了多位省级非物质文化遗产传承人现场讲述、演示、分享非物质文化遗产保护和传承知识。在体验互动环节中，广大市民、周边中小学生及非物质文化遗产项目爱好者都积极参与其中。目前非物质文化遗产学院已有8个项目以素质选修课的形式面向在校生开放，此外，非物质文化遗产学院现有项目均成立了非物质文化遗产社团，社团定期举办非物质文化遗产知识普及宣传活动。不仅如此，学院还面向全院师生定期举办"非遗项目体验开放日"活动，让更多师生了解非遗、走近非遗、爱上非遗；学院依靠省教育厅给予的经费支持，立项建设非物质文化遗产信息化智能教育平台，面向学生传播、展示学院非物质文化遗产成果。建立"非遗在兰职"微信公众号，设有"小小非遗传承人修炼日记"、"非遗周历"等栏目，使非物质文化遗产项目渗透进学生的生活，提高学生和社会人士的关注度。

近年来，兰州职业技术学院非物质文化遗产学院积极参加非物质文化遗产传承活动，在"非物质文化遗产进校园，文化共传承"等方面取得了丰硕成果，同时宣传了甘肃省风土人情、传承工艺、文化理念等重要特性的代表性非物质文化遗产。2018年6月参加"丝路记忆"甘肃省2018年"文化和自然遗产日"非物质文化遗产宣传展，这是非物质文化遗产学院第一次亮相敦煌小镇，也是小镇最认真、最扎实、人气最旺展厅；2018年9月参加第三届丝绸之路敦煌文博会，承办了被誉为"记忆中的档案"的非物质文化遗产展并荣获最佳组织奖，非物质文化遗产展引起界内人士高度关注，相关领导参观后表示认可与高度的评价；2018年9月参加山东济南第五届中国非物质文化遗产博览会，每一次的亮相都以"图文展示、非物质文化遗产文艺展演、非物质文化遗产作品创作展示、活态传承、现场体验"等形式进行，为参观者提供了非物质文化遗产的视觉盛宴、听觉盛宴，从不同维度展示了甘肃非物质文化遗产的丰富内涵和博大精深，每一个项目都精彩纷呈，各竞风华。这些项目不但反映了甘肃人民代代相传、岁岁沉淀的灿烂文化，同时借助参展机会，加深全国人民对甘肃非物质文化遗产的了解，提升甘肃非物质文化遗产对外文化影响。也对学院自身办学特色、文化内涵建设等多方面起到了大力的宣传作用、提升了学院的知名度。学院与兰州市文明办联合开展《非遗宣传暨保护成果展示分享活动》等展演活动，活动集中展示了甘肃省重点非物质文化遗产保护项目、传承影像及实物。

学院洮砚项目参加了第43届文房四宝艺术博览会、第十届苴却砚文化艺术节和第12届中国（兰州）艺术品收藏博览会，获得一致好评；2019年5月，学院与兰州经济技术开发区联合举办"经开杯"2019首届甘肃省文化旅游创意设计大赛。大赛以"创意丝路·礼遇甘肃"为主题，把中华传统文化和甘肃非物质文化遗产项目作为创作元素，通过系列活动集中展现丝绸之路文化创意水平，汲取中国智慧、弘扬中国精神、传播中国价值，不断增强中华优秀传统文化的影响力，努力发掘甘肃区域内，中国传统文化的爱好者和传承者，助推"文旅扶贫"、"校地合作"、"校校合作"，探索践行"文创+产业"、"文创+扶贫"的新思路，促进知识产权创意成果的转化，为中华人民共和国成立70周年献礼；2019年6月，学院应邀参加由西北五省文化和旅游厅联合主办，各省区非物质文化遗产保护中心共同协办的，以"保护非遗·中国实践"为主题的2019丝路记忆·西北五省非遗展。展示了学院"活态非遗"的独特魅力，与西部五省，尤其是和甘肃省地、州、市非物质文化遗产相关部门、企业搭建了合作平台；2019年6月，参加由市委宣传部、市文明办联合主办，非物质文化遗产学院和市电影发行放映公司共同承办的"我们的节日·活态非遗"系列活动，把非物质文化遗产与传统节日相结合，让每个人在欢度传统佳节的同时，探寻传统节日的文化内涵，为节日注入了灵魂，为传承人指明了方向；学院联合甘南白噶尔公司共同立项绘制《如意甘肃彩绘艺术大观》长卷。献礼中华人民共和国成立70周年；2019年6月，甘肃省文化和旅游厅在兰州职业技术学院设立传习点，并为非物质文化遗产学院授牌——"甘肃省古籍修复技艺传习所"。

非物质文化遗产学院的目标是培养具有新时代工匠精神和创新创业

能力的非物质文化遗产传承人,希望建设能够代表一个地区厚重、悠久文化内涵的非物质文化遗产经典项目,集中传承甘肃最具有代表性的重要文化记忆,在提升非物质文化遗产衍生产品的设计水平和文化创意水平方面进行探索,吸引、集聚更多的青年人才学习和继承发展非物质文化遗产项目。非物质文化遗产学院的成立也是对甘肃省"在贫困地区选择一批具备较好传承潜力、与当地经济社会发展结合紧密的国家级、省级非物质文化遗产项目"进行精准扶贫政策的实践。

第六节 非物质文化遗产+产业园

文化产业化是文化发展的一个方向,2011年十七届六中全会审议通过《中共中央关于深化文化体制改革、推动社会主义文化大发展大繁荣若干重大问题的决定》。该决定进一步指出了文化产业的产业地位,鼓励以及引导大量的资金与政策导向文化产业项目。文化与旅游本身就具有天然的联系,文化与旅游的融合更加促进了旅游的发展。非物质文化遗产与产业园结合的模式,能够进一步推动非物质文化遗产产业化发展,更加贴近市场,满足人们日益增长的文化需求。

甘南藏族自治州位于中国甘肃省西南部,地处青藏高原与黄土高原过渡的甘、青、川三省结合部。甘南藏族自治州自然与人文资源十分丰富,境内有尕海、则岔两个国家级自然保护区,莲花山和冶力关国家森林公园,以及桑科草原、黄河首曲、大峪沟等风光优美的自然景区;还有全国文物保护单位夏河拉卜楞寺、卓尼禅定寺和碌曲郎木寺等藏传佛教寺院以及香浪节、晒佛节、采花节、花儿会等几十种民俗节庆活动。另外,勤劳的甘南各族儿女在长期的生产生活实践中创造了丰富多彩、绚丽多姿的非物质文化遗产。截至目前,该地区有国家级非遗保护项目8项,省级非遗保护项目48项,州级非遗保护项目192项,县级非遗保护项目518项,非物质文化遗产之丰富,独具魅力。

在美丽的安多藏区,素有"小拉萨"之称的夏河县近年来旅游发展迅猛,吸引了全国各地游客前来游览观光,为了更好地挖掘地方文化,展现特色非物质文化遗产,推进旅游产业进一步发展,建立了藏文化产业园。

夏河海螺湾藏文化产业园坐落在县城中心区域。园区南部紧邻312省道，北部偎依大夏河水，交通便利，市政配套设施齐全，距离国家AAAA级景区——拉卜楞寺仅需步行5分钟，极具发展文化旅游产业独特的地域和人文优势。海螺湾藏文化产业园由兰州创意文化产业园投资开发，整体规划及景观设计由中国美术学院完成，项目总投资3.1亿元人民币。项目总占地面积69.6亩，总建筑面积71477.4平方米，整体构成夏河县和甘南州的地标性建设项目。海螺湾藏文化产业园由三大区域构成，分别是藏文化旅游产业区、民俗文化景点展示区和藏文化演艺区。藏文化旅游产业区主要包括文化旅游产业服务建筑群、综合办公楼和宾馆；民俗文化景点展示区主要由白海螺雕塑广场和贯穿产业街区的长廊景观构成，所有景观布局合理，别具风貌，主要景观有：白海螺雕塑、般若桥、放生广场、甘露泉、吉祥结、玛尼石人文展示区·民俗文化体验区、许愿树·玛尼石墙、酥油灯河、夏河水车、心灯河、真言鼓、真言门；藏文化演艺区主要由民俗文化展览馆构成，其中，藏文化演艺区总建筑面积4825平方米，是夏河·拉卜楞最大也是唯一的民俗文化、非物质文化遗产展示及展览中心。馆内有可容纳1000余人的演艺大厅，属安多藏式风格，是具有藏式特色的综合公用建筑物，主要功能是展示藏族民俗文化和进行藏族歌舞表演（藏族歌舞是甘肃省第一批非物质文化遗产）。海螺湾藏文化产业园完善了夏河县中心城区的综合服务功能，使其具备居民休闲娱乐、城市景观、民俗文化展示等功能。全面助推甘南及安多地区新型城镇化建设和旅游及文化等第三产业的发展，展现着甘南及安多地区藏式文化、非物质文化遗产及民族旅游的精髓。

第七节 非物质文化遗产+研学旅行

近年来，为了推动对文化遗产的保护以及加强青少年对传统文化的认识，研学旅行成为人们关注的焦点，自2013年国家在国民休闲旅游纲要中提出研学旅行这一设想后，研学旅行逐渐兴起。2016年教育、文化和旅游等部门出台《关于推进中小学生研学旅行的意见》，进一步推动了研学旅行的快速发展。各省市地区也纷纷出台相应文件推动地方研学旅行的发展，同时推动非物质文化遗产与研学相结合的探索。甘肃省非物质文化遗产众多，对于研学旅行的开展具有良好的优势。研学旅行兼具体验与功能两种融合方式的特征，通过研学旅行人们可以切身体验非物质文化遗产，感受非物质文化遗产散发的魅力。并通过体验加深对非物质文化遗产的了解，推动非物质文化遗产的传承保护，进一步增强文化自信。我们以甘肃临夏砖雕为例，探讨甘肃非物质文化遗产研学旅行的发展状况。

　　临夏回族自治州是黄河文化的发祥地和传播地之一，历史悠久。自古以来，临夏回族自治州就是一个多民族地区，汉族、回族、保安族、东乡族、撒拉族、藏族等民族聚居于此，民族文化繁荣，民间艺术丰富多彩。临夏砖雕就是在多民族文化互相影响的背景下产生的。它作为这一地区传统美术的杰出代表，其最早出现在秦汉时期，宋金得到发展，明清时期逐步兴盛。在历史长河的传承中不断融合境内各民族文化内涵，至现代更臻完美，逐渐形成独具本土特色的优秀艺术品，2006年临夏砖雕入选第一批国家级非物质文化遗产名录。作为一种传统的建筑装饰材料，临夏砖雕主要用来装饰寺、庙、观、庵等宗教建筑，仿古楼、堂、馆等公共建筑和传统民居建筑。一般用于天井、山墙、影壁、廊心壁、丹墀、台阶、下槛、墀头、须弥座、屋脊等处。其工艺主要分为捏雕和刻雕两种。雕刻题材可分为自然景物、社会生活及富有民族特色的装饰纹样等。在发展过程中，临夏砖雕吸收了木雕、石雕、玉雕等雕刻艺术的手法，同时注意将传统国画、书法、印章、诗文的艺术表达形式与砖雕手法融会贯通起来，形成多元性的艺术特征，既保留着特有材料所呈现的质朴和简约，又呈现出多样化的艺术特征。

　　青韵砖雕有限公司是一家文化旅游融合发展新型企业，致力于传统文化研究保护与传承发展，专注于临夏文化品牌培育打造，投资1.4亿元建设临夏青韵文化产业园。建有砖雕传习所、砖雕博览园、盆景园、砖雕艺术馆、民俗文化馆、红色收藏馆、海洋古生物化石馆、彩陶收藏馆、古典家具收藏馆、书画院及书画长廊，是临夏地区一家集多种文化元素于一体的大型产业园区。近年来，随着研学旅行的兴起，非物质文化遗产项目也搭上了旅游的快车。青韵砖雕有限公司以特色砖雕为主要产品，砖雕项目具有很强的体验度，以砖雕为项目的研学体验有很大的市场。随着研学旅游的开展，累计接待中小学生、机关干部、各族群众近5万人次，在社会资本投资建设文化事业方面树立了典范。

非物质文化遗产与旅游研学相结合是研学发展的新探索，也是非物质文化发展和旅游相结合的新热点，为了促进非物质文化遗产与研学旅游的更好融合，我们要注意以下几个方面。首先，"非物质文化遗产研学旅行"依托非物质文化遗产资源，包括无形资源和有形资源。非物质文化遗产资源种类繁多，对于研学旅行并不是所有的类型都适合开发成研学产品。所以在开发过程中要深入了解非物质文化遗产特点，挖掘自身优势，寻找文化价值高、体验好以及交流互动强的文化遗产。要找准适合研学旅行开发的亮点，有机融合到研学旅行之中，逐步打造非物质文化遗产研学品牌。其次，要打造促进非物质文化研学旅行发展的机构。非物质文化研学旅行具有其自身的特点，所以非物质文化研学旅行机构要能够利用当地特色资源，科学设计研学旅行路线。依靠专业课程研究团队，做好研学旅行课程设计。同时还要做好后勤保障，促进研学旅行的顺利开展，保证旅行主体的出行安全，使游客文化体验感、学习获得感以及旅行幸福感得到极大满足。最后，研学旅行要能够跟随时代发展步伐，不断推陈出新，探索发展的好方法，促进研学旅行以及非物质文化遗产保护的共同发展，让"旅游"之花与"非物质文化遗产"争奇斗艳。

第八节　非物质文化遗产+文创

近年来，以文化为元素、融合多元文化，利用不同方式与载体开发新产品，展现了新的文化审美价值和趣味。在旅游领域，文旅产品的出现与发展，丰富了旅游体验，提升了景区的品牌形象。2017年国家发改委发布《关于实施旅游休闲重大工程的通知》，指出"加快旅游产品的开发，培育新型旅游业业态，提升旅游产业质量，满足消费升级带来的个性化、休闲性、文化性的体验需求"。非物质文化遗产旅游作为重要的旅游类型，应加大对非物质文化遗产旅游纪念品的开发，才能更好地满足游客消费需求。

　　2018年8月17日，由甘肃定西市委宣传部、定西市文化广播影视新闻出版局主办，定西市非物质文化遗产保护中心和各县区文广局承办的定西市传统手工制作技艺暨非物质文化遗产文创产品成果专题展亮相敦煌行·丝绸之路国际旅游节。本次活动以传统手工制作技艺和非物质文化遗产文创产品两个展厅展示，共展示了洮砚、定西剪纸等17个国家和省、市级非物质文化遗产代表性项目的400余件传统手工制作技艺类作品，其中跟大家见面的首批23个项目、60个系列的近300件非物质文化遗产文创产品，是对定西市在非物质文化遗产文创产品的研发生产方面成果的集中展示。此次活动以"见人、见物、见生活"的新理念以及开展全面性挖掘、生产性保护、融入性传承、合理性利用的新举措，展示了定西市非物质文化遗产和非物质文化遗产文创产品独具特色的魅力，提升和扩大了非物质文化遗产的知名度和影响力；2019年5月18日，定西市组团参加了在福建省福州市海峡国际会展中心举办的第二届21世纪海上丝绸之路博览会暨第二十一届海峡两岸经贸交易会，其中定西市的"农女手作"文创产品受到了人们的热捧，还有赋有定西文化元素的定西剪纸、临洮马家窑彩陶制作件、洮砚、草编等文创类非物质文化遗产系列产品也战绩不俗。此次参展的定西市传统工艺类产品共计16个大类、160多个品种，文创类非物质文化遗产项目产品200多件，文创类非物质文化遗产产品100余件。

第九节　非物质文化遗产+民俗

　　民俗文化作为一个地区、一个民族优秀传统文化的结晶，蕴含着极其丰富的社会内容，甘肃民族众多，民俗文化也数不胜数。随着文旅融合发展的不断深入，民俗旅游越来越有吸引力。再者，随着旅游的发展，人们的需求也不断增加，观光式的旅游方式已难以满足游客需要，游客更愿意参与其中，获得真实感受。近年来，甘肃旅游借助文旅融合发展的顺风车，文化旅游发展迅猛，其中民俗旅游更是蒸蒸日上，体验式民俗旅游更是吸引了大量游客，不仅促进了文化旅游的发展，更推动了非物质文化遗产的传承和发展。作为甘肃民俗文化遗产的代表，苦水高高跷借助新模式实现了新突破。

踩高跷是汉族传统民俗活动。是我国北方民间盛行的一种群众性技艺表演，多在一些民间节日进行表演。在甘肃苦水，高跷被称为高高跷，苦水高跷的突出特点是它的高。苦水街高高跷是甘肃省永登县的传统民俗文化。它的表演历史悠久，从元末明初开始到现在，已有近700年的历史。它经历了明代、清代、民国到中华人民共和国成立至今的长期传承发展时期，它的长期存在和一年一度的苦水街二月二龙抬头社火密不可分。苦水高高跷的起源有这样一段故事：明代以前，苦水这个地方与大通河流域一样环境幽美、绿树成荫。在苦水街的东面有一道形象酷似巨龙的山岭叫长山岭，相传朱元璋的军师刘伯温途经苦水时，发现长山岭是一道长龙，当即斩断龙身、驱赶龙魂，当地至今还有"斩龙岘"的地名，以此作为纪念。当刘伯温斩断龙脉后，长山岭和整个庄浪河流域变成了荒山秃岭。苦水街的人们为了盼望龙魂回归，让长山岭和庄浪河流域重新变回原来绿树成荫的样子，从元末明初开始，在二月二开始举行闹社火的风俗。苦水高高跷便是从那时起逐渐形成的。民间故事充满想象，但是却反映出苦水高跷的历史悠久。

永登县苦水高高跷与当地"二月二龙抬头"闹社火的民俗活动密切相关。每年农历二月初一到初三，是苦水街人"二月二龙抬头"闹社火的日子。苦水街村分北街和南街，长近一公里。耍社火，北街的向南舞，南街的向北舞，互相竞争，各显精彩。"二月二"这天是闹社火的高潮，也是踩高高跷高手们最露脸的日子，最高的高高跷达4米，加上表演者自己的身高达4.7—5米。窄窄的街道，两边涌动着数以万计的观众，上百人的高高跷队伍从低到高依次走来，表演者彩绸服饰迎风飘动，手中道具不时舞动，好似天神天将，甚是威武壮观。在表演过程中，以传统秦腔本戏为主要表演内容，表演者穿上传统的戏剧服装，画上秦腔剧中人物的脸谱，拿上道具，踩上高高跷，排成长队，凌空飞舞，过街式向观众表演。高高跷表演连演3天，每天都有5万—6万人前去观看，场面极为热闹有趣。

苦水高高跷是一种祖辈相传的民间表演形式，从它产生至今，基本上没有文字记载，没有相关的历史文献。居住在当地的农民世世代代祖祖辈辈口传心授，自娱自乐，但是没有谁去记录、挖掘、整理、采访报道这种极为独特的传统艺术。直到 2001 年和 2002 年，由苦水籍词曲作家杨昭亮经多年研究创作的电视音乐片《千禧龙抬头在乡村》和《龙抬头乡情》才对苦水高高跷做了生动的介绍，苦水高高跷才有了正式的文字和音像记载，并且在国内外产生影响。2004 年 7 月，苦水街高高跷在首届兰州市农民艺术节上亮相表演，永登县和苦水乡拨款 1.5 万元予以支持；2005 年春节期间，苦水街高高跷在甘肃省精品社火表演兰州赛区获得表演特色奖。2006 年 5 月 20 日，苦水高高跷经国务院批准列入第一批国家级非物质文化遗产名录。近年来，永登县苦水镇充分挖掘非物质文化遗产资源，以非物质文化遗产展演带动旅游，以旅游带动非物质文化遗产传播，文旅融合发展，取得了显著效果。

随着民俗旅游发展的火爆氛围，各地对民俗文化旅游开发模式进行了探索，无论是建设民俗博物馆，还是开展民俗演艺活动，都存在的问题就是体验感不足。随着旅游业的不断发展，旅游环境发生了许多变化，人们的旅游需求也发生了巨大的变化，如何满足人们不断变化的旅游需求，才是文化旅游发展要着重研究的方向。民俗体验是文化旅游发展的新形式，集观光和体验于一体，能满足游客的多种需求，使游客获得更多的真实感受。民俗的真实展现与游客的体验感具有一定的关联，在以后的发展过程中，要避免复制、仿照。民俗越是能够充分地展现，游客的真实感就越强。所以地方要客观地展现民俗的特色和风格，合理研发民俗体验项目。

第十节　非物质文化遗产 + 演艺

在我国众多的非物质文化遗产中，民间音乐、舞蹈、曲艺等项目繁多，所占比重较大，这些非物质文化遗产具有较强的表演性，适合开发成为旅游演艺产品。目前这样的开发在全国普遍存在，成为许多非物质文化遗产采用的新形式，获得人们的一致好评。通过演艺，非物质文化遗产不再是陈列在博物馆的静态产品，而是真实地展现在游客面前。游客通过观看美轮美奂的表演，感受着非物质文化遗产带来的震撼。甘肃历史文化厚重，非物质文化遗产数不胜数，演艺类非物质文化遗产更是璀璨夺目，武山旋鼓舞就是其中之一。

武山旋鼓舞主要流传在甘肃省天水市武山县境内，作为甘肃省独具地域特色的传统舞蹈之一，是该地独特的非物质文化遗产，距今已有4000余年历史。武山旋鼓舞是古老的羌族在长期农牧生活中形成的民间舞蹈，以娱神、娱人为内容，以舞乐、祭祀活动为载体，包含历史、宗教、民俗、艺术等诸多文化内容。天水民间独特的旋鼓舞，粗犷热烈的单张扇面形羊皮鼓与剽悍豪迈的集体舞蹈相结合，是西部地区民间艺术的一朵奇葩。作为民间世代相传的风俗活动，并没有明确记载旋鼓舞的历史起源。扇鼓也称"鞞扇"。早在三国时期，曹植曾在《鼙鼓歌》中这样描述，"乐人舞鼙鼓，百官雷林赞若惊"之言，可见其历史源远流长。关于"武山旋鼓舞"活动本身和起源，在民间中流传着这样几种说法。一为起源于祭祀，有学者曾经考证，结论认为古人称天为旋或玄，旋鼓即天鼓，反映在旋鼓鼓面上绘制的太极图上。而在旋鼓舞表演时鼓手的行走路线是模仿蛇行之"禹"步，表演中"甩莽头"的彩色发辫是人首蛇身扮相则表现对始祖伏羲的敬畏，敲鼓娱神、取悦神意、祈求保佑。所有这些都表现出武山旋鼓与流传在天水一带关于人文始祖伏羲的传说有着千丝万缕的关系。二为在远古时期在武山一带生活着羌民族，以牧羊为主。有一牧童常年在野外牧羊，饱受恶狼叼羊之害，机智的小牧童在高山上点燃火堆，用火烤弯树枝成扇形，将羊皮蒙于其上，再烤干，围着火堆用树枝敲打，就这样击打发出的声响将恶狼赶跑了，羊群就渐渐壮大起来，随后慢慢地在地方流传。三则与军事有关。甘肃位于西北，民族较多，各民族之间的战争不断，历史上生活在甘、青一带的羌民族在迁徙中，饱受无数次的战乱之苦，为了防止外敌侵犯，人们通过鼓声传递信号，进行防御。关于武山旋鼓的起源尚不能统一。但是我们从这些说法中能够认识到，早在很久以前，这里就有了人类生活的足迹。原始先民在此地生活繁衍，在千百年的生产实践中铸造了一个又一个奇迹，在这块土地上创造了空前繁荣的史前文化，形成具有武山特色的地方文化，成为中华民族灿烂文明中的一朵绚烂奇葩。

旋鼓舞便是武山地方文化奇葩中最亮丽最美丽的一枝。在不断发展过程中，武山旋鼓舞演化为北部川区和南部山区两类。地区的不同铸造了武山旋鼓舞不同的风格。北部川区旋鼓舞的特点是先"撑神"，由"司公子"跳大神，然后鼓手们组队形围火堆而旋；而相较于北部，南部山区旋鼓舞的特点是在旷野山地"旋"，沿着崎岖山道，蛇行蜿蜒，鼓声回旋。作为一种古老的民间艺术，武山旋鼓表演时阵容恢宏，场面壮观，旋鼓表演少则十几人，多则上百人或上千人，以男性青壮年为主，充分展示出西部人的剽悍和勇敢。活动开始于每年春末夏初，最先源于牧童敲起，在端午节来临之际达到活动高潮。在每年的端午佳节时，来自四面八方规模宏大的鼓队涌进地域中心，开始赛鼓联欢，数十人或数百人不等，根据不同的鼓点节奏，做出不同的舞姿和造型。武山旋鼓舞以富于变化的圆舞场进行开场，轻盈游动如浮萍一般。舞蹈随鼓点节奏，时分进合。时而围拢如百花盛开。时而纵横穿插，欢奔如织。"蛇蜕皮"、"二龙戏珠"、"太子游四门"、"狮子滚绣球"等阵势是传统的代表，这些动作欢快而富有节奏，浑厚中又见清亮。

　　早在20世纪80年代，起源于傩歌的武山旋鼓舞曾被《丝路风情》节目录制组搬上了电视荧屏。1988年，武山县的农民组成了一支专业的旋鼓队，多次参加各地举行文化汇演，展现武山旋鼓舞的浪漫风情和文化精神。通过不断发展壮大，又有不少省内外的许多大型庆典活动发出邀请，武山旋鼓舞队越来越受到知名专家和观众的一致好评。近年来，随着人们加大对非物质文化遗产的重视，为了更好地传承和保护古老的旋鼓舞，许多专家学者以及传承人不断地对旋鼓舞蹈进行的艺术加工和改良，从道具服装、表演技巧、队形变换等方面都有了较大的改进和创新。武山旋鼓舞已成为代表天水市民间文化遗存的珍贵经典舞蹈，每年在天水伏羲文化旅游节暨省内外大型文化艺术活动上登台亮相，深受八方宾客的拍手称赞。现在游客可以欣赏到武山旋鼓舞的风采。

　　表演类非物质文化遗产在我国遗产中占有较大比重，其开发采取表演的形式与旅游结合是再合适不过的。通过对演艺类非物质文化遗产进行编排，展现非物质文化遗产的精粹，让游客直观感受，甚至参与其中，对于非物质文化的保护和发展十分有利。但是我们也要注意到在非物质文化遗产旅游开发过程中出现的一些弊端，非物质文化遗产"表演化"的倾向对于文化的原真性可能会产生异化的问题。有些地区为了吸引游客的到来,在演艺内容的编排上出现了混乱以及脱离了实际的问题,这极易造成演艺内容的庸俗化,不利于非物质文化的传承和保护。为此,在以后的发展过程中我们应该坚持以下几个方面:第一,对于表演类非物质文化遗产要有选择地进行开发,保持文化本身的真实性和完整性,有效地提取、编排文化本身包含的元素,不能脱离实际。第二,兼顾保护与开发两个方面。保护与开发如车之双轮,缺一不可。保护与开发并存,既可以使"非物质文化遗产"得到精心保护,也为旅游发展创造了一个宽松的环境。第三,要加大对开发项目的监督力度。对过度开发和滥用非物质文化遗产的机构给予严厉处罚。总而言之,在"非物质文化遗产"演艺开发过程中,要树立正确的开发理念来看待旅游与非物质文化的融合发展。既不能为了发展旅游而获得经济利益对表演类"非物质文化遗产"进行随意开发,也不能因为开发可能带来的消极影响而停滞不前。我们要坚持辩证思维,在开发中进行保护,在保护中推进发展,实现共赢。

第十一节 非物质文化遗产+古镇

位于甘肃省张掖市甘州区碱滩镇古城村的屋兰古镇文化旅游综合大景区,距离张掖市区仅25公里,在机场以北6公里处,南望祁连山,北依合黎山,交通便利,位置优越。景区于2017年6月开工建设,共分为三期,一期为九曲黄河灯阵、灯笼工坊;二期为屋兰古镇民俗村、田园综合体;三期为甲子墩汉墓遗址公园。屋兰古镇集文化、旅游、民俗体验、非物质文化遗产传承、游乐探险、田园度假观光等诸多功能于一体。

屋兰古镇史称屋兰古城,《汉书·地理志》记载:张掖郡有屋兰县,其中屋兰县就是今天的古城村(古时称东古城),这里民风淳朴,人杰地灵,文化底蕴深厚,是古丝绸之路重要的政治、军事、商业、文化重镇,民间流传着"先有古城,后有甘州"之说。屋兰古城位于今张掖城东25公里,碱滩乡东古城村。东汉时期乌犁部落被汉王收编后,在此置屋兰县。《甘州府志·风俗》称:"屋阑今屋笆也,西汉以名县,东汉晋魏讹阑（兰）。"另说，屋兰此地芦苇丛生，芦苇织成房笆，当时的人称"房笆"为屋兰，故名其地为屋兰，这就是屋兰古城名称的由来。

屋兰古镇文化旅游综合大景区以非物质文化遗产——九曲黄河灯阵为依托，目前已修建完工灯彩公园、游客服务中心、餐饮中心、民俗商业街、特色游步道、旅游厕所、停车场等旅游基础配套设施。九曲黄河灯阵又称黄河九曲灯，其因灯阵曲折绵延如黄河之龙曲得名。张掖的九曲黄河灯阵是流传了千百年的历史文化遗产，黄河阵曾出现在明朝人许仲琳的神魔小说《封神演义》中，在《封神演义》的第五十回《三姑计摆黄河阵》中，故事写到闻太师西征遇困，请赵公明前来帮助，却被陆压道人作法用钉头七箭书将其射死，住在仙岛的三个妹妹闻讯后前来报仇，这三人号称三道姑即云霄、碧霄、琼霄，她们用闻太师的六百大汉摆成一个九曲黄河阵。"此阵内藏先天之秘密，生死机关，外按九宫八卦，连环进退，井井有条。人虽不过六百，却胜过百万雄师。""此阵内按三才，藏天地之妙，中有惑仙丹，闭仙诀，能失仙之神，消仙之魂，陷仙之形，损仙之气，丧仙之原本，损仙之肢体。神仙入此而成凡，凡人入此而即绝。九曲曲中无直，曲尽造化之奇，抉尽神仙之秘，任他三教圣人，遭此也难逃脱。"玉虚门下十二位真人前去破阵，却全部被混元金斗压入此阵，最后姜子牙上昆仑山请出祖师元始天尊和老子才破了此阵。小说《封神演义》的这个故事在民间广为流传。特别是其中的阵式流传至今，阵内365盏明灯各代表365尊神灵，也代表365个行业，更代表一年365天每天都有神灵为百姓降福增祥，阵内三回九转，寓意不论你走到哪里，神明都处处在你身边庇护。黄河灯阵形外廓为正方形，内里分3行，每行3个小正方形，共9个，故称"九宫八卦阵"。阵形每边埋19根边柱，成为高出地面1.6米的木桩。柱与柱之间是1.5米的巷道。沿走向顺序用秫秸扎成篱笆墙，这样既坚固又避免观众横穿巷道。边柱的每一顶端安放一个油碗，内盛豆油或其他植物油，用棉絮搓成灯芯子，到放灯时点燃照亮。黄河灯在设置的时候必须按照图谱进行。首先在平坦场地上按2米多等距画出纵横19共361个白点，在白点竖高约1米的树干作灯杆，插木质灯托。灯阵坐北朝南，南面正中白点做出入口，不设灯，合灯阵360盏灯之数。然后扎秫秸横绑在灯杆上当成九个回环，留一条通道为疏导九宫方阵，从入到出不相重复。灯阵前面设两门，右边为正门（即入口），左边为反门（即出口），进出口处，扎一宽 13 米、高 7—8 米的大型牌坊松门，悬灯结彩，松门两边、张贴喜庆对联，如"百灯千盏万民同乐，九宫八卦大地回春"。松门上面悬挂一牌匾，匾上写着"中军帐"或"庆元宵"等金色大字。灯阵的活动与民间舞蹈紧密结合，造设纷华、回环曲折的灯阵给表演提供了别致的场地，精彩的表演又吸引更多的观众。灯节三五天里，每当入夜，鞭炮、锣鼓、喧闹声由远而近，人们簇拥着各种表演队伍涌向灯场，随队鱼贯而入。过去，贫困的山村既难得有娱乐的机会，又无宽阔的场地，一年一度灯节中的灯阵活动就成为不可或缺的群众性娱乐。各种民间表演在不同区域内直接和观众呼应，使出全身解数争能竞技，夺取灯会的魁首。参观的人群扶老携幼，鱼贯而行，行进必经九曲十八阵，共 96 处长短不等的拐弯抹角，在阵中步行，身边灯火摇曳，五光十色，婉蜒曲折，连绵不断，似游天宫，如履银河，令人心旷神怡。乡里晚清举人李南枝曾有观"黄河灯"志感一绝，云：

　　　　九宫八卦黄河灯，火树银花通夜明，
　　　　织女轻弹流水曲，雅章歌舞乐升平。

　　屋兰古镇占地 150 亩，按九宫八卦布有九大殿（关公殿、元始天尊大殿、财神殿、月老殿、观音殿、孔子殿、药师佛殿、土地殿、龙王殿），按金、木、水、火、土五行的白、青、赤、黑、黄立幡，设 365 杆旗，并以 365 盏明灯设于旗下，代表 365 尊神灵每天庇佑民众。每盏灯对应一年当中的每一天，游客每走过一盏灯，象征着有相应的神灵保佑自己。东西仪门，一为进门，一为出门，象征两仪。四方四正的四处城壕，象征四相，四角四个，东西南北各一个，形成八卦成九宫。此阵阵排天地，势摆黄河，形成所谓"环抱九州，装尽乾坤"、"九九曲中藏造化，三三湾内隐风雨"的气势，具有浓厚的神话色彩。阵内还有 700 多面文化墙，每个墙面均与中国传统文化融合，包含二十八星宿、二十四节气、十二生肖、五行四象等内容，并且大量植入张掖乃至河西走廊和丝绸之路许多地方文化元素。今年，景区加入了中国首个以汉代文化为历史背景的大型实景光影秀——《张国臂掖》，将灯阵启灯仪式、实景演艺与灯光秀表演高度融合，将传统文化之美，通过"灯"这种象征吉祥寓意的媒介，以"浸入"的形式，让观众作为整个空间形态演变的参与者，感受到汉代屋兰古镇市井风貌，穿越到大汉年代的繁华街巷，给游客带来身临其境的互动体验享受。

九曲黄河灯阵历史源远流长，在黄河流域一带，诸如山西、河北、陕西、甘肃等地都有传承和发展，九曲黄河灯阵因地域的不同显现不同的特点。由于黄河灯制作复杂、占地广等原因，许多地方并不是每年都举行黄河灯阵的活动。而张掖的九曲黄河灯阵不仅年年举办，而且有着最完整的非遗传承规制、谱系以及布阵图。2011 年张掖九曲黄河灯阵被评为甘肃省非物质文化遗产，2019 年被上海大世界吉尼斯总部认定为"中国规模最大的灯阵"，其灯阵画面还曾在中央电视台综合频道"新闻联播"、中央电视台财经频道"厉害了我的国"栏目播出。"九曲黄河灯阵"现已入选第五批国家级非物质文化遗产名录，受到国内外的广泛关注。

第十二节　非物质文化遗产 + 节庆

节庆活动是民族地区最丰富多彩的文化活动，近年来随着民族旅游的发展，节庆活动吸引着许多游客的目光，是旅游产品的重要组成部分，发挥着越来越重要的作用。甘肃省拥有较多民族文化遗产，民族节庆较多，通过开发民族节庆，能吸引许多游客前来参观游玩。

一　中国的"女儿节"——西和乞巧节

在我国，每年的农历七月初七，俗称"七夕"，又称"女儿节"，相传是牛郎和织女在鹊桥上相会的日子。过去，七夕的民间活动主要是乞巧，所谓乞巧，就是向织女乞求一双巧手的意思。七夕节在全国许多地方都有所发展，但是关于"乞巧"的习俗在许多地方却已弱化或消失，而在遥远的西北，甘肃省陇南市的西和县却原汁原味地保留了下来，在国内独一无二，是中国古代乞巧民俗的"活化石"，是名副其实的"中国女儿节",传承久远、唱词淳朴、仪式完整,是全国范围内保存最完整、历史最悠久的七夕节日民俗活动之一。

西汉水流域的西和、礼县,七夕似乎与鹊桥相会的神话关联不大,这里的七月七,是民间神圣的七巧女儿节,是当地少女一年一度的盛装聚会。在田间阡陌、湖岸河边,每年农历六月三十晚上开始,年轻的姑娘们怀着对巧娘娘虔诚的心情,翘首期盼,迎请织女来到人间,祈求巧娘娘赐以聪慧、灵巧,当地人称其为"乞巧"。相传,天上织女"年年机杼",善织"云锦天衣",因此,人们尊称织女为"巧娘娘"。西和地区的乞巧节主要分布以西汉水源头的漾水河、盐官河流域为中心。独特的自然地理环境和深厚的历史文化积淀,使乞巧风俗在西礼得以源远流长、久传不衰。在每年农历六月三十日晚(小月二十九日)至七月初七晚,连续举行七天八夜的乞巧活动。为了能使乞巧活动顺利进行,每处乞巧点,在活动前的一两个月就开始积极准备,做好选址、联络、筹资、练歌、备装、生巧芽、请巧、造巧等项准备工作。正式活动主要包括坐巧、迎巧、祭巧、拜巧、娱巧、卜巧、送巧七个节段;坐巧,就是在迎巧仪式前,每个姑娘将自己的手袢解下,一条接一条地连成一根长头绳。然后手里捧着装有香、蜡、黄裱纸等祭品和头绳的香盘的姑娘走在前面,其他人列队跟随。来到村镇外的河(沟)边,先由两人分别站在两岸,把头绳横拉在河面上。接着点蜡、炷香、焚裱纸、祭祀跪拜。然后,大家成排列队、牵手摆臂齐唱《搭桥歌》。唱完之后,站在河(沟)两岸拉头绳的姑娘同时松手,绳子即刻落入水中被水冲走。迎巧,是农历六月三十晚上,姑娘们穿上盛装,整齐列队,挑上"巧娘娘",端上香、蜡、纸品盘,在老年妇女的引导下来到河(庄)边举行迎巧仪式。主持者焚香点蜡,燃纸放炮,"巧娘娘"头儿跪迎接拜,其余姑娘则站在河(庄)边齐唱《迎巧歌》。然后,揭去"巧娘娘"头上的丝帕,一路唱着歌将"巧娘娘"请进院。进院门要唱《进院歌》,进屋唱《坐巧歌》。要敬献茶果,唱《献茶歌》,此时,乞巧活动便正式拉开序幕。祭巧,一般分集体祭巧和个人祭巧两种。从迎巧仪式开始至送巧仪式结束,整个乞巧过程中,由专人负责,在早晨、中午、晚间都要点蜡、炷香、焚裱纸、跪拜。拜巧,在乞巧过程中,毗邻的乞巧点之间,要开展你来我往的相互拜巧活动。按乞巧习俗,祈神迎水仪式结束后方可进行相互拜巧。相互拜巧时，为了壮大声势，乞巧组织者要求所有姑娘参加。她们着意打扮、穿戴一新，成排列队。两地的姑娘坐在一起互称姐妹、问长问短、有说有笑、十分亲热。相互拜巧，不但有观摩、交流、促进乞巧的作用，还为未婚青年寻找对象提供了很好的机会。娱巧，即姑娘们齐集坐巧处，从白天直至深夜，按一定的程式，用不同的歌曲在巧娘娘像前尽情地载歌载舞，以此抒发情感、展示才艺。"乞巧歌"主要是以"娱神"指娘娘神为目的。卜巧，在乞巧的过程中，除举行个人"针线卜巧"外，还要在七月初七晚上，举行集体"照瓣卜巧"。即用巧芽在水中的投影图案问自己的巧拙、祸福，俗称"照花瓣"。照瓣卜巧开始时，所有姑娘手端巧芽碗分站神桌两旁，先由乞巧组织者在神桌前照例祭祀跪拜，并默默祈祷："请巧娘娘给黑眼的阳人赐个好花瓣，指一条手巧路。"礼毕，大家齐唱《照花瓣歌》。姑娘自己碗底的投影图案，被大家确认为心灵手巧、吉利祥瑞时，心中十分高兴，将碗中的水猛喝一口，其意是使虔诚乞巧得来的这一切长期在身上显灵。然后把水倒掉，再盛半碗神水，重新开始下一轮的照瓣卜巧。照瓣卜巧活动在期待、兴奋、欢乐的气氛中进行着，历时两三个小时方告结束。送巧，照瓣卜巧举行后，说明七天八夜的乞巧活动即将结束。此时，姑娘们怀着惜别的心情在供神桌前，四五人往来穿插唱曲或者集体牵手摆臂唱曲，歌声此起彼伏，直至把所有乞巧歌曲唱到尽兴为止。送巧仪式结束，姑娘们手牵着手，在不断的唏嘘声中，穿越茫茫夜色，沿年年迎巧、送巧的老路返回。西和地区一年一度的传统乞巧活动，也就此落下了帷幕。

每年乞巧活动都会吸引大量游客，人们如潮水般从四面八方涌来，美丽的晚霞湖旁，游人如织，聚拢在湖边巧娘娘的塑像周围。近年来西和县委、县政府不断挖掘文化遗产，整理出以乞巧文化为代表的多个非物质文化遗产项目，"乞巧节"更是被列入国家第一批非物质文化遗产保护名录。随着乞巧文化旅游节的成功举办，西和乞巧声名斐然，独具魅力的厚重文化让曾经的乡村走上了世界的舞台，也让"乞巧"这一非物质文化遗产明珠更加璀璨夺目。

二 庆阳香包文化节

庆阳市地处黄河中上游的黄土高原，是甘肃、陕西和宁夏的交汇处。当地流传的庆阳香包是庆阳的一种民间民俗物品。庆阳地区有端午节制作佩带"绌绌"的习俗，所谓的"绌"是指用袋口可松紧、用布缝制的袋子。风格粗犷夸张，呈现出典型的民间刺绣艺术风格。当地素有端午节制作佩带香包习俗。

庆阳香包源于何时尚未得到确切的考证。据记载，《黄帝内经》的作者岐伯曾携带药袋来驱瘟辟邪。由于岐伯生于庆阳，所以当地都纷纷效仿，逐渐佩带药包便成了习俗，流传至今。由于袋中的草药被称为"香草"，故而药袋便以"香包"或"绌绌"为称。庆阳香包在明清时期，成为人们佩带或馈赠的佳品，在该地区十分流行，成为一时的风尚。庆阳香包是一种兼容立体造型和刺绣的手工制品，构型简单质朴，香包按照制作技艺分为四大类型，包括线盘类、"绌绌"类、立体刺绣类、平面刺绣类。线盘类香包形似五角菱形的"粽子"，用各种颜色的线条盘起来，所含的技艺包括折壳子、配色线、盘线成型、成品连缀、吊上彩穗等。这种样式的香包可以随身佩带也可以挂在门庭、馈赠他人，赋予其祥和之意。"绌绌"又叫藏针绣，顾名思义，其最大的特点是针线不露在外面，造型状物、形神兼备不见针的香包被称为佳品，其工艺流程大致包括选料、剪裁、状物等。立体刺绣类香包内容、形式繁多，有单双面挂以及佩件，立体挂件和摆件等近四百种样式，其制作工艺步骤包括过样子、打样子、扩背子、上样子、绣花、打扮等。而制作过程包括构图、刺绣、彩染、缝合、成果等环节。制品不求形似而求神似，别有一番韵味。平面刺绣类香包风格敦厚凝重，其制作方法多样，针法有许多，包括齐针、辫针、缉针、掺针、抢针、挽针、盘金、圈金等，同时包括破线绣、合线绣、掇绣等绣法。正是多样的方法为香包增添了许多魅力。

20 世纪 60 年代以前，庆阳香包的绣制非常普及，庆阳地区每家每户的女孩儿多在七八岁的时候就开始缝制香包了。随着时代的变化发展，庆阳香包面临低谷，"酒香也怕巷子深"，再好的香包也未能将地方特色品牌打出去，勤劳智慧的庆阳人顺应时代潮流，扩大对外开放，进一步加强了深度开发。为了更好地打开市场，提升知名度，展现地方特色文化，地方政府借鉴外地的成功经验，准备举办特色文化节会，通过举办香包文化节会来吸引更多的人关注庆阳香包，也进一步展现文化张力与活力，于是中国庆阳香包民俗文化节便应运而生。2002年6月庆阳举办了首届中国香包民俗文化节。中国庆阳香包民俗文化艺术节也称"香包节"，是陇东庆阳地区在端午节前夕举办的富有地域特色的民俗文化艺术节。

随着近年来香包工艺逐渐受到大众欢迎，庆阳市被中国民俗学会授予"香包刺绣之乡"，大大推动了庆阳香包的发展。香包民俗文化产业已成为庆阳当地转变经济发展方式、调整产业结构布局、带动群众增收致富的重要途径，被国家文化部命名为"全国文化产业示范基地"。发展文化节，是旅游与非物质文化遗产融合的重要方式。游客参加文化节，接触到更多的香包文化，并通过购买香包产品将其赋予的文化价值传播到其他地区，让更多的人了解香包这一非物质文化遗产。与此同时，对于传承人而言，文化节更是为他们提供展示的舞台，对于香包这一非物质文化遗产的传承保护可谓锦上添花。

与静态开发的方式不同，体验型开发更能够拉近游客与非物质文化遗产的距离，不管是开展文化节，还是亲自体验非物质文化遗产制作，都使游客参与其中，与表演者感同身受。民族节庆的开发为人们了解地区民族文化带来了新的方式，但是在开发过程中也存在着许多问题，传统节庆的空间以及时间移位引起了严重的后果，旅游民俗风情园的建立导致旅游者观看的或许只是民族节庆的舞台化，引发了关于旅游者体验的真实性问题。而民族地区节庆的时间转变则存在对少数民族节庆活动被改造以及节庆的日常化问题，导致传统节日趋于庸俗化，节庆活动的神圣庄严性被抹杀。为此，在民族节庆的开发过程中要避免这类事情的发生，积极引导探索发展的新路径。

第十三节 非物质文化遗产+自媒体

随着技术的不断发展，网络媒体出现大众化趋势，自媒体作为一种大众喜闻乐见的形式，发展迅速，一系列自媒体平台的出现更是推波助澜。为了更进一步推动非物质文化遗产的传承与保护，更好地传播非物质文化遗产，采取人民大众喜欢的方式是重要策略。比如抖音App推出"非物质文化遗产合伙人"计划，覆盖了中国绝大多数的非物质文化遗产项目，相关视频获赞无数，深得人民喜欢。通过"非物质文化遗产抖起来"账号，用户能看到各种与非物质文化遗产相关的内容，喜欢玩短视频的年轻人通过点赞转发更是进一步传播了非物质文化遗产。许多景区也不断跟上新形式，通过"两微一抖"展现景区特色，介绍地区非物质文化遗产。在甘肃武威更是通过直播的形式向公众传播非物质文化遗产。

武威在古代称作凉州，是丝绸之路沿线的重镇，汉武帝设立河西四郡，其中之一就是今天的武威。武威地处西北内陆，是东西方文化的交融地区，同时多个民族聚居，在漫长的历史岁月中，当地孕育了内容丰富多彩、特色鲜明的非物质文化遗产。武威历史文化源远流长，博大精深，"非物质文化遗产"像一颗颗璀璨的明珠发出耀眼的光芒。目前，武威入选国家级的"非物质文化遗产"名录有三项：凉州贤孝，凉州攻鼓子，河西宝卷（武威）；入选省级"非物质文化遗产"名录有九项。近年来，武威出台多种措施推动非物质文化遗产的保护与发展，坚持以保护规划为统领，展示展演为推动，搜集整理资料为措施，培养非物质文化遗产传承人为重点，对外文化交流为突破等，取得了丰硕成果。

过去，武威的非物质文化遗产在街头随处可见，是人们生活的主要内容。但伴随着时代的变迁以及文化娱乐方式的多元化，"非物质文化遗产"的保护和传承面临着巨大的难题，许多非物质文化遗产项目日益式微甚至濒临消亡。为了适应新形势下保护和传承"非物质文化遗产"的需要，武威市凉州区文化馆与泰德科技公司合作开通了"武威非物质文化遗产直播间"。采用先进的直播设备，向大众直播凉州贤孝、河西宝卷（武威）木偶戏、凉州民歌等表演性的非物质文化遗产项目。通过添加微信公众号或扫二维码的形式，随时随地收看"非物质文化遗产"直播。采用新形式，武威非物质文化遗产得到了极大的传播，也受到了年轻人的喜欢。

采用新技术以及新形式推动非物质文化的发展是值得学习和借鉴的。科技不断进步，促进媒体发展形式多样化，不断满足人们日益增加的文化需求。非物质文化遗产搭上新技术的顺风车，推动了非物质文化遗产的传播，使得越来越多的人了解其赋予的文化内涵。特别是对于年轻旅游者来说，新形式的包装，拉近了他们与非物质文化遗产的距离，激发了年轻人的兴趣，对于非物质文化遗产的保护与地方文化形象的树立起到了良好的作用，也为非物质文化遗产传承与发展提供了全新出路。人们把文化与旅游的结合称为"诗和远方走在了一起"，旅游与文化的融合是时代发展的潮流。根据非物质文化遗产的类型及特点，采取相应的方式与旅游相融合，极大地促进了旅游的发展，也为非物质文化遗产的传承保护提供了新的舞台。在以后的发展路程中，我们要紧跟时代步伐，不断探索新方式，促进非物质文化遗产与旅游更好地融合。

第十四节　非物质文化遗产+扶贫工坊

"非物质文化遗产+扶贫"模式实际上是通过支持发展一些传统的工艺，有些是家传的工艺，面向贫困户普及，通过贫困户掌握这些技术实现脱贫。许多贫困地区虽然在物质生活上与其他地区有差距，但是却保留许多的非物质文化遗产，通过对非物质文化遗产的开发，可以帮助贫困地区解决脱贫问题。与此同时，也能极大地推动地方非物质文化遗产的传承与保护。据文化和旅游部统计，各省市地方建设非物质文化遗产工坊已超2000所，带动项目超过2200个，培训了近18万人以及指导安排50万人就业，为广大贫困地区实现脱贫提供了巨大的帮助。

近年来，甘肃省通过各种途径建设各级各类非物质文化遗产扶贫就业工坊106家，吸纳就业4761人，其中建档立卡贫困户881户、2246人。近两年来，非物质文化遗产扶贫就业工坊累计组织培训381期，培训人数9738人次，其中建档立卡贫困户接受培训2980人次。目前甘肃省已有70家非物质文化遗产扶贫就业工坊的145款、500多件产品进入济南百花洲传统工艺工作站展示展销，并有69家非物质文化遗产扶贫工坊的产品上线销售。

一 山丹县"非物质文化遗产+扶贫"工作创新模式

甘肃省张掖市山丹县共有县级非物质文化遗产保护项目106项,县级非物质文化遗产传承人93名,27所非物质文化遗产传习所挂牌运营。近年来,山丹县把扶贫与扶志、扶智相结合,将文化惠民同脱贫攻坚紧密结合,采取"非物质文化遗产+扶贫"工作创新模式,助推群众增收致富,为脱贫攻坚注入了新的活力。该县坚持保护与开发、传承与创新并重的原则,让非物质文化遗产保护利用惠及人民群众,通过多方面挖掘整理、多技术创新研发,依托文创产品立项积极向上争取项目资金,扶持建立了"非物质文化遗产扶贫工坊",找准非物质文化遗产传统技艺和精准扶贫的结合点,协调"剪纸""烙画""手工编织"等非物质文化遗产传习所,吸纳全县贫困户劳动力200多人,在传承民俗艺术的同时,助力贫困户增收脱贫。同时,该县积极开展非物质文化遗产创意产品的研发和生产,创新技艺,将传统工艺与旅游等多元文化相融合,研发创作出了马当先、山丹宣纸烙画、山丹麦秆画等文创产品。既让非物质文化遗产技术真正"活"起来,又让贫困户在家里增收致富稳定脱贫。

二 临夏州"非物质文化遗产+扶贫"

临夏州是全国"非物质文化遗产+扶贫"10个重点支持地区之一。在文化和旅游部的大力支持下,临夏州于2018年设立了临夏砖雕、保安族腰刀锻制技艺两个非物质文化遗产扶贫就业工坊。目前,临夏砖雕非物质文化遗产扶贫就业工坊采取"公司+人员培训+技术授权+派发订单+连锁工坊+家庭作业"等模式,吸纳贫困人口就业,首期培训60人(其中建档立卡贫困户24人、低保户26人、残疾人4名),建立连锁工坊3家,选派11名砖雕技师(7人为建档立卡贫困户)参加了临夏砖雕高级研修班,已经逐步实现稳定就业与脱贫。

第十五节　非物质文化遗产+特色街区

　　我国历史悠久，各地创造了独具特色的地方文化，古老街区是地方文化的一张名牌。进入新时期以来，如何展示老街风采、传播地方文化是各个地方不断探索的问题。对老街进行开发，打造特色街区是一种新型开发模式。而地方传统非物质文化遗产搭上特色街区这趟快车，更是大放异彩。在特色街区通过引进现代技术以及时尚元素，对非物质文化遗产产品进行精心包装，受到众多游客的欢迎。对非物质文化遗产的开发不仅体现在产品上，一系列非物质文化遗产体验作坊更是遍布特色街区，为游客体验提供场所。"非物质文化遗产+特色街区"在全国得到了发展，得到了人们的广泛认可。在美丽的西部古城兰州，一条特色街区也不断吸引着人们。

　　兰州老街坐落于兰州城市中心地带，是集文化旅游、时尚休闲、精品商业、艺术现场于一体的开放式、低密度复合性现代化综合体，是甘肃省打造城市文化品牌的重大工程之一。兰州老街与传统的室内购物中心不一样，老街以明清风格的仿古建筑群为主体。其间穿插瓦屋楼阁，回廊凉亭，青砖小道以及兰州特色的水车水系。古色古香的老街坐落在兰州市区的中心地段，为拥挤而不断向高发展的都市中心保留了一片充满诗情画意的"世外桃源"。走在老街上，仿佛穿越百年，回到曾经繁华的商业中心。夜晚降临，特色雕塑动静结合、绚丽夺目的夜景灯光视觉效果与之交相辉映充满梦幻色彩、亦真亦假，让人沉醉其中。

　　老街有别于其他商业街的另一个方面体现在对非物质文化遗产的保护上，为了更好地收集、保护和传承甘肃极独特而繁多的非物质文化遗产，兰州老街对省内众多的非物质文化遗产进行筛选，从特色的工艺珍品到美食再到文化积淀产生的表演秦腔、皮影技艺等项目精心包装，形式多样地打造非物质文化遗产，向游客们展示。许多专业人士认为，非物质文化遗产与现代商业的碰撞、融合，是现代商业发展背景下一次成功的尝试，兰州老街将迎来发展的最好时机，重获新生。兰州老街将进一步突出重点，打造几条展现非物质文化遗产的街区，比如拥有千年府衙之称的"兰州府"、全新艺术高地"华夏宫"、梦想乐园"金城楼"以及文化圣地"求古书院"等。其中"兰州府"主要以博物馆的形式进行打造,比如府衙文化、中式婚俗博物馆的展示区;而作为艺术高地的"华夏宫"将打造成展演舞台,展示独具特色的非物质文化遗产表演,比如"丝路花雨"、"牛肉面的故事"等系列演出;作为兰州四大古书院之一的"求古书院",进行还原复建,重现昔日的风采。同时,兰州老街不仅展示非物质文化遗产,还坚持与时俱进,积极引入国内外高端精品、兰州特色饮食及客栈、民宿、Live house、酒吧、当代艺术展览、高科技最新发布、时尚快闪等形式,这些时尚元素与非物质文化遗产相互补充,为老街增添许多风采。

兰州老街展现黄河文化、丝绸之路,不断融合现代时尚,通过"建筑体验、文化体验、品牌体验",全方位塑造现代与古代混搭的商业街区模式,演绎一首时代的交响乐,打造深度生活消费以及精品文化体验的平台,获得人们的普遍喜爱。兰州老街引领了兰州全新生活方式,将城市历史文化和生态景观工程融为一体,具有开创性的意义。我国历史悠久,各地都有历史悠久的老街,如何展示老街风采,传播地方文化,开拓新的旅游产品是各个地方不断探索的问题。兰州老街将当代潮流时尚、非物质文化遗产等结合起来,提供了很好的借鉴。

第十六节　非物质文化遗产+康养

随着国民经济水平不断提高,旅游者需求日益丰富,旅游与康养的融合备受关注,成为市场关注的焦点。作为非物质文化遗产的中医药与旅游融合,充分展现了功能型融合的特点,将中医药的养生保健以及康养功能与旅游业充分结合起来。甘肃是我国中医药最早的发源地,中医药文化底蕴厚重,中医药养生保健旅游资源十分丰富,传说中"味百药而制九针"的伏羲故里在天水市,中医学鼻祖岐伯故里位于庆阳市庆城县,晋代针灸大家皇甫谧故里在平凉市灵台县朝那镇,陇东南地区是甘肃省乃至全国主要的中药材产地之一。随着近年来养生旅游的发展,中医保健、康养旅游吸引众多游客的目光。位于甘肃灵台县的皇甫谧文化园就是国家中医药旅游示范基地,每年都吸引众多游客前来参观,是甘肃省发展中医药旅游的典型代表。

皇甫谧,字士安,自号玄晏先生,安定朝那(今甘肃灵台)人,后随其叔父移居至河南新安(今河南渑池县附近)。他在《释劝论》中,表达了爱好医术的愿望,以及对古代医家扁鹊、仓公、华佗、张仲景的仰慕之情,深恨自己"生不逢乎若人"。皇甫谧刻苦钻研医学,在原有的医学理论基础上,将《灵枢经》《素问》《明堂孔穴针灸治要》三部书中的针灸知识,加以整理归纳,使其"事类相从,删其浮辞,除其重复,论其精要",编成《针灸甲乙经》,成为我国医学史上第一部针灸学专著,为历代研习针灸学的必读课本。为此,皇甫谧有"世界针灸医学鼻祖"之称。

甘肃省灵台县位于陇东黄土高原南缘秦陇交界处,是"世界针灸医学鼻祖"皇甫谧故里。为了进一步研究传承和弘扬皇甫谧针灸医学文化,全力打造皇甫谧文化品牌,早在1959年灵台县政府就开始打造皇甫谧文化园,并被甘肃省人民政府列入省级重点文物保护单位。2006年为了更好地打造皇甫谧文化旅游品牌,加快皇甫谧文化旅游资源开发建设步伐,大力发展旅游产业,相关单位决定再次对皇甫谧文化园进行扩建,建成以皇甫谧文化内涵展示为主旨的纪念馆。该园区总占地面积64000平方米,始建于2006年,2010年年底建成,并正式对外开放,整个园区以晋汉古建为特色,气宇轩昂,布局紧凑,分为阙门、神楼、献殿、纪念馆、侧殿、回廊、墓区、碑林八处可参观游览区(点)。其中,纪念馆东、西侧殿内分别为皇甫谧生平馆、中医针灸馆、文史馆,真实反映了皇甫谧在文、史、医、哲方面的辉煌成就,66幅回廊浮雕通过连环画的形式再现了皇甫谧68载自强不息的一生。园区栽植各类药物树(苗)达50多种,四季松柏常青,绿树成荫,鸟语花香,绿化覆盖率达到60%以上,是一处集文化研讨、科普教育、学术交流、拜谒参观、休闲养生于一体的旅游胜地。

甘肃省平凉市灵台县自2010年以来,整理了皇甫谧文化资源和现状,分析皇甫谧针灸医学在健康、养生领域的巨大潜力和前景,确定了建设皇甫谧针灸养生基地的战略目标。近年来,当地政府大力推广皇甫谧文化,加大投入对皇甫谧文化资源的开发和保护,加强皇甫谧文化遗址遗迹考证开发，投资 1 亿多元，建成皇甫谧文化园。皇甫谧针灸术已被列入甘肃省第一批非物质文化遗产保护名录。据悉，《皇甫谧研究》、《中国皇甫谧》、《皇甫谧遗著集》、《针灸甲乙经释义》等学术专著编辑出版，《针灸甲乙经》整理出版。以皇甫谧生平事迹为题材的历史剧本《银针记》编写完成。近年来，灵台县新建了皇甫谧中医院住院部大楼和门诊综合楼，为全县 12 个乡镇卫生院和 184 个村卫生所全部配备了针灸挂图和针灸针等诊疗器具，开设了中医科和中药房。依托县职业中专，开设护理、药剂等专业，培养了一批针灸医学技术人才。

结　　语

本书以甘肃省非物质文化遗产开发的具体实践为依托，结合非物质文化遗产与旅游融合发展的相关理论，深入探讨开发型融合、体验型融合等四种融合路径及其相互关系，为甘肃省非物质文化遗产的发展开拓了新思路。

非物质文化遗产积累着人类文明的智慧和经验，是民族文化的瑰宝，展现着世界文化多样性。根据非物质文化遗产的类型及特点，采取不同的方式与旅游相融合，为非物质文化遗产的传承保护提供了新的舞台，也极大地促进了旅游的发展。本书仅仅罗列了一部分非物质文化遗产融合发展的路径，随着旅游实践的不断发展，除了本书所展示的旅游与非物质文化遗产融合的方式以及路径之外，许多新的方式将不断涌现，进一步推动非物质文化遗产的传承与保护。

人们常把文化与旅游的结合称为"诗和远方走在了一起"。我们应紧跟时代步伐，不断探索新方式，把握旅游发展动脉，挖掘文化特质，促进非物质文化遗产与旅游更好的融合，使两者走得更远、更好。

参考文献

一 中文

（一）论著

邴正：《当代人类文化——人类自我意识与文化批判》，吉林教育出版社1998年版。

陈国强：《简明文化人类学词典》，浙江人民出版社1990年版。

邓永进、薛慧群：《民俗风情旅游》，云南大学出版社2007年版。

冯乃康：《中国旅游文学论稿》，旅游教育出版社1995年版。

李天元：《旅游学概论》，南开大学出版社2009年版。

李天元、王连义：《旅游学概论》，南天大学出版社1991年版。

李泽厚：《走自己的路》，生活·读书·新知三联书店1986年版。

李美云：《服务业的产业融合与发展》，经济科学出版社2007年版。

刘志彪：《现代产业经济学》，高等教育出版社2009年版。

桑彬彬：《旅游产业与文化产业融合发展的理论分析与实证研究》，中国社会科学出版社2014年版。

唐晓华：《产业经济学教程》，经济管理出版社2007年版。

王铭铭：《西方人类学思潮十讲》，广西师范大学出版社2005年版。

王文章：《非物质文化遗产概论》，教育科学出版社2013年版。

万建中：《民间文学引论》，北京大学出版社2006年版。

魏小安：《旅游文化与文化旅游》，旅游教育出版社1996年版。

徐凤：《甘肃非物质文化遗产概论》，甘肃人民出版社2014年版。

谢彦君：《基础旅游学》，商务印书馆2017年版。

叶朗：《中国文化产业年度发展报告》，北京大学出版社2003年版。

颜林柯：《中国旅游产业转型年度报告2005：走向开放与联合的中国旅

游业》，旅游教育出版社2006年版。

宗晓莲：《旅游开发与文化变迁》，中国旅游出版社2006年版。

徐嵩龄：《第三国策：论中国文化与自然遗产保护》，科学出版社2005年版。

张朝枝：《旅游与遗产保护》，南开大学出版社2008年版。

钟敬文：《钟敬文文集·民俗学卷》，安徽教育出版社1999年版。

联合国教科文组织、世界文化与发展委员会：《文化多样性与人类全面发展：世界文化与发展委员会报告》，广东人民出版社2006年版。

中国艺术研究院中国民族民间文化保护工程国家中心：《中国民族民间文化保护工程普查手册》，文化艺术出版社2005年版。

中共中央马克思恩格斯列宁斯大林著作编译局编：《斯大林选集》，人民出版社1979年版。

（二）译著

[德] 恩斯特·卡西尔：《人论》，甘阳译，上海译文出版社1985年版。

[法] 布尔迪厄：《区分：判断力的社会评判（下）》，刘晖译，商务印书馆2015年版。

[美] 爱德华·希尔斯：《论传统》，傅铿、吕乐译，上海人民出版社2014年版。

[美] 康拉德·托特曼：《日本史》，王毅译，上海人民出版社2008年版。

[美] 安德森：《想象的共同体》，吴叡人译，上海人民出版社2011年版。

[美] 克利福德·格尔茨：《文化的解释》，韩莉译，译林出版社2002年版。

[美] 克莱德·M.伍兹：《文化变迁》，何福瑞译，人民大学出版社1989年版。

[美] 史蒂文·瓦格：《社会变迁》，王小莉译，北京大学出版社2007年版。

[英] 马林诺夫斯基：《文化论》，费孝通译，华夏出版社2002年版。

[英] 戴伦·J.蒂莫西、[英] 斯蒂芬·W.博伊德：《遗产旅游》，程尽能译，旅游教育出版社2007年版。

［英］特瑞·伊格尔顿：《文化的观念》，方杰译，南京大学出版社 2003 年版。

［英］爱德华·B. 泰勒：《原始文化》，蔡江浓译，浙江人民出版社 1988 年版。

［英］马修·阿诺德：《文化与无政府》，韩敏中译，生活·读书·新知三联书店 2008 年版。

［英］安东尼·吉登斯：《现代性的后果》，田禾译，译林出版社 2014 年版。

（三）论文

白宪波：《"标准化时代"基层非物质文化遗产保护若干问题探讨》，《文化遗产》2018 年第 6 期。

毕玉鹏：《对中国传统文化的新思考》，《科教导刊（中旬刊）》2011 年第 12 期。

程晓丽、祝亚雯：《安徽省旅游产业与文化产业融合发展研究》，《经济地理》2012 年第 32 卷第 9 期。

陈柳钦：《产业融合的发展动因、演进方式及效应分析》，《西华大学学报》（哲学社会科学版）2007 年第 4 期。

曹国新：《旅游产业的内涵与机制》，《旅游学刊》2007 年第 10 期。

蔡寅春、方磊：《非物质文化遗产传承与旅游业融合发展：动力、路径与实例》，《四川师范大学学报》（社会科学版）2016 年第 1 期。

董丽丽、杨文棋：《民俗旅游资源的保护问题研究》，《贵州民族研究》2004 年第 3 期。

董桂玲：《动漫业和旅游业产业融合的动力机制研究》，《经济研究导刊》2009 年第 32 期。

但红燕、徐武朗：《旅游产业与文化产业融合动因及其效应分析——以四川为例》，《生态经济（中文版）》2015 年第 31 卷第 7 期。

费安玲：《非物质文化遗产法律保护的基本思考》，《江西社会科学》2006 年第 5 期。

方李莉：《从遗产到资源：西部人文资源研究》，《文化研究》2009 年第 2 期。

高縢：《文化创意产业与旅游产业融合发展机制研究》，《经贸实践》

2017年第19期。

高波、张志鹏：《文化资本：经济增长源泉的一种解释》，《南京大学学报》（哲学人文科学社会科学版）2004年第5期。

高科：《文化遗产旅游原真性的多维度思考》，《旅游研究》2010年第2期。

郭平：《非物质文化遗产传播过程中的意义流变》，《河南教育学院学报》（哲学社会科学版）2010年第2期。

郭海霞：《论我国非物质文化遗产法律保护的困境与对策》，《特区经济》2010年第6期。

郭丽华：《略论"文化旅游"》，《北京第二外国语学院学报》1994年第4期。

洪清华：《未来旅游企业只有两条路：IP重生或苟延残喘》，《旅游圈》2016年第6期。

韩丹：《"产业"与"体育产业"辨析》，《山东体育学院学报》2003年第2期。

黄蕊、侯丹：《东北三省文化产业与旅游产业融合的动力机制与发展路径》，《当代经济研究》2017年第10期。

黄细嘉、周青：《基于产业融合论的旅游与文化产业协调发展对策》，《企业经济》2012年第9期。

黄韫宏：《文化层次结构模型比较研究》，《贵阳学院学报》（社会科学版）2013年第8期。

黄家庆：《非物质文化遗产保护与经济发展矛盾的化解策略——非物质文化遗产开发利用研究之五》，《钦州学院学报》2003年第9期。

胡延平、刘晓敏：《基于SECI模型的知识创新过程的再认识》，《企业经济》2009年第3期。

霍艳莲：《产业融合视阈下文化产业与旅游产业的融合效应、机理与路径》，《商业时代》2015年第12期。

贾鸿雁：《论我国非物质文化遗产的保护性旅游开发》，《改革与战略》2007年第11期。

金晓飞：《我国体育非物质文化遗产的传承困境与发展对策研究》，《哈尔滨体育学院学报》2019年第6期。

雷波:《我国体育产业与旅游产业互动融合模式分析》,《北京体育大学学报》2012 年第 35 卷第 9 期。

厉无畏、王慧敏:《产业发展的趋势研判与理性思考》,《中国工业经济》2002 年第 4 期。

厉无畏:《产业融合与产业创新》,《上海管理科学》2002 年第 4 期。

刘芳、白国亮:《基于动作捕捉技术的舞蹈类非遗数字化档案建设——以秧歌为例》,《电声技术》2019 年第 9 期。

刘诗迪:《从昆曲的成功传播看中国精神文化遗产的传承—非物质文化遗产传承中的媒介力量》,《消费导刊》2008 年第 20 期。

刘魁立:《从人的本质看非物质文化遗产》,《江西社会科学》2006 年第 1 期。

龙先琼:《关于非物质文化遗产的内涵、特征及其保护原则的理论思考》,《湖北民族学院学报》(哲学社会科学版)2006 年第 5 期。

罗明义:《关于"旅游产业范围和地位"之我见》,《旅游学刊》2007 年第 10 期。

李锋、陈太政、辛欣:《旅游产业融合与旅游产业结构演化关系研究》,《旅游学刊》2013 年第 1 期。

李美云:《国外产业融合研究新进展》,《外国经济与管理》2005 年第 12 期。

梁保尔、张朝枝:《"世界遗产"与"非物质文化遗产"两种遗产类型的特征研究》,《旅游科学》2010 年第 6 期。

李久平、顾新:《基于知识转化 SECI 模型的企业知识网络》,《情报杂志》2008 年第 8 期。

李忠宽:《品牌形象的整合传播策略》,《管理科学》2003 年第 2 期。

兰英、杨霞:《基于 SECI 模型的实习教师隐性知识显性化探究》,《教师教育学报》2020 年第 2 期。

刘桂兰、刘楠霞:《民艺类非物质文化遗产的旅游开发模式研究——以河南为例》,《河南科技学院学报》2010 年第 7 期。

马健:《产业融合识别的理论探讨》,《社会科学编辑》2005 年第 3 期。

蒙曦:《基于动作捕捉技术的民族舞蹈三维数字化方法研究》,《美与时代:城市》2015 年第 2 期。

蒙吉军、崔凤军：《北京市文化旅游开发研究》，《北京联合大学学报》2001年第1期。

孟茂倩：《文化产业与旅游产业融合发展探析》，《中州学刊》2017年第11期。

欧阳正宇：《甘肃省非物质文化遗产旅游开发SWOT分析》，《干旱区资源与环境》2011年第7期。

齐爱民：《非物质文化遗产的概念与构成要件》，《电子知识产权》2007年第4期。

师守祥：《旅游产业范围的界定应符合经济学规范》，《旅游学刊》2007年第11期。

孙方：《中华传统文化核心之学——心学》，《理论月刊》2015年第8期。

宋俊华：《非物质文化遗产概念的诠释与重构》，《学术研究》2006年第9期。

向云驹：《论"口头和非物质遗产"的概念与范畴》，《民间文化论坛》2004年第3期。

宋娜：《旅游产业融合方式与实现机制研究》，《江苏商论》2011年第9期。

谭聪：《基于贝尔模型的大米品牌形象因素结构研究》，《经济师》2017年第6期。

王景明、王景和：《对发展中医药旅游的思考与探索》，《经济问题探索》2000年第8期。

王勇：《非物质文化遗产为何要走产业化发展之路》，《人民论坛》2019年第1期。

王宁：《旅游中的互动本真性：好客旅游研究》，《广西民族大学学报》（社会科学版）2007年第6期。

王晓晓、张朝枝：《遗产旅游原真性理解差异与遗产地管理》，《旅游科学》2007年第1期。

乌丙安：《民俗文化空间：中国非物质文化遗产保护的重中之重》，《民间文化论坛》2007年第1期。

万里：《关于"文化产业"定义的一些思考》，《湖南第一师范学院学报》2001 年第 1 期。

吴金梅、宋子千:《产业融合视角下的影视旅游发展研究》,《旅游学刊》2011 年第 26 卷第 6 期。

吴开军、周子扬:《主题创意旅游的创新发展研究》,《中国国情国力》2018 年第 9 期。

吴川:《陕西省非物质文化遗产保护与传承的困境——以华县皮影制作工艺为例》,《开封教育学院学报》2013 年第 4 期。

翁钢民、李凌雁:《中国旅游与文化产业融合发展的耦合协调度及空间相关分析》,《经济地理》2016 年第 36 卷第 1 期。

许春晓、胡婷:《大湘西地区文化与旅游融合潜力及其空间分异》,《经济地理》2018 年第 38 卷第 5 期。

徐虹、范清:《我国旅游产业融合的障碍因素及其竞争力提升策略研究》,《旅游科学》2008 年第 4 期。

徐健、颜心文、孙红月:《情景再造式非遗展示空间设计研究——以制瓷工艺展示空间为例》,《工业设计》2019 年第 4 期。

肖洪根:《旅游与艺术的商品化》,《华侨大学学报》(哲学社会科学版)1993 年第 3 期。

向云驹:《再论"文化空间"——关于非物质文化遗产若干哲学问题之二》,《民间文化论坛》2009 年第 5 期。

夏兰、王娟、刘斌:《民族传统体育文化与旅游产业融合发展研究:机制、模式与对策》,《广东开放大学学报》2016 年第 5 期。

于刃刚:《三次产业分类与产业融合趋势》,《世界经济与政治》1997 年第 25 期。

严墨:《文化变迁的规律——碎片化到重构》,《中央民族大学学报》(哲学社会科学版)2006 年第 4 期。

杨怡:《非物质文化遗产概念的缘起、现状及相关问题》,《文物世界》2003 年第 2 期。

杨军:《青海藏区旅游业与文化产业深度融合发展研究——以玉树州文旅产业多元融合为例》,《青海社会科学》2018 年第 5 期。

杨正文:《文化遗产保护中民族与国家的诉求表述》,《西南民族大学学报》(人文社会科学版)2011 年第 6 期。

杨颖:《产业融合旅游业发展趋势的新视角》,《旅游科学》2008年第4期。

杨洪、袁开国:《侗族非物质文化遗产旅游开发研究——以湖南省怀化市为例》,《管理观察》2009年第6期。

周宇、惠宁:《试论产业融合的动因、类型及其对经济发展的影响》,《山西师大学报》(社会科学版)2014年第5期。

周亚庆、吴茂英、周永广、竺燕红:《旅游研究中的"真实性"理论及其比较》,《旅游学刊》2007年第6期。

张成渝:《国内外世界遗产原真性与完整性研究综述》,《东南文化》2010年第4期。

张明:《旅游目的地文化真实性探讨》,《学术探索》2006年第6期。

张晓萍:《旅游业与"舞台真实"——一种西方人类学的观点》,《民族旅游的人类学透视》,云南大学出版社2005年版。

张海燕、王忠云:《旅游产业与文化产业融合发展研究》,《资源开发与市场》2010年第26卷第4期。

张俊英、马耀峰:《民族地区旅游产业与文化产业融合的动力机制研究——以青海互助为例》,《山西农业大学学报》(社会科学版)2015年第6期。

赵红梅:《旅游业的文化商品化与文化真实性》,《云南师范大学学报》2003年第3期。

赵华、于静:《新常态下乡村旅游与文化创意产业融合发展研究》,《经济问题》2015年第4期。

钟启泉:《从SECT理论看教师专业发展的特质》,《全球教育展望》2008年第2期。

二 外文

Bachleitner R, Zins A H. Cultural Tourism in Rural Communities: The Residents' Perspective [J]. Journal of Business Research, 1999, 44 (3), pp. 199 – 209.

Craik J. The culture of tourism [J]. The Cultures: Transformations of Travel and Theory, 1997 (1), pp. 113 – 136.

Csapo J. The Role and Importance of Cultural Tourism in Modern Tourism Industry [M]. INTECH Open Access Publisher, 2012.

Green Paper on the Convergenee of the Teleeommunication, Media and Information Technology Seetors, and the Implication for Regulation, 1997.

Greenstein S, Khanna T. What does Industry Convergence Mean? [A]. In: Yoffie, D (ed) Competing in the Age of Digital Convergence [C]. Boston, 1997, pp. 201 – 226.

Gholam Reza Taleghani, Ali Ghafary. Providing a Management Model for the Development of Sports Tourism [J]. Annals of Tourism Research, 2014 (12), pp. 289 – 298.

Hacklin, F, V. Raurich, C. Manxt. Implications of Technological Convergence on Innovation Trajectories: the Case of ICT Industry [J]. Intemational Joumal of Innovation and Technology Management, 2005, 2 (3), pp. 313 – 330.

Jamieson W. The Challenge of Cultural Tourism. Canadian Tourism Bulletin [J]. 1994, 3 (3), pp. 3 – 4.

Kim E, Nam D, Stimpert J. L. The Applicability of Porter's Generic Strategies in the Digital Age: Assumptions, Conjectures and Suggestions [J]. Journal of Management, 2004, 305, pp. 569 – 589.

Lind J. Ubiquitous Convergence: Market Redefinitions Generated by Technological Change and the Industry Life Cycle [J]. Paper for the DRUID Academy Winter 2005 Conference, 2005.

Malhotra A. Firm Strategy in Converging Industries: An Investigation of US Commercial Bank Responses to US Commercial Investment Banking Convergence [D]. Maryland University. 2001.

Mclntosh. Tourism-principles, Practices, Philosophies [M]. NY: Wiley, 1977.

Mac Cannell D. Empty Meeting Grounds [M]. London: Routledge. 1993, pp. 24 – 28.

Otto D. Overview of Lowa Agritourism: Results from the 2008 Enterprise Survey. 2010 – 08 – 21.

Pennings J M. , P Purannam. Market Convergence and Firm Strategy: New Directions for Theory and Research [C]. ECIS Conference, The Future of Innovation Studies, Eindhoven, The Netherlands. 2001.

Robbins C. Beyond Preservation: New Directions for Technological Innovation through Intangible Cultural Heritage [J]. International Journal of Education and Development Using ICT, 2010, 6 (2), pp. 20 – 24.

Rosenberg N. Technological Change in the Machine Tool Industry: 1840 – 1910 [J]. Journal of Economic History, 1963, (23), pp. 414 – 446.

Reisinger Y. Tourist—Host Contact As Part of Cultural Tourism [J]. World Leisure And Recreation. 1994, 36 (Summer), pp. 24 – 28.

Reinhard Bachleitner, Andreas H. Zins. Cultural Tourism in Rural Communities: the Residents' Perspective [J]. Journal of Business Research. 1999, p. 44.

Stieghtz N. Industrial Convergence: the Evolution of the Handheld Computers Market [R]. Edward Elgar Publishing Limited, 2003.

Tan GS Hao T, Zhong Z. A knowledge Modeling Framework for Intangible Cultural Heritage Based on Ontology [C]. Knowledge Acquisition and Modeling, 2009. KAM'09. Second International Symposium on. IEEE, 2009, 1, pp. 304 – 307.

V L Smith. Hosts and Guests: The Anthropology of Tourism [M]. Pennsylvania: The University of Pennsylvania Press, 1977.

附录一

甘肃省国家级非物质文化遗产一览表

序号	名称	批次	类型	申报单位或地区
01	河西宝卷	2006 年（第一批）	民间文学	武威市凉州区
02	河西宝卷	2006 年（第一批）	民间文学	酒泉市肃州区
03	河西宝卷	2008 年（第二批）	民间文学	张掖市
04	格萨尔	2006 年（第一批）	民间文学	甘肃省
05	米拉尕黑	2008 年（第二批）	民间文学	东乡族自治县
06	裕固族民歌	2006 年（第一批）	传统音乐	肃南裕固族自治县
07	莲花山花儿会	2006 年（第一批）	传统音乐	康乐县
08	松鸣岩花儿会	2006 年（第一批）	传统音乐	和政县
09	二郎山花儿会	2006 年（第一批）	传统音乐	岷县
10	张家川花儿会	2014 年（第四批）	传统音乐	张家川回族自治县
11	唢呐艺术	2006 年（第一批）	传统音乐	庆阳市
12	华锐藏族民歌	2008 年（第二批）	传统音乐	天祝藏族自治县
13	甘南藏族民歌	2008 年（第二批）	传统音乐	甘南藏族自治州
14	拉卜楞寺佛殿音乐道尔	2008 年（第二批）	传统音乐	夏河县
15	清水道教音乐	2008 年（第二批）	传统音乐	清水县
16	文县池哥昼	2008 年（第二批）	传统舞蹈	文县
17	永靖七月跳会	2008 年（第二批）	传统舞蹈	永靖县

续表

序号	名称	批次	类型	申报单位或地区
18	苦水高高跷	2006年（第一批）	传统舞蹈	永登县
19	兰州太平鼓	2006年（第一批）	传统舞蹈	兰州市
20	凉州攻鼓子	2008年（第二批）	传统舞蹈	武威市
21	武山弦鼓舞	2008年（第二批）	传统舞蹈	武山县
22	多地舞	2008年（第二批）	传统舞蹈	舟曲县
23	巴郎鼓舞	2008年（第二批）	传统舞蹈	卓尼县
24	巴当舞	2011年（第三批）	传统舞蹈	岷县
25	秦腔	2008年（第二批）	传统戏曲	甘肃省秦剧团
26	敦煌曲子戏	2006年（第一批）	传统戏曲	敦煌市
27	华亭曲子戏	2006年（第一批）	传统戏曲	华亭县
28	曲子戏	2011年（第三批）	传统戏曲	白银市
29	陇剧	2006年（第一批）	传统戏曲	甘肃省
30	南木特藏戏	2011年（第三批）	传统戏曲	甘南藏族自治州
31	环县道情皮影戏	2006年（第一批）	传统戏曲	环县
32	通渭小曲戏	2011年（第三批）	传统戏曲	通渭县
33	通渭影子腔	2014年（第四批）	传统戏曲	通渭县
34	武都高山戏	2008年（第二批）	传统戏曲	陇南市
35	凉州贤孝	2006年（第一批）	曲艺类	武威市
36	河州贤孝	2006年（第一批）	曲艺类	临夏市
37	兰州鼓子	2006年（第一批）	曲艺类	兰州市
38	哈萨克族阿依特斯	2008年（第二批）	曲艺类	阿克塞哈萨克族自治县
39	秦安小曲	2008年（第二批）	曲艺类	秦安县
40	河州平弦	2011年（第三批）	曲艺类	临夏市

续表

序号	名称	批次	类型	申报单位或地区
41	甘南藏族唐卡	2008年（第二批）	传统美术	夏河县
42	庆阳剪纸	2008年（第二批）	传统美术	镇原县
43	会宁剪纸	2011年（第三批）	传统美术	会宁县
44	定西剪纸	2014年（第四批）	传统美术	定西市
45	庆阳香包绣制	2006年（第一批）	传统美术	庆阳市
46	夜光杯雕	2006年（第一批）	传统美术	酒泉市
47	临夏砖雕	2006年（第一批）	传统美术	临夏市
48	生铁冶铸技艺	2014年（第四批）	传统技艺	永靖县
49	保安族腰刀锻制技艺	2006年（第一批）	传统技艺	积石山保安族东乡族撒拉族自治县
50	兰州黄河大水车制作技艺	2006年（第一批）	传统技艺	兰州市
51	雕漆技艺	2008年（第二批）	传统技艺	天水市秦州区
52	东乡族擀毡技艺	2008年（第二批）	传统技艺	东乡族自治县
53	天水丝毯织造技艺	2014年（第四批）	传统技艺	天水市秦州区
54	洮砚制作技艺	2008年（第二批）	传统技艺	卓尼县
55	洮砚制作技艺	2008年（第二批）	传统技艺	岷县
56	窑洞营造技艺	2008年（第二批）	传统技艺	庆阳市
57	古建筑修复技艺	2014年（第四批）	传统技艺	永靖县
58	乞巧节	2008年（第二批）	民俗类	西和县
59	太昊伏羲祭典	2006年（第一批）	民俗类	天水市
60	秦安女娲祭典	2011年（第三批）	民俗类	秦安县
61	永昌县卍字灯俗	2008年（第二批）	民俗类	永昌县
62	西王母信俗	2008年（第二批）	民俗类	泾川县

续表

序号	名称	批次	类型	申报单位或地区
63	岷县青苗会	2014年（第四批）	民俗类	岷县
64	庄浪县高抬	2008年（第二批）	民俗类	庄浪县
65	蒙古族服饰	2008年（第二批）	民俗类	肃北蒙古族自治县
66	裕固族服饰	2008年（第二批）	民俗类	肃南裕固族自治县
67	裕固族传统婚俗	2011年（第三批）	民俗类	张掖市
68	甘南藏医药	2008年（第二批）	传统医药	碌曲县

附录二

甘肃省省级非物质文化遗产一览表

序号	名称	批次	类别	申报单位或地区
01	兰州太平鼓舞	2006年（第一批）	传统舞蹈	兰州市
02	兰州鼓子	2006年（第一批）	曲艺	兰州市
03	兰州刻葫芦	2006年（第一批）	传统技艺	兰州市
04	剪纸	2006年（第一批）	传统美术	兰州市
05	兰州羊皮筏子	2006年（第一批）	民俗	兰州市
06	中国阿文书法艺术	2019年（第四批）	传统美术	兰州市
07	狮子登杆	2019年（第四批）	民俗	兰州市
08	兰州清汤牛肉面	2008年（第二批）	民俗	兰州市城关区
09	郭氏正骨法	2019年（第四批）	传统医药	兰州市城关区
10	兰州缠海鞭杆	2019年（第四批）	传统体育、游艺与杂技	兰州市城关区
11	石佛沟花儿会	2019年（第四批）	传统音乐	兰州市七里河区
12	兰州百合栽培技艺	2019年（第四批）	传统技艺	兰州市七里河区
13	兰州手工制陶技艺	2019年（第四批）	传统技艺	兰州市七里河区
14	傩舞（西固军傩）	2006年（第一批）	传统舞蹈	兰州市西固区
15	兰州黄河大水车制作技艺	2006年（第一批）	传统技艺	兰州市西固区
16	铁芯子制作技艺	2008年（第二批）	传统技艺	兰州市西固区

续表

序号	名称	批次	类别	申报单位或地区
17	金花娘娘传说	2019年（第四批）	民间文学	兰州市西固区
18	兰州八门拳	2019年（第四批）	传统体育、游艺与杂技	兰州市西固区
19	兰州太平歌	2008年（第二批）	曲艺	兰州市安宁区
20	书画装裱传统技艺	2019年（第四批）	传统技艺	兰州市安宁区
21	红古刺绣	2008年（第二批）	传统美术	红古区
22	红古黑陶制作技艺	2008年（第二批）	传统技艺	红古区
23	窑街"福"字灯会	2008年（第二批）	民俗	红古区
24	高高跷	2006年（第一批）	传统舞蹈	兰州市永登县
25	皮影戏	2006年（第一批）	传统戏剧	兰州市永登县
26	永登硬狮子舞	2011年（第三批）	传统舞蹈	兰州市永登县
27	何家营滚灯	2011年（第三批）	传统舞蹈	兰州市永登县
28	苦水下二调	2011年（第三批）	曲艺	兰州市永登县
29	兰州太平歌	2008年（第二批）	曲艺	兰州市皋兰县
30	铁芯子制作技艺	2008年（第二批）	传统技艺	兰州市皋兰县
31	兰州"天把式"	2008年（第二批）	民俗	兰州市皋兰县
32	皋兰曲子戏	2019年（第四批）	传统戏剧	兰州市皋兰县
33	什川灯火	2019年（第四批）	民俗	兰州市皋兰县
34	兰州青城水烟制作技艺	2006年（第一批）	传统技艺	兰州市榆中县
35	道台狮子	2008年（第二批）	传统舞蹈	兰州市榆中县
36	马啣山秧歌	2008年（第二批）	传统舞蹈	兰州市榆中县
37	太符灯舞	2008年（第二批）	传统舞蹈	兰州市榆中县
38	西厢调	2008年（第二批）	传统戏剧	兰州市榆中县

续表

序号	名称	批次	类别	申报单位或地区
39	七月官神	2008 年（第二批）	民俗	兰州市榆中县
40	榆中县古建筑模型制作技艺	2011 年（第三批）	传统技艺	兰州市榆中县
41	兴隆山传说故事	2019 年（第四批）	民间文学	兰州市榆中县
42	通备劈挂拳	2019 年（第四批）	传统体育、游艺与杂技	兰州市榆中县
43	嘉峪关故事传说	2011 年（第三批）	民间文学	嘉峪关市
44	嘉峪关民间小调	2011 年（第三批）	传统音乐	嘉峪关市
45	嘉峪关地蹦子	2011 年（第三批）	传统舞蹈	嘉峪关市
46	嘉峪关石砚制作技艺	2011 年（第三批）	传统技艺	嘉峪关市
47	嘉峪宝卷	2019 年（第四批）	民间文学	嘉峪关市
48	大漠风雨雕石艺画制作工艺	2019 年（第四批）	传统技艺	嘉峪关市
49	嘉峪关芨芨草扎编工艺	2019 年（第四批）	传统技艺	嘉峪关市
50	金川刻字	2019 年（第四批）	传统美术	金昌市金川区
51	制毡技艺	2019 年（第四批）	传统技艺	金昌市金川区
52	金川织褐子技艺	2019 年（第四批）	传统技艺	金昌市金川区
53	"卍"字灯会	2006 年（第一批）	民俗	金昌市永昌县
54	永昌曲子	2008 年（第二批）	传统音乐	金昌市永昌县
55	节子舞	2008 年（第二批）	传统舞蹈	金昌市永昌县
56	永昌宝卷	2011 年（第三批）	民间文学	金昌市永昌县
57	永昌皮影戏	2011 年（第三批）	传统戏剧	金昌市永昌县
58	永昌木偶戏	2011 年（第三批）	传统戏剧	金昌市永昌县

续表

序号	名称	批次	类别	申报单位或地区
59	永昌贤孝	2011年（第三批）	曲艺	金昌市永昌县
60	制毡技艺	2019年（第四批）	传统技艺	金昌市永昌县
61	永昌手工地毯制作技艺	2019年（第四批）	传统技艺	金昌市永昌县
62	剪纸	2006年（第一批）	传统美术	白银市
63	白银寿鹿山道教音乐	2011年（第三批）	传统音乐	白银市
64	背鼓子舞	2011年（第三批）	传统舞蹈	白银市
65	跳鼓舞	2011年（第三批）	传统舞蹈	白银市
66	甘肃古琴艺术	2019年（第四批）	传统音乐	白银市
67	黄河战鼓	2008年（第二批）	传统舞蹈	白银市白银区
68	西厢调	2008年（第二批）	传统戏剧	白银市白银区
69	太平鼓（五穷鼓）	2011年（第三批）	民间舞蹈	白银市白银区
70	仿古建筑木作营造技艺	2019年（第四批）	传统技艺	白银市平川区
71	平川陶瓷烧制技艺	2019年（第四批）	传统技艺	白银市平川区
72	景泰滚灯	2019年（第四批）	传统舞蹈	白银市景泰县
73	景泰砂锅烧制技艺	2019年（第四批）	传统技艺	白银市景泰县
74	景泰树皮笔画	2019年（第四批）	传统美术	白银市景泰县
75	景泰打铁花	2019年（第四批）	民俗	白银市景泰县
76	靖远民歌	2019年（第四批）	传统音乐	白银市靖远县
77	孙氏鞭杆	2019年（第四批）	传统体育、游艺与杂技	白银市靖远县
78	皮影戏	2008年（第二批）	传统戏剧	白银市会宁县

续表

序号	名称	批次	类别	申报单位或地区
79	剪纸	2008 年（第二批）	传统美术	白银市会宁县
80	会宁民歌	2011 年（第三批）	传统音乐	白银市会宁县
81	曹氏中医正骨法	2011 年（第三批）	传统医药	白银市会宁县
82	会宁石磨炒面制作技艺	2019 年（第四批）	传统技艺	白银市会宁县
83	天水皮影戏	2006 年（第一批）	传统戏剧	天水市
84	剪纸	2006 年（第一批）	传统美术	天水市
85	太昊伏羲祭典	2006 年（第一批）	民俗	天水市
86	八卦养生拳	2019 年（第四批）	传统体育、游艺与杂技	天水市
87	天水润龙木雕	2019 年（第四批）	传统美术	天水市
88	天水魏氏骨痛贴制作技艺	2019 年（第四批）	传统技艺	天水市
89	天水雕漆制作技艺	2006 年（第一批）	传统技艺	天水市秦州区
90	唢呐艺术	2008 年（第二批）	传统音乐	天水市秦州区
91	秦州夹板舞	2008 年（第二批）	传统舞蹈	天水市秦州区
92	秦州鞭杆舞	2008 年（第二批）	传统舞蹈	天水市秦州区
93	秦州小曲	2008 年（第二批）	曲艺	天水市秦州区
94	木雕	2008 年（第二批）	传统美术	天水市秦州区
95	天水鸿盛社秦腔脸谱	2008 年（第二批）	传统美术	天水市秦州区
96	天水竹雕	2008 年（第二批）	传统美术	天水市秦州区
97	天水泥塑制作技艺	2011 年（第三批）	传统技艺	天水市秦州区
98	天水丝毯制作技艺	2011 年（第三批）	传统技艺	天水市秦州区

续表

序号	名称	批次	类别	申报单位或地区
99	天水古琴制作技艺	2019年（第四批）	传统技艺	天水市秦州区
100	天水呱呱制作技艺	2019年（第四批）	传统技艺	天水市秦州区
101	天水黑社火	2019年（第四批）	民俗	天水市秦州区
102	麦积高抬	2011年（第三批）	民俗	天水市麦积区
103	麦积根雕	2019年（第四批）	传统美术	天水市麦积区
104	秦安老调	2006年（第一批）	传统戏剧	天水市秦安县
105	秦安麦秆编技艺	2008年（第二批）	传统技艺	天水市秦安县
106	秦安女娲祭祀仪式	2008年（第二批）	民俗	天水市秦安县
107	秦安蜡花舞	2011年（第三批）	传统舞蹈	天水市秦安县
108	秦安壳子棍	2011年（第三批）	传统体育、游艺与杂技	天水市秦安县
109	唢呐艺术	2019年（第四批）	传统音乐	天水市秦安县
110	羊皮扇鼓舞	2019年（第四批）	传统舞蹈	天水市秦安县
111	秦安蔡家拳	2019年（第四批）	传统体育、游艺与杂技	天水市秦安县
112	陶器制作技艺	2019年（第四批）	传统技艺	天水市秦安县
113	旋鼓舞	2006年（第一批）	传统舞蹈	天水市武山县
114	武山夜光杯雕	2006年（第一批）	传统美术	天水市武山县
115	木雕	2008年（第二批）	传统美术	天水市武山县
116	唢呐艺术	2019年（第四批）	传统音乐	天水市武山县
117	武山道情	2019年（第四批）	传统戏剧	天水市武山县
118	武山砖雕	2019年（第四批）	传统美术	天水市武山县
119	武山柳编技艺	2019年（第四批）	传统技艺	天水市武山县
120	张家川花儿会	2006年（第一批）	传统音乐	天水市张家川县

续表

序号	名称	批次	类别	申报单位或地区
121	小儿锦	2019年（第四批）	民间文学	天水市张家川县
122	皮活制作技艺	2019年（第四批）	传统技艺	天水市张家川县
123	清水县道教音乐	2006年（第一批）	传统音乐	天水市清水县
124	剪纸	2008年（第二批）	传统美术	天水市清水县
125	轩辕黄帝的传说	2019年（第四批）	民间文学	天水市清水县
126	清水木人摔跤	2019年（第四批）	传统体育、游艺与杂技	天水市清水县
127	清水庞公玉雕技艺	2019年（第四批）	传统技艺	天水市清水县
128	甘谷脊兽制作技艺	2006年（第一批）	传统技艺	天水市甘谷县
129	甘谷道情	2006年（第一批）	传统戏剧	天水市甘谷县
130	甘谷木雕	2011年（第三批）	传统美术	天水市甘谷县
131	甘谷道教音乐	2019年（第四批）	传统音乐	天水市甘谷县
132	甘谷麻鞋	2019年（第四批）	传统技艺	天水市甘谷县
133	酒泉宝卷	2006年（第一批）	民间文学	酒泉市
134	甘地蹦子	2006年（第一批）	传统舞蹈	酒泉市
135	酒泉夜光杯雕	2006年（第一批）	传统美术	酒泉市
136	酒泉"福禄车"	2006年（第一批）	传统舞蹈	酒泉市肃州区
137	肃州民歌	2011年（第三批）	传统音乐	酒泉市肃州区
138	河西社火	2011年（第三批）	传统舞蹈	酒泉市肃州区
139	二鬼打架	2011年（第三批）	传统体育、游艺与杂技	酒泉市肃州区
140	木雕	2008年（第二批）	传统美术	酒泉市金塔县
141	金塔彩绘泥塑	2019年（第四批）	传统美术	酒泉市金塔县
142	木偶戏	2008年（第二批）	传统戏剧	酒泉市瓜州县

续表

序号	名称	批次	类别	申报单位或地区
143	剪纸	2008年（第二批）	传统美术	酒泉市瓜州县
144	瓜州民歌	2011年（第三批）	传统音乐	酒泉市瓜州县
145	瓜州彩绘泥塑	2019年（第四批）	传统美术	酒泉市瓜州县
146	敦煌曲子戏	2006年（第一批）	传统戏剧	敦煌市
147	剪纸	2008年（第二批）	传统美术	敦煌市
148	敦煌彩塑制作技艺	2008年（第二批）	传统技艺	敦煌市
149	河西民歌（敦煌民歌）	2011年（第三批）	传统音乐	敦煌市
150	敦煌民间传说	2019年（第四批）	民间文学	敦煌市
151	敦煌壁画故事	2019年（第四批）	民间文学	敦煌市
152	敦煌石粉彩绘技艺	2019年（第四批）	传统技艺	敦煌市
153	敦煌木雕画	2019年（第四批）	传统美术	敦煌市
154	敦煌水晶眼镜制作技艺	2019年（第四批）	传统技艺	敦煌市
155	敦煌艾灸	2019年（第四批）	传统医药	敦煌市
156	阿肯弹唱	2006年（第一批）	曲艺	酒泉市阿克塞县
157	阿克塞哈萨克族刺绣	2008年（第二批）	传统美术	酒泉市阿克塞县
158	阿克塞哈萨克族毡房	2008年（第二批）	民俗	酒泉市阿克塞县
159	叼羊	2011年（第三批）	传统体育、游艺与杂技	酒泉市阿克塞县
160	姑娘追	2011年（第三批）	传统体育、游艺与杂技	酒泉市阿克塞县
161	哈萨克族舞蹈黑走马	2019年（第四批）	传统舞蹈	酒泉市阿克塞县

续表

序号	名称	批次	类别	申报单位或地区
162	阿克塞纳吾热孜节	2019年（第四批）	民俗	酒泉市阿克塞县
163	肃北县蒙古族马头琴制作技艺	2006年（第一批）	传统技艺	酒泉市肃北县
164	肃北雪山蒙古族马上用具制作技艺	2006年（第一批）	传统技艺	酒泉市肃北县
165	蒙古族祝赞词	2011年（第三批）	民间文学	酒泉市肃北县
166	肃北蒙古族长调	2019年（第四批）	传统音乐	酒泉市肃北县
167	肃北雪山蒙古族服饰	2006年（第一批）	民俗	酒泉市肃北县
168	肃北蒙古族蒙古包制作技艺	2019年（第四批）	传统技艺	酒泉市肃北县
169	肃北蒙古族敖包祭祀	2019年（第四批）	民俗	酒泉市肃北县
170	肃北雪山蒙古族婚礼	2019年（第四批）	民俗	酒泉市肃北县
171	肃北蒙古族草原那达慕大会	2019年（第四批）	民俗	酒泉市肃北县
172	玉门陶埙制作技艺	2019年（第四批）	传统技艺	酒泉市玉门市
173	邓氏中医正骨疗法	2019年（第四批）	传统医药	酒泉市玉门市
174	河西宝卷	2008年（第二批）	民间文学	张掖市
175	剪纸	2006年（第一批）	传统美术	张掖市
176	山丹烙画	2019年（第四批）	传统美术	张掖市
177	甘州小调	2008年（第二批）	传统音乐	张掖市甘州区
178	邵家班子木偶戏	2008年（第二批）	传统戏剧	张掖市甘州区
179	甘州社火	2011年（第三批）	传统舞蹈	张掖市甘州区

续表

序号	名称	批次	类别	申报单位或地区
180	甘州黄河灯阵	2011年（第三批）	民俗	张掖市甘州区
181	乌江镇狮子舞	2019年（第四批）	传统舞蹈	张掖市甘州区
182	金氏中医正骨法	2019年（第四批）	传统医药	张掖市甘州区
183	河西社火（山丹县耍龙）	2011年（第三批）	传统舞蹈	张掖市山丹县
184	民乐顶碗舞	2008年（第二批）	传统舞蹈	张掖市民乐县
185	皮影戏	2008年（第二批）	传统戏剧	张掖市民乐县
186	四家武术	2019年（第四批）	传统体育、游艺与杂技	张掖市民乐县
187	九粮九轮酿制工艺	2019年（第四批）	传统技艺	张掖市民乐县
188	临泽泥塑	2019年（第四批）	传统美术	张掖市临泽县
189	面塑	2019年（第四批）	传统美术	张掖市临泽县
190	四月八河灯会	2019年（第四批）	民俗	张掖市临泽县
191	秦腔獠牙特技表演	2008年（第二批）	传统体育、游艺与杂技	张掖市高台县
192	河西民歌（高台民歌）	2011年（第三批）	传统音乐	张掖市高台县
193	高台通背捶、八虎棍	2011年（第三批）	传统体育、游艺月杂技	张掖市高台县
194	高台黄河灯阵	2011年（第三批）	民俗	张掖市高台县
195	高台清街习俗	2019年（第四批）	民俗	张掖市高台县
196	高台铁芯子	2019年（第四批）	民俗	张掖市高台县
197	肃南裕固族口头文学与语言	2006年（第一批）	民间文学	张掖市肃南县
198	裕固族民歌	2006年（第一批）	传统音乐	张掖市肃南县

续表

序号	名称	批次	类别	申报单位或地区
199	裕固族人生礼仪	2006年（第一批）	民俗	张掖市肃南县
200	裕固族皮雕技艺	2008年（第二批）	传统技艺	张掖市肃南县
201	裕固族剪马鬃	2008年（第二批）	民俗	张掖市肃南县
202	裕固族祭鄂博	2008年（第二批）	民俗	张掖市肃南县
203	肃南蒙古族民歌	2011年（第三批）	传统音乐	张掖市肃南县
204	裕固族刺绣	2011年（第三批）	传统美术	张掖市肃南县
205	裕固族织褐子	2011年（第三批）	传统技艺	张掖市肃南县
206	肃南藏族民歌	2019年（第四批）	传统音乐	张掖市肃南县
207	河西宝卷	2006年（第一批）	民间文学	武威市
208	攻鼓子舞	2006年（第一批）	传统舞蹈	武威市
209	凉州贤孝	2006年（第一批）	曲艺	武威市凉州区
210	皮影戏	2008年（第二批）	传统戏剧	武威市凉州区
211	凉州半台戏	2008年（第二批）	传统戏剧	武威市凉州区
212	水陆画	2008年（第二批）	传统美术	武威市凉州区
213	金塔黄河灯会	2008年（第二批）	民俗	武威市凉州区
214	凉州木偶戏	2019年（第四批）	传统戏剧	武威市凉州区
215	武威重刻剪纸	2019年（第四批）	传统美术	武威市凉州区
216	西夏陶瓷烧制技艺	2019年（第四批）	传统技艺	武威市凉州区
217	西夏泥活字印刷术	2019年（第四批）	传统技艺	武威市凉州区
218	祖师麻膏药	2019年（第四批）	传统医药	武威市凉州区
219	唢呐艺术	2008年（第二批）	传统音乐	武威市民勤县
220	民勤小曲戏	2008年（第二批）	传统戏剧	武威市民勤县
221	甘肃民间故事（苏武传说）	2011年（第三批）	民间文学	武威市民勤县

续表

序号	名称	批次	类别	申报单位或地区
222	民勤毛毡制作技艺	2011年（第三批）	传统技艺	武威市民勤县
223	河西民歌（民勤民歌）	2011年（第三批）	传统音乐	武威市民勤县
224	民勤骆驼客	2011年（第三批）	民俗	武威市民勤县
225	民勤驼队传说	2019年（第四批）	民间文学	武威市民勤县
226	驼夫号子	2019年（第四批）	传统音乐	武威市民勤县
227	皮活制作技艺	2019年（第四批）	传统技艺	武威市民勤县
228	民勤元宵登山会	2019年（第四批）	民俗	武威市民勤县
229	《甘冬儿和杨达尔》	2011年（第三批）	民间文学	武威市古浪县
230	古浪童谣	2011年（第三批）	民间文学	武威市古浪县
231	甘肃民间故事（金瓜与银豆）	2011年（第三批）	民间文学	武威市古浪县
232	古浪老调	2011年（第三批）	曲艺	武威市古浪县
233	王氏镰刀制作技艺	2011年（第三批）	传统技艺	武威市古浪县
234	天祝藏族华锐民歌	2006年（第一批）	传统音乐	武威市天祝县
235	天祝土族安召	2008年（第二批）	传统舞蹈	武威市天祝县
236	华锐藏医藏药	2008年（第二批）	传统医药	武威市天祝县
237	天祝土族婚俗	2008年（第二批）	民俗	武威市天祝县
238	藏族服饰	2008年（第二批）	民俗	武威市天祝县
239	华锐则柔	2011年（第三批）	曲艺	武威市天祝县
240	唐卡绘画	2011年（第三批）	传统美术	武威市天祝县
241	华锐藏族婚俗	2011年（第三批）	民俗	武威市天祝县
242	剪纸	2006年（第一批）	传统美术	定西市

续表

序号	名称	批次	类别	申报单位或地区
243	榫卯木制手工制作技艺	2019年（第四批）	传统技艺	定西市
244	陇中十三花宴席制作技艺	2019年（第四批）	传统技艺	定西市
245	陇中小曲	2011年（第三批）	曲艺	定西市安定区
246	书画装裱传统技艺	2019年（第四批）	传统技艺	定西市安定区
247	通渭曲子戏	2006年（第一批）	传统戏剧	定西市通渭县
248	剪纸	2008年（第二批）	传统美术	定西市通渭县
249	通渭脊兽制作技艺	2008年（第二批）	传统技艺	定西市通渭县
250	通渭草编技艺	2008年（第二批）	传统技艺	定西市通渭县
251	通渭皮影戏	2011年（第三批）	传统戏剧	定西市通渭县
252	通渭木雕技艺	2011年（第三批）	传统技艺	定西市通渭县
253	通渭砖雕技艺	2011年（第三批）	传统技艺	定西市通渭县
254	春叶、遮面	2019年（第四批）	传统美术	定西市通渭县
255	通渭民间彩绘	2019年（第四批）	传统美术	定西市通渭县
256	陇中民歌	2011年（第三批）	传统音乐	定西市陇西县
257	陇西云阳板	2011年（第三批）	传统舞蹈	定西市陇西县
258	陇西腊肉制作技艺	2011年（第三批）	传统技艺	定西市陇西县
259	"靛坪大曲"酿酒技艺	2019年（第四批）	传统技艺	定西市陇西县
260	拉扎节	2006年（第一批）	民俗	定西市临洮县
261	临洮花儿	2008年（第二批）	传统音乐	定西市临洮县
262	临洮傩舞	2008年（第二批）	传统舞蹈	定西市临洮县
263	水陆画	2008年（第二批）	传统美术	定西市临洮县

续表

序号	名称	批次	类别	申报单位或地区
264	甘肃民间故事（貂蝉传说）	2011年（第三批）	民间文学	定西市临洮县
265	临洮皮影戏	2011年（第三批）	传统戏剧	定西市临洮县
266	脊兽制作技艺	2011年（第三批）	传统技艺	定西市临洮县
267	陶器制作技艺	2019年（第四批）	传统技艺	定西市临洮县
268	紫斑牡丹酒酿制技艺	2019年（第四批）	传统技艺	定西市临洮县
269	二郎山花儿会	2006年（第一批）	传统音乐	定西市岷县
270	巴当舞	2006年（第一批）	传统舞蹈	定西市岷县
271	木板窗花年画	2006年（第一批）	传统美术	定西市岷县
272	洮砚制作技艺	2006年（第一批）	传统技艺	定西市岷县
273	十八路湫神祭典	2006年（第一批）	民俗	定西市岷县
274	岷县宝卷	2008年（第二批）	民间文学	定西市岷县
275	青苗会	2008年（第二批）	民俗	定西市岷县
276	九宫八卦灯会	2008年（第二批）	民俗	定西市岷县
277	岷县点心加工技艺	2011年（第三批）	传统技艺	定西市岷县
278	岷县铜铝铸造技艺	2011年（第三批）	传统技艺	定西市岷县
279	岷县传统织麻布技艺	2011年（第三批）	传统技艺	定西市岷县
280	羊皮扇鼓舞	2019年（第四批）	传统舞蹈	定西市岷县
281	岷县陶艺加工技艺	2019年（第四批）	传统技艺	定西市岷县
282	岷县当归生产加工技艺	2019年（第四批）	传统技艺	定西市岷县
283	陶器制作技艺	2019年（第四批）	传统技艺	定西市岷县

续表

序号	名称	批次	类别	申报单位或地区
284	麻家集高石崖花儿会	2011年（第三批）	传统音乐	定西市渭源县
285	鼓舞（羌蕃鼓舞）	2011年（第三批）	传统舞蹈	定西市渭源县
286	皮影戏（渭源皮影戏）	2011年（第三批）	传统戏剧	定西市渭源县
287	首阳山伯夷叔齐祭祀	2011年（第三批）	民俗	定西市渭源县
288	渭源民间彩画	2019年（第四批）	传统美术	定西市渭源县
289	皮活制作技艺	2019年（第四批）	传统技艺	定西市漳县
290	井盐手工熬制技艺	2019年（第四批）	传统技艺	定西市漳县
291	皮影戏（陇南影子腔）	2006年（第一批）	传统戏剧	陇南市
292	陇南高山剧	2008年（第二批）	传统戏剧	陇南市
293	高山戏	2006年（第一批）	传统戏剧	陇南市武都区
294	木雕	2008年（第二批）	传统美术	陇南市武都区
295	三仓灯戏	2011年（第三批）	传统戏剧	陇南市武都区
296	武都栗玉砚制作技艺	2011年（第三批）	传统技艺	陇南市武都区
297	角弓哑杆酒酿制技艺	2011年（第三批）	传统技艺	陇南市武都区
298	民间织布技艺	2019年（第四批）	传统技艺	陇南市武都区
299	武都蜂糖酒	2019年（第四批）	传统技艺	陇南市武都区
300	大身子舞	2019年（第四批）	传统舞蹈	陇南市武都区
301	宕昌羌傩舞	2008年（第二批）	传统舞蹈	陇南市宕昌县
302	春官歌演唱	2006年（第一批）	曲艺	陇南市西和县

续表

序号	名称	批次	类别	申报单位或地区
303	乞巧节	2006年（第一批）	民俗	陇南市西和县
304	麻纸制作技艺	2019年（第四批）	传统技艺	陇南市西和县
305	羊皮扇鼓舞	2019年（第四批）	传统舞蹈	陇南市西和县
306	春官歌演唱	2008年（第二批）	曲艺	陇南市礼县
307	礼县井盐制作工艺	2008年（第二批）	传统技艺	陇南市礼县
308	礼县高抬	2019年（第四批）	民俗	陇南市礼县
309	剪纸（礼县剪纸）	2019年（第四批）	传统美术	陇南市礼县
310	木雕（宽川木雕）	2019年（第四批）	传统美术	陇南市礼县
311	竹篮寨泥玩具制作技艺	2008年（第二批）	传统技艺	陇南市成县
312	红川酒酿造技艺	2019年（第四批）	传统技艺	陇南市成县
313	栗玉砚制作技艺（成县砚雕）	2019年（第四批）	传统技艺	陇南市成县
314	面塑	2019年（第四批）	传统美术	陇南市成县
315	傩舞（文县傩舞—池歌昼）	2006年（第一批）	传统舞蹈	陇南市文县
316	玉垒花灯戏	2006年（第一批）	传统戏剧	陇南市文县
317	文县土琵琶弹唱	2019年（第四批）	传统音乐	陇南市文县
318	白马人民歌	2019年（第四批）	传统音乐	陇南市文县
319	"文县"麻昼舞	2019年（第四批）	传统舞蹈	陇南市文县
320	白马人服饰	2019年（第四批）	民俗	陇南市文县
321	康县木笼歌	2008年（第二批）	传统音乐	陇南市康县
322	康县锣鼓草	2008年（第二批）	传统音乐	陇南市康县
323	康南毛山歌	2008年（第二批）	传统音乐	陇南市康县

附录二　甘肃省省级非物质文化遗产一览表　301

续表

序号	名称	批次	类别	申报单位或地区
324	唢呐艺术	2008年（第二批）	传统音乐	陇南市康县
325	寺台造纸术	2008年（第二批）	传统技艺	陇南市康县
326	康县梅园神舞	2019年（第四批）	传统舞蹈	陇南市康县
327	康县"女娶男嫁"奇异婚俗	2019年（第四批）	民俗	陇南市康县
328	河池小曲	2008年（第二批）	曲艺	陇南市徽县
329	泥塑（泥阳泥塑）	2019年（第四批）	传统美术	陇南市徽县
330	栗玉砚制作技艺（栗亭砚制作技艺）	2019年（第四批）	传统技艺	陇南市徽县
331	马勺脸谱	2019年（第四批）	传统美术	陇南市徽县
332	山核桃工艺品加工技艺	2019年（第四批）	传统技艺	陇南市徽县
333	两当号子	2008年（第二批）	传统音乐	陇南市两当县
334	剪纸	2006年（第一批）	传统美术	平凉市
335	春官说诗	2011年（第三批）	民间温煦	平凉市
336	平凉纸织画工艺	2008年（第二批）	传统技艺	平凉市
337	春官歌演唱（平凉崆峒春官歌演唱）	2006年（第一批）	曲艺	平凉市崆峒区
338	崆峒派武术	2008年（第二批）	传统体育、游艺与杂技	平凉市崆峒区
339	崆峒笑谈	2011年（第三批）	传统戏剧	平凉市崆峒区
340	李天套中医骨伤治疗技艺	2011年（第三批）	传统技艺	平凉市崆峒区
341	西王母祭典	2006年（第一批）	民俗	平凉市泾川县
342	泾川仙鹤舞	2019年（第四批）	传统舞蹈	平凉市泾川县

续表

序号	名称	批次	类别	申报单位或地区
343	民间脊兽制作技艺	2019年（第四批）	传统技艺	平凉市泾川县
344	陇东民歌	2008年（第二批）	传统音乐	平凉市崇信县
345	山梁走唱	2011年（第三批）	曲艺	平凉市崇信县
346	顶灯说唱	2011年（第三批）	曲艺	平凉市崇信县
347	点灯背猴	2019年（第四批）	民俗	平凉市崇信县
348	高抬	2006年（第一批）	民俗	平凉市庄浪县
349	马尾编荷包	2006年（第一批）	传统美术	平凉市庄浪县
350	南湖曲子戏	2011年（第三批）	传统戏剧	平凉市庄浪县
351	陇中民歌（静宁阿阳民歌）	2011年（第三批）	传统音乐	平凉市静宁县
352	陇东社火（打花鞭）	2011年（第三批）	传统舞蹈	平凉市静宁县
353	静宁烧鸡制作技艺	2011年（第三批）	传统技艺	平凉市静宁县
354	灯盏头戏	2006年（第一批）	传统戏剧	平凉市灵台县
355	灵台县皇甫谧针灸术	2006年（第一批）	传统医药	平凉市灵台县
356	灵台唢呐	2011年（第三批）	传统音乐	平凉市灵台县
357	木偶戏（灵台木偶戏）	2011年（第三批）	传统戏剧	平凉市灵台县
358	曲子戏（华亭县曲子戏）	2006年（第一批）	传统戏剧	平凉市华亭县
359	安口陶瓷制作技艺	2008年（第二批）	传统技艺	平凉市华亭县
360	华亭打乐架	2011年（第三批）	传统音乐	平凉市华亭县
361	安口砂器制作技艺	2019年（第四批）	传统戏剧	平凉市华亭县
362	陇东红色歌谣	2006年（第一批）	传统音乐	庆阳市

续表

序号	名称	批次	类别	申报单位或地区
363	华亭民间雕塑技艺	2019年（第四批）	传统技艺	庆阳市
364	道情戏	2006年（第一批）	传统戏剧	庆阳市
365	庆阳香包绣制	2006年（第一批）	传统美术	庆阳市
366	剪纸	2006年（第一批）	传统美术	庆阳市
367	西峰泥塑	2008年（第二批）	传统美术	庆阳市西峰区
368	西峰陶塑技艺	2008年（第二批）	传统技艺	庆阳市西峰区
369	王氏正骨法	2011年（第三批）	传统医药	庆阳市西峰区
370	民间手工编结技艺	2019年（第四批）	传统技艺	庆阳市西峰区
371	唢呐艺术	2006年（第一批）	传统音乐	庆阳市西峰区
372	荷花舞	2006年（第一批）	传统舞蹈	庆阳市西峰区
373	公刘祭典	2006年（第一批）	民俗	庆阳市西峰区
374	陇东窑洞民居文化	2006年（第一批）	民俗	庆阳市西峰区
375	周祖祭典	2006年（第一批）	民俗	庆阳市庆城县
376	庆城徒手秧歌	2008年（第二批）	传统舞蹈	庆阳市庆城县
377	甘肃黄酒酿制技艺（马岭黄酒）	2011年（第三批）	传统技艺	庆阳市庆城县
378	镇原高粱秆灯笼制作技艺	2011年（第三批）	传统技艺	庆阳市镇原县
379	陇东礼俗	2019年（第四批）	民俗	庆阳市镇原县
380	镇原小曲戏	2019年（第四批）	传统戏剧	庆阳市镇原县
381	木偶戏	2008年（第二批）	传统戏剧	庆阳市正宁县
382	王录拉板糖制作技艺	2008年（第二批）	传统技艺	庆阳市正宁县
383	陇东红色民谣（正宁民谣）	2011年（第三批）	民间文学	庆阳市正宁县

续表

序号	名称	批次	类别	申报单位或地区
384	谚语	2011年（第三批）	民间文学	庆阳市正宁县
385	正宁香包绣制	2019年（第四批）	传统美术	庆阳市正宁县
386	南梁说唱	2006年（第一批）	曲艺	庆阳市华池县
387	陇东民歌	2008年（第二批）	传统民歌	庆阳市华池县
388	镇庄兽雕刻艺术	2011年（第三批）	传统美术	庆阳市华池县
389	庆阳剪纸（华池剪纸）	2011年（第三批）	传统美术	庆阳市华池县
390	唢呐艺术	2019年（第四批）	传统音乐	庆阳市华池县
391	石雕艺术	2008年（第二批）	传统美术	庆阳市宁县
392	宁县皮影雕刻技艺	2008年（第二批）	传统技艺	庆阳市宁县
393	戏剧头帽制作技艺	2011年（第三批）	传统技艺	庆阳市宁县
394	合水面塑风俗	2006年（第一批）	民俗	庆阳市合水县
395	石雕艺术	2008年（第二批）	传统美术	庆阳市合水县
396	陇东红色民谣（合水民谣）	2011年（第三批）	民间文学	庆阳市合水县
397	民间手工编结技艺	2011年（第三批）	传统技艺	庆阳市合水县
398	唢呐艺术	2006年（第一批）	传统音乐	庆阳市环县
399	皮影戏（环县道情皮影戏）	2006年（第一批）	传统戏剧	庆阳市环县
400	陇东民歌	2008年（第二批）	传统音乐	庆阳市环县
401	皮影雕刻技艺	2019年（第四批）	传统技艺	庆阳市环县
402	回族宴席曲	2006年（第一批）	曲艺	临夏回族自治州
403	临夏穆斯林建筑艺术	2008年（第二批）	传统美术	临夏回族自治州

续表

序号	名称	批次	类别	申报单位或地区
404	甘肃黄酒酿制技艺（河州黄酒）	2011年（第三批）	传统技艺	临夏市
405	王氏铜铸技艺	2011年（第三批）	传统技艺	临夏市
406	木雕（河州木雕）	2019年（第四批）	传统美术	临夏市
407	河州经字画	2019年（第四批）	传统美术	临夏市
408	贤孝（河州贤孝）	2006年（第一批）	曲艺	临夏市
409	刻葫芦（临夏刻葫芦）	2006年（第一批）	传统技艺	临夏市
410	河州平弦	2008年（第二批）	曲艺	临夏市
411	天启棍	2011年（第三批）	传统体育、游艺与杂技	临夏市
412	砖雕	2006年（第一批）	传统美术	临夏县
413	《马五哥与尕豆妹》	2011年（第三批）	民间文学	临夏县
414	北塬金氏接骨术	2011年（第三批）	传统医药	临夏县
415	鳌头傩戏	2019年（第四批）	传统戏剧	临夏县
416	保安族口头文学与语言	2006年（第一批）	民间文学	临夏州积石山县
417	保安族腰刀锻制技艺	2006年（第一批）	传统戏剧	临夏州积石山县
418	永靖白塔乡古建筑艺术	2008年（第二批）	传统技艺	临夏州永靖县
419	永靖财宝神	2019年（第四批）	民俗	临夏州永靖县
420	傩舞（永靖县傩舞）	2006年（第一批）	传统舞蹈	临夏州永靖县
421	河州北乡秧歌	2008年（第二批）	传统舞蹈	临夏州永靖县
422	永靖王氏铁器铸造技艺	2008年（第二批）	传统技艺	临夏州永靖县

续表

序号	名称	批次	类别	申报单位或地区
423	东乡族擀毡技艺	2006 年（第一批）	传统技艺	临夏州东乡县
424	东乡族钉匠工艺	2008 年（第二批）	传统技艺	临夏州东乡县
425	东乡族口头文学与语言	2006 年（第一批）	民间文学	临夏州东乡县
426	花儿（松鸣岩花儿会）	2006 年（第一批）	传统音乐	临夏州和政县
427	和政秧歌	2008 年（第二批）	传统舞蹈	临夏州和政县
428	牙塘"牛犊爷"	2019 年（第四批）	民俗	临夏州和政县
429	花儿（莲花山花儿会）	2006 年（第一批）	传统音乐	临夏州康乐县
430	佛宫音乐"道得尔"	2006 年（第一批）	传统音乐	甘南藏族自治州
431	甘南藏族民歌	2006 年（第一批）	传统音乐	甘南藏族自治州
432	锅庄舞	2006 年（第一批）	传统舞蹈	甘南藏族自治州
433	"南木特"藏戏	2006 年（第一批）	传统戏剧	甘南藏族自治州
434	甘南"则肉"演唱	2006 年（第一批）	曲艺	甘南藏族自治州
435	藏族唐卡	2006 年（第一批）	传统美术	甘南藏族自治州
436	藏医药	2006 年（第一批）	传统医药	甘南藏族自治州
437	插箭节	2006 年（第一批）	民俗	甘南藏族自治州
438	藏族服饰	2008 年（第二批）	民俗	甘南藏族自治州
439	"哈钦木"	2008 年（第二批）	传统舞蹈	甘南州合作市
440	夏河金属饰品制作技艺	2006 年（第一批）	传统技艺	甘南州夏河县
441	夏河县香浪节	2006 年（第一批）	民俗	甘南州夏河县

续表

序号	名称	批次	类别	申报单位或地区
442	拉卜楞民间舞	2008年（第二批）	传统舞蹈	甘南州夏河县
443	甘南藏族婚礼	2008年（第二批）	民俗	甘南州夏河县
444	擦擦佛像印版制作技艺	2011年（第三批）	传统技艺	甘南州夏河县
445	毛兰木法会	2011年（第三批）	民俗	甘南州夏河县
446	花儿（新城花儿会）	2006年（第一批）	传统音乐	甘南州临潭县
447	万人扯绳赛	2006年（第一批）	传统体育、游艺与杂技	甘南州临潭县
448	洮砚制作技艺	2006年（第一批）	传统技艺	甘南州临潭县
449	龙神赛会	2019年（第四批）	民俗	甘南州临潭县
450	临潭牛氏金属铸造技艺	2019年（第四批）	传统技艺	甘南州临潭县
451	古战申氏金属加工技艺	2019年（第四批）	传统技艺	甘南州临潭县
452	临潭民间洮绣艺术	2019年（第四批）	传统美术	甘南州临潭县
453	巴郎鼓舞	2006年（第一批）	传统舞蹈	甘南州卓尼县
454	洮砚制作技艺	2006年（第一批）	传统技艺	甘南州卓尼县
455	卓尼土族民歌	2008年（第二批）	传统音乐	甘南州卓尼县
456	木雕	2008年（第二批）	传统美术	甘南州卓尼县
457	卓尼藏族服饰	2011年（第三批）	民俗	甘南州卓尼县
458	藏式建筑技艺（碉房）	2019年（第四批）	传统技艺	甘南州卓尼县
459	磊族跑马射箭	2019年（第四批）	民俗	甘南州卓尼县
460	多地舞	2006年（第一批）	传统舞蹈	甘南州舟曲县
461	舟曲县织锦带	2006年（第一批）	传统技艺	甘南州舟曲县

续表

序号	名称	批次	类别	申报单位或地区
462	博峪采花节	2006年（第一批）	民俗	甘南州舟曲县
463	正月十九迎婆婆	2008年（第二批）	民俗	甘南州舟曲县
464	摆阵舞	2011年（第三批）	传统舞蹈	甘南州舟曲县
465	天干吉祥节	2011年（第三批）	民俗	甘南州舟曲县
466	东山转灯	2011年（第三批）	民俗	甘南州舟曲县
467	巴寨朝水节	2011年（第三批）	民俗	甘南州舟曲县
468	舟曲刺绣	2019年（第四批）	传统美术	甘南州舟曲县
469	巴舞	2006年（第一批）	传统舞蹈	甘南州迭部县
470	藏族民间故事	2011年（第三批）	民间文学	甘南州迭部县
471	藏族民间谚语	2011年（第三批）	民间文学	甘南州迭部县
472	榻板房制作技艺	2011年（第三批）	传统技艺	甘南州迭部县
473	青稞酒酿造技艺	2019年（第四批）	传统技艺	甘南州迭部县
474	藏族民间弹唱	2006年（第一批）	曲艺	甘南州玛曲县
475	《格萨尔》	2008年（第二批）	民间文学	甘南州玛曲县
476	牛角琴演奏	2011年（第三批）	传统音乐	甘南州玛曲县
477	藏鹰笛演奏技艺	2019年（第四批）	传统技艺	甘南州玛曲县
478	博洛	2019年（第四批）	传统体育、游艺与杂技	甘南州玛曲县
479	甘肃古琴艺术	2019年（第四批）	传统音乐	甘肃颐真古琴研究院
480	酾地傩面制作技艺	2019年（第四批）	传统技艺	甘肃省民俗文化产业协会
481	染缬技艺	2019年（第四批）	传统技艺	兰州交通大学
482	天祝土族《格萨尔》	2006年（第一批）	民间文学	西北民族大学

续表

序号	名称	批次	类别	申报单位或地区
483	东乡族小经文与民间叙事长诗《米拉尕黑》	2006年（第一批）	民间文学	西北民族大学
484	中医脏腑辨证诊疗法	2019年（第四批）	传统医药	兰州大学第一医院
485	不孕不育中医治疗十三法	2019年（第四批）	传统医药	兰州大学第一医院
486	道医脉诊指剑掌眼技艺	2019年（第四批）	传统医药	兰州大学第一医院
487	古籍修复技艺	2019年（第四批）	传统技艺	甘肃省图书馆
488	道情戏	2006年（第一批）	传统戏剧	省陇剧院
489	秦腔	2006年（第一批）	传统戏剧	省秦剧团
490	敦煌艺术—音乐技艺研承	2006年（第一批）	传统音乐	敦煌研究院
491	敦煌艺术—舞蹈技艺研承	2006年（第一批）	传统舞蹈	敦煌研究院
492	敦煌艺术—美术技艺研承	2006年（第一批）	传统美术	敦煌研究院
493	敦煌古乐器制作技艺研承	2006年（第一批）	传统技艺	敦煌研究院

后　记

　　文化旅游产业的飞速发展，是我国经济发展、居民生活水平提高的重要表现，体现了我国居民从单纯的物质享受转变为对精神层面的追求。而在文化旅游产业中，非物质文化遗产是其中的一项重要特色，通过文化旅游可以加强对于非物质文化遗产的宣传，同时也能对我国传统文化进行发扬保护。而非物质文化遗产的保护，反过来可以极大地促进我国文化旅游产业的发展，充实文化旅游的内容，丰富居民的精神文化需求。非物质文化遗产的保护对于文化旅游产业内容的丰富、规模的扩大以及意义的提升有着不可替代的作用，而文化旅游产业的发展又能够为非物质文化遗产提供必要的宣传以及物质支持，因此以文化旅游为契机做好我国非物质文化遗产的保护工作是非物质文化遗产保护项目中一个行之有效的方法。

　　在本书的写作过程中，我们参阅了国内外学者撰写的有关专著和论文，在此，向这些专家和学者由衷地表示敬意和感谢！

　　人们常把文化与旅游的结合称为"诗和远方走在了一起"。我们应紧跟时代步伐，不断探索新方式，把握旅游发展动脉，挖掘文化特质，促进非物质文化遗产与旅游更好地融合，使两者走得更远、更好。